BAGLU 'MLAEN

CW01072648

LLYFRAU ERAIL YNG NGHYFRES Y CEWRI

CYFRES Y CEWRI 18

BAGLU 'MLAEN

Paul Flynn

Gwasg
Gwynedd

Argraffiad Cyntaf — Awst 1998

© Paul Flynn 1998

ISBN 0 86074 147 8

Cedwir pob hawl. Ni chaniateir atgynhyrchu unrhyw ran o'r cyhoeddiad
hwn na'i gadw mewn cyfundrefn adferadwy na'i drosglwyddo mewn
unrhyw ddull na thrwy unrhyw gyfrwng electronig, electrostatig,
tâp magnetig, mecanyddol, ffotogopïo, nac fel arall,
heb ganiatâd ymlaen llaw gan y cyhoeddwyr
Gwasg Gwynedd, Caernarfon

Cyhoeddwyd ac Argraffwyd
gan Wasg Gwynedd, Caernarfon.

Cynnwys

Jiwbilî

All dim byd ddileu'r delweddau aneglur cyntaf hynny o'm cof. Anodd dweud ai atgofion go iawn ydyn nhw ynteu triciau'r meddwl. I mi, maen nhw'n lluniau byw, real o'm babandod. Yn y cyntaf, rwy'n gorwedd mewn cot ac yn clywed lleisiau caredig menywod uwch fy mhen. Mae wynebau'n gwenu i lawr arnaf, ac yn y cefndir mi welaf ogwydd y nenfwd yn yr ystafelloedd atig lle roedden ni'n byw. Roedd ein cartref ar y pryd uwchben siop grydd Tony Mahoney ar gornel Stryd Clive a Heol Penarth. Gallaf hyd heddiw ail-fyw'r ofn a'r cyffro wrth ymadael liw nos gyda'n dilladau a'r dillad gwlâu wedi eu clymu'n fwndeli, a phawb yn sibrwd wrth i ni, ffrind neu ddau, stryffaglio i lawr tair rhes o risiau yn y tywyllwch. Ar y pryd, wyddwn i ddim beth oedd ystyr *moonlight flit.*

Roedden ni wedi ffoi dros nos o ddwy ystafell i dŷ teras mawr yn Heol Penarth ar y briffordd drwy Grangetown o Gaerdydd i Benarth. Yno y clywais i'r gair 'Jiwbilî' lawer gwaith mewn sgwrs rhwng fy mam a rhywun ar garreg y drws. Roedd hi'n ddiwrnod heulog, braf, yn llawn baneri a hwyl. Mae hynny'n gosod dyddiad yr atgof yn daclus ym mis Mehefin 1935, ar y diwrnod roedd y teulu brenhinol yn dathlu rhyw 'Jiwbilî Arian'. Y rheswm pam mae gen i rywfaint o amheuaeth ynghylch dilysrwydd yr atgofion yw fod y pethau a nodais i gyd wedi digwydd cyn fy mod i'n chwe mis oed.

Dechreuodd Michael, fy mrawd, a minnau gyda'n

gilydd yn Ysgol y Babanod. Mae ef bedwar mis ar ddeg yn hŷn na mi. Roedd ein mam yn ddigon call i sylweddoli y byddem ein dau yn cynefino'n well petaem ni'n cael cychwyn yr un pryd. Clywais imi dynnu gwarth ar y teulu ar fy niwrnod cyntaf trwy lefain dros bob man. Ymdawelais ar ôl cael fy rhoi ar gefn ceffyl siglo. Dyna'r tro cyntaf a'r olaf i mi fod ar ei gefn. Rhaid bod y profiad yn ddigon i'm dychryn ac i gau fy ngheg yn y fan a'r lle rhag cael fy rhoi ar gefn rhywbeth tebyg eto.

Roedd Ysgol y Babanod yn hafan gynnes lle y caem bob gofal gan athrawesau caredig. Y dull o ddysgu crefydd oedd ein cael i siantio atebion y catecism oddi ar y cof. Yr un mwyaf cofiadwy yw'r ymateb i'r cwestiwn *'Where is God?'* Byddai'r dosbarth cyfan yn rhoi'r ateb mewn siant rhythmig. Roedden ni, sef dosbarth yr ail flwyddyn, wedi dysgu nodau'r ateb hwnnw trwy glywed dosbarth Mrs Clarke yn yr ystafell nesaf, flwyddyn cyn dysgu'r geiriau ac oes cyn dysgu eu hystyr.

As God, Je-sus Christ is ev-ree-where,
As God made man
He is in hea-ven,
And in the Blessed Sac-ra-ment of the al-tar.

Fe ddôi'r wythnos i'w huchafbwynt ar y dydd Gwener gyda rafflo llond bag o losin sierbet. Er i mi fuddsoddi dimai bob wythnos yn ddi-feth trwy gydol fy mhum mlynedd yn Ysgol y Babanod er mwyn yr 'Holy Souls', wnes i erioed ennill na chael blasu'r danteithion lliwgar. Sut bynnag, fe fu'n ddigon i'm cadw rhag temtasiynau gamblo am weddill fy oes.

Roedd y rhyfel yn ychwanegu at gyffro fy nyddiau yn yr ysgol honno. O gwmpas Grangetown roedd rhai targedau strategol pwysig o safbwynt bomiau'r gelyn, sef y Dociau, y Brif Orsaf Reilffordd a ffatri arfau Currans ar lan Afon Taf. Pan ddechreuodd yr ymosodiadau o'r awyr, fe'n rhybuddiwyd ni gan berthnasau fy nhad y byddai rhai o'r bomiau, a anelid at y mannau pwysig, yn siŵr o gwympo ar strydoedd teras Grangetown. Codi eu pac a wnaeth fy nhad-cu a'm mam-gu ar ochr fy nhad, ynghyd â rhai modrybedd ac ewythrod, a mudo o Stryd Dinas, Grangetown, i ddiogelwch yn Heol Sant Martin, Caerffili.

Digwyddiadau i ryfeddu atyn nhw oedd y cyrchoedd awyr i mi yn bum mlwydd oed, ac i'm brodyr, Mike, chwech oed a Terry, naw oed. Nosweithiau o ofn a dychryn oedden nhw i'm mam. Ychydig fisoedd wedi marw fy nhad y ganwyd fy chwaer, Mary. Rai wythnosau wedyn y daeth y cyntaf o'r cyrchoedd awyr go iawn. Ganwyd fy chwaer ar y 29ain o Ragfyr 1941, a dioddefodd Caerdydd ei chyrch awyr mawr cyntaf bum diwrnod yn ddiweddarach, ar yr ail o Ionawr 1942. Dan gario baich o flancedi a chotiau uchaf, bu'n rhaid i ni redeg nerth ein traed am ryw ganllath i'r lloches gyhoeddus yn Stryd Clive. Yn dynn yng nghôl fy mam roedd y babi bach newydd.

Er ei bod hi'n hanner nos, roedd yr awyr yn olau gan fflachiau aur yn llosgi ac yn clecian wrth ddisgyn oddi fry. Yn ein diniweidrwydd, tybiem mai bomiau oedd y fflachiau a rhaid wedyn oedd rhedeg fel trwy grochan swnllyd. Roedd gan yr awyrennau Almaenig ryw sŵn nadu dirgrynol. Y peth nesaf a glywid oedd oernadau rhybuddiol y seiren a lleisiau croch wardeniaid yr ARP yn gweiddi *'Get to the shelter! Quick now!'*

Rhes o adeiladau syml yn ymestyn ar hyd canol Stryd Clive, stryd anarferol o lydan, oedd y lloches gyhoeddus.

Diogelwch seicolegol yn unig oedd i'w gael yno. Rhyw fath o flychau brics â thoeau concrit oedd y llochesi. Y gwir amdani oedd fod y ddau cant a wasgai i mewn i un lloches yn fwy tebygol o gael eu taro gan fom yn y fan honno nag yn eu tai eu hunain. Yr unig gysur oedd fod gan rywun fwy o siawns o gael ei ladd ar unwaith yn y lloches, a llai o siawns o gael ei gladdu'n fyw o dan falurion ei gartref. Y noson honno, fe drawyd lloches y tu ôl i fecws Hollyman yn Stryd Stockland, ychydig oddi wrth Stryd Clive. Cwympodd bom yn union ar ben y lloches a lladdwyd, o leiaf, dri deg a thri o bobl. Aelodau yn Eglwys Sant Padrig oedd y rhan fwyaf ohonyn nhw, wedi rhuthro i'r lloches o'r eglwys gyfagos. Ni ddaethpwyd o hyd i'r cyrff, a heddiw y mae siop nwyddau haearn ar safle'r trychineb.

Roedd llawer o weithgareddau eraill adeg y rhyfel yr un mor ddi-fudd. Bu Ted, brawd fy nhad, yn gwnstabl rhan-amser, a'i orchwyl oedd 'amddiffyn' Pont Treganna dros Afon Taf yn ystod y cyrchoedd awyr. Ar ganiad y seiren byddai'n brysio yn gydwybodol o'i gartref yng Ngerddi Pentre tuag at y bont rhwng Castell Caerdydd a Gerddi Soffia. Ni ddywedodd neb erioed wrtho *sut* i amddiffyn y bont. Petai'r Almaenwyr yn parasiwtio i lawr o'r awyr, doedd ganddo ddim erfyn o unrhyw fath yn amddiffyniad. Daethai ef i'r casgliad felly mai ei waith oedd sbotio'r bomiau oedd ar fin taro'r bont, eu dal nhw a'u lluchio wedyn i mewn i'r afon!

Gan dîm o weithwyr dur yr oedd y dasg 'wardenaidd' fwyaf brawychus o'r cwbl. Byddai'n rhaid iddyn nhw ddringo i ben y prif danc nwy yng ngwaith dur Guest Keen yn y Sblot a gweithio'r gwn Lewis a osodwyd yn y fan honno. Profiad erchyll oedd dringo i fyny yno liw dydd ar adeg o heddwch heb sôn am ddim arall. Arwyr, yn wir, oedd y dynion a fentrai yn y blacowt er mwyn saethu ar antur at awyrennau'r gelyn. Fe ddisgynnai bomiau ffosfforws cyneuol o hyd ar y tanc nwy a mynd ar dân wrth lanio. Tasg y wardeniaid oedd eu cicio dros ymyl y tanc nwy cyn iddyn nhw gael cyfle i losgi drwy'r gaenen fetel. Byddai trawiad uniongyrchol gan fom go fawr wedi bod yn ddigon i yrru'r wardeniaid a'r gwn Lewis fry ymhell i awyr y nos ac i ebargofiant, yn union fel petai craig wedi taro'r blaned Iau.

Caem ni'r plant ein harbed rhag dioddefaint gwaethaf y rhyfel am ein bod yn rhy ifanc i deimlo dyfnderoedd eithaf galar. Ryw noson, dinistriodd bom bedwar o dai yn Stryd Paget gan ladd dau o'n cyd-ddisgyblion. Doedd dim i'w wneud drannoeth heblaw syllu ar y desgiau gweigion yn yr ysgol. Roedd gwaeth i ddod. Chwalwyd yn llwyr gymdogaethau cyfain yn Grangetown a Glan yr Afon gan ffrwydron tir. Rhyw syniad go annelwig oedd gennym ni o faint y trychinebau. Am hynny, arwynebol fyddai ein galar a'n hofn, a byr eu parhad. Rwy'n cofio'n iawn fel y buom yn gwylio awyrennau yn ymladd â'i gilydd ganol dydd mewn awyr glir, hafaidd, a ninnau'n gyffro i gyd fel petaem ni'n gwylio cŵn yn paffio. Awyren wylio, sef *spotter plane*, oedd wedi dod drosodd i dynnu lluniau o ddifrod y noson cynt. Roeddem yn mwynhau'r ddrama yn yr entrychion uwch ein pennau — peiriannau'n rhuo, drylliau'n clecian a phwffiadau o fwg gwyn yn ymledu yn yr awyr las.

Daeth y rhyfel yn agos iawn atom ar ddau achlysur. Y tro cyntaf, pan ddinistriwyd Gwesty Tresilian yn llwyr gan fom a fwriadwyd ar gyfer Prif Orsaf Reilffordd Caerdydd. Roedd y gwesty ar gornel Teras Tresilian a

Heol Penarth, heb fod ymhell o'n cartref ni. Am fwy na deng mlynedd fe adawyd yr adfeilion fel ag yr oeddent, heb eu cyffwrdd, a gellid gweld drws drylliedig y lifft yn hongian ar agor tua hanner can troedfedd uwchben y llawr. Roedd yr ail yn waeth fyth. Doedd dim angen mynd i'r lloches gyhoeddus ar ôl i bob cartref gael *Anderson Shelter*. Roedd yn ddigon mawr i ddal teulu cyfan, a châi ei hanner gladdu yn yr ardd gefn. Er mwyn cael cwmni, byddai dau neu dri o deuluoedd yn aml yn rhannu'r un lloches. Gan nad oedd dim byd i wresogi'r lle yn y gaeaf byddai pob un ohonom yn gwisgo mwy nag un gôt uchaf a tharo trwch o flancedi drosom wedyn. Balaclafas a wisgai'r plant am eu pennau, a byddai cymdoges, a alwem yn Granny Edwards, yn rhoi cap fflat dyn i gadw'i phen yn gynnes bob tro.

Ar adeg cyrch, byddai sŵn drylliau a bomiau a ffrwydradau o'n cwmpas ymhobman oddi allan. Pan glywem y sgrech wrth i fom gwympo i'r ddaear, byddai pob un ohonom yn y lloches yn plygu ei ben yn ddefodol, a'n cyrff yn tynhau wrth baratoi am y gwaethaf. Fe ddôi'r sgrech yn uwch ac yn agosach atom, nes bod pob man yn diasbedain. Y fath ollyngdod a llawenydd fyddai yna wedyn am i ni fod yn y lle iawn unwaith eto. Yn fyw ac iach a dianaf. A rhywrai'n dweud, 'Roedd honna'n agos,' ac yna'n dyfalu'r pellter oddi wrth y sŵn a'r fflach.

Yn ôl y gorchymyn swyddogol, roedd teuluoedd i fod i aros yn eu llochesi drwy'r nos, ond am ei bod hi mor oer ac anghysurus yno byddem yn brysio'n ôl i'n gwlâu gynted ag y clywem seiren yr *All Clear*. Rhag ofn angen ffoi yn sydyn, byddem yn cysgu i lawr grisiau. Roeddem wedi dychwelyd i'n gwlâu ar ôl cyrch ryw noson pan gawsom ein deffro gan fy mam am fod aroglau nwy drwy'r tŷ. Agorodd hithau'r ffenestri gan feddwl cael gwared o'r nwy, ond doedd hynny mo'r peth doethaf i'w wneud ar y pryd. 'Bom amser' oedd wedi hollti'r brif bibell nwy yn y ffordd ryw chwe thŷ oddi wrthym ni. Lori wrth basio oedd wedi tanio'r bom. Sôn am ffrwydrad dychrynllyd! Roedd llen o fflamau oddeutu hanner can troedfedd o uchder yn rhuo uwchlaw'r tai trillawr. Hyd yn oed ddeg llath ar hugain i ffwrdd, roedd y gwres yn annioddefol. Cawsom ein symud i dŷ Granny Edwards dros dro.

Bu fy nhad farw pan oeddwn i'n bum mlwydd oed. Gwibiol yw f'atgofion ohono. Rwy'n ei gofio'n iawn yn canu dros y tŷ, *'Oh! Oh! Antonio, he's gone away,'* ac yn ein swcro ninnau'r bechgyn i ymuno yn y cytgan. Mae gen i atgof clir o'r corff gwelw, tenau yn gorwedd mewn gwely yn yr ystafell fyw yn Heol Penarth, a rhyw ddwsin o berthnasau wedi ymwthio i mewn i'r lle cyfyng hwnnw. Roedd yn marw o ganser yr ysgyfaint, clefyd go anarferol bryd hynny, yn ôl y meddyg teulu. Fy atgof olaf amdano yw ei weld yn codi ei law ar Mike a minnau drwy ffenestr yn Ysbyty Llandochau.

Doeddem ni ddim yn deall beth oedd yn digwydd. Un bore, er ein syndod, dywedodd Mam wrthym yn ei dagrau fod fy nhad wedi cael ei symud i'r ystafell ffrynt fawr. Roedd yn draddodiad yng nghartrefi'r dosbarth gweithiol fod y meirw'n cael mwy o le na'r byw. Wnes i ddim teimlo galar na cholled ar y pryd. Bu cryn anghytuno ynghylch a ddylem ni'r plant weld ein tad yn gorwedd yn ei arch. Na, meddai fy mam, ond aeth perthynas â ni i mewn. Heddiw, mi gofiaf y profiad hwnnw yn ddiemosiwn. Diddorol oedd gweld y corff dieithr, llonydd hwnnw, y ddelw gwyr, nad oedd a wnelai ddim oll â'r tad bywiog, llon a gofiwn i. Mewn ffordd ryfedd, roedd acw dipyn o hwyl gyda'r tŷ yn llawn o bobl ddifyr. Ymhen blynyddoedd wedyn crefodd fy mam arnaf i beidio â mynd i weld corff marw'r un a garwn yn fwy na neb arall yn y byd. Cytunais â hi y tro hwnnw.

Dim ond un ymweliad â mynwent Trelái yng nghwmni fy mam ddagreuol a gofiaf. Doedd hi ddim wedi bod yn briodas berffaith. Flynyddoedd yn ddiweddarach y daethom ni'n ddigon hen i ddeall anobaith y dyn y dinistriwyd ei hunan-barch gan y rhyfel. Roedd ei dri brawd, ei ddwy chwaer a'i lu cyfeillion yn ei gofio'n annwyl am ei hiwmor a'i harddwch pryd a gwedd. Byddai'n troi at y ddiod am gysur, ond wyddem ni'r plant ddim am y goryfed a ddigwyddai weithiau. Y darlun sydd wedi aros yn fy nghof i yw un o ddyn hwyliog a hynaws a ddôi â chwerthin a sbri i bob cwmni.

O gariad at ei wlad, roedd wedi ychwanegu rhai misoedd at ei oedran er mwyn mynd yn filwr ym mlwyddyn gyntaf y Rhyfel Mawr, 1914-18. Peiriant-saethwr, *machine gunner*, ydoedd yno. Ystyriai'r ddwy ochr y milwyr hyn fel dynion ysgymun oherwydd nifer y bywydau a gâi eu lladd ganddyn nhw. Yn ôl y sôn, ni fyddai'r Almaenwyr na'r Prydeinwyr byth yn arbed bywyd y saethwyr hyn. Eu lladd a gaent, yn hytrach na'u cymryd yn garcharorion.

Saethwyd fy nhad yn ei goes. Roedd ar ei ben ei hun yn nhir neb ac yn methu â dianc oddi yno. Pan glywodd rywrai'n siarad Almaeneg yn nesu tuag ato, cydiodd yn ei laswyr, cau ei lygaid yn dynn a dweud ei baderau. Arhosodd am y fwled, ond ni ddaeth. Pabydd oedd arweinydd y grŵp o filwyr Almaenig, a chredai fy nhad mai'r paderau a arbedodd ei fywyd. Cafodd ei drin yn dda gan yr Almaenwr a'i yrru i wersyll ysbyty am weddill y rhyfel. Gŵr o Gwlen (Cologne) oedd y swyddog hwnnw. A'i enw? Paul.

Bu'r anaf i'w goes yn bwrw cysgod dros fywyd fy nhad am weddill ei oes. Ni lwyddodd byth wedyn i wneud yr hyn a alwai yn *'man's job'*. Barnai fod unrhyw swydd na alwai am nerth corfforol yn un ddiraddiol. Yn anffodus, gwaith ysbeidiol ac annigonol a gafodd, gan gynnwys cyfnodau digalon o geisio gwerthu'r gwyddoniadur, *The Golden Knowledge*. Tasg amhosibl oedd perswadio digon o bobl i fuddsoddi yn y deuddeg cyfrol yn ystod dirwasgiad y tri degau. Gyda chwerwedd y cofiai fy mam y cywilydd a deimlai fy nhad bob dydd am fethu ag ennill cyflog byw teilwng i'w deulu. Roedd yna un bonws, fodd bynnag, gan iddo brynu'r cyfrolau hyn i ni. Dyna ffynhonnell ryfeddol o wybodaeth fu'r gwyddoniadur yn y dyddiau hynny o brinder llyfrau. Yn wir, roedd yn drysor gwerthfawr, yn llawn o luniau lliw gwych ac yn cyflwyno ffeithiau mewn ffordd mor ddeniadol.

Yng nghanol y tri degau y dioddefodd fy nhad yr ergyd greulonaf. Roedd y pensiwn oherwydd ei anafiadau rhyfel wedi bod o gymorth fel ychwanegiad angenrheidiol at ei enillion prin. Dyna'r llywodraeth yn penderfynu bod rhaid arbed costau. Fe ailaseswyd y pensiwn rhyfel a lleihau'r swm. A'r cyfiawnhad am hynny? Barnwyd nad ei anafiadau rhyfel oedd achos ei broblemau iechyd, ond eu bod wedi gwaethygu o'u herwydd. Roedd wedi mynd i'r rhyfel yn llanc holliach un ar bymtheg oed a chael ei saethu. 'Gwaethygu', wir! Bu'r penderfyniad anghyfiawn hwn yn ergyd drom iddo. Fe ddigwyddodd yn ystod yr wythnos pan oedd pwysigion Prydain Fawr yn cofio Diwrnod y Cadoediad. A'u llygaid yn llawn dagrau, safent i gofio'r rhai a gollwyd ac i dalu gwrogaeth hyd byth i arwyr y rhyfel.

Bu Miah, brawd fy nhad, hefyd yn y ffosydd adeg y Rhyfel Byd Cyntaf. Cofiai fel y bu ef a'i gymdeithion yn byw mewn sied ar ffin tir neb. Bob nos byddai sielio trwm o'u cwmpas a hwythau'n ofnus ddychrynllyd. Roedd popeth yn brin heblaw sigaréts a chwrw. Felly, byddent yn smocio'n ddi-baid ac yn yfed gormod. Bu fy nhad farw o ganser yr ysgyfaint, a phan adawodd Miah y fyddin roedd ganddo broblem alcohol.

Roedd fy mam hollbresennol wedi gweld dyddiau gwell. Merch oedd hi i John Williams a gadwai dafarn Penarth Dock yn Stryd Thomas, Grangetown. Derbyniodd beth o'i haddysg mewn ysgol breifat lle y dysgodd rywfaint o Ffrangeg. Braint addysgol anarferol oedd hynny ymhlith y dosbarth gweithiol. Pan oedd hi'n eneth fach, bu farw ei mam yn ifanc ac ni chaeodd yr archoll honno byth. Disgrifiai'n annwyl wrthym wallt hir, melyn ei mam, a sôn wedyn am yr ofn a'i meddiannodd wrth glywed sŵn anadlu ei mam ar fin marw yn y llofft uwchben bar y dafarn. Byddai'n ail-fyw o hyd y dryswch a deimlodd wrth weld arch ei mam yn cael ei gollwng i dwll yn y ddaear a'i gadael yno, a'r glaw yn pistyllio i lawr drwy'r dydd a'r nos.

Roedd yna gymysgfa ryfedd o bobl yn byw yn Grangetown. Er bod hysteria siofinistiaeth y rhyfel yn ei anterth, wnaethom ni erioed deimlo yn 'Saeson'. Daeth miloedd i wylio ein cyfeillion, y teulu Dimascio, yn cael eu llusgo o'u siop yn Stryd Holmesdale a'u cymryd yn gaeth fel estron-elynion tan ddiwedd y rhyfel. Diflannu fu hanes tad fy ffrind gorau, Basil Salvatore, hefyd ac ni welwyd ei gert hufen iâ wedyn ar gornel Heol Penarth nes i'r rhyfel ddod i ben.

Yn ôl fy mam, roedd tair gradd o Gymreictod yn bod. Roeddem ni, mwngreliaid Gwyddelig / Sbaenaidd / Eidalaidd, Caerdydd yn Gymry *(Welsh)* am ein bod wedi'n geni yng Nghymru. Pobl y cymoedd, yn siarad ag acenion rhythmig a adleisiai oslefau'r Gymraeg, oedd y 'gwir Gymry' *(Real Welsh)*. Creaduriaid hynod, a barchem ym ddistaw bach, oedd y siaradwyr Cymraeg. Nhw oedd y 'Cymry go iawn' *(Proper Welsh)* — Protestaniaid pybyr, nid yn unig yn estroniaid, ond yn byw hefyd ar ryw blaned arall.

Trwy fod yn Babyddion roeddem yn perthyn i leiafrif, nad oedd yn fychan ond a oedd ar wahân. Yr hyn a'n clymai â'n gilydd oedd yr eglwys, yr ysgol a statws mewnfudwyr, er bod y mewnfudo hwnnw wedi digwydd mewn llawer o deuluoedd, a ninnau yn eu plith, ganrif ynghynt. Y newyn tatws yn Iwerddon a yrrodd rai o'm hynafiaid i Gymru, a chedwid y cof am y mudo mawr hwnnw yn fyw o genhedlaeth i genhedlaeth. Clywsom aml hanesyn am ein cyndadau yn cael eu pledu â cherrig wrth gerdded o'r dociau ar hyd Stryd Bute. Dyna a ddigwyddai'n fynych wedi i long o Cork angori, a'r Gwyddelod yn anelu tua'r hafan Wyddelig yn Newtown. Ar y pryd, roedd rhagfarn yn nodwedd barchus, a chlywid chwerthin uchel wrth i rywun ddweud yn wawdlyd mai Dydd Gŵyl Sant Padrig oedd yr unig adeg y byddai Gwyddel yn golchi ei war.

Fel yn achos pob cymuned fewnfudol, teimlai'r Gwyddelod angen i ragori yn rhywbeth er mwyn cael eu derbyn gan y gymuned frodorol. Dyna'r ffordd orau i integreiddio. Er bod y gymuned Wyddelig wedi hen

ymsefydlu yma, roedd crefydd yn dal i wahanu'r
Gwyddelod a'r Cymry. Byddai cryn benbleth ynghylch
pa ochr y dylid ei chefnogi pan chwaraeai Cymru rygbi
yn erbyn Iwerddon, ond ni fu erioed broblem pan fyddai
gêm rhwng Cymru ac unrhyw wlad arall.

Hyd yn oed ym myd y campau, roedd Grangetown ac
ardaloedd dosbarth gweithiol eraill Caerdydd yn wahanol.
Dim ond rhannau o Gasnewydd ac o Lerpwl sy'n
rhannu'r un ymroddiad i'r bêl fas. Heidiai tyrfaoedd o
hyd at ddeng mil i'r gêmau pwysig mewn parciau yn y
Rhath a Grangetown. Roedd pêl fas nid yn unig y gamp
haf fwyaf poblogaidd adeg y rhyfel, ond yr unig un hefyd.
Doedd dim sôn am griced. Ychydig iawn o'm cyfoedion
yng Nghaerdydd a welodd gêm griced cyn bod yn ddeg
oed. Miss Lawson a ofalai am bêl fas yn y *'Big School'*
yn Ysgol Sant Padrig. Roedd yr unig ddau ddyn ar y staff
i ffwrdd yn y rhyfel. Balch oeddwn o'i gweld hi unwaith
eto ym 1996 a chael sgwrs am y dyddiau gynt. Mrs Eileen
Driscoll yw hi'n awr, yn iach a heini, ac yn byw yn yr
Eglwys Newydd, Caerdydd, ar ôl gyrfa lwyddiannus fel
athrawes.

Trwy gydol fy nghyfnod yn yr ysgol gynradd ystyrid
fy mod ymhlith y lleiaf abl o'r disgyblion, ac felly y bu
pethau tan fy nhymor olaf un. Roedd dosbarth cyntaf yr
ysgol fawr wedi'i rannu'n ddau. Dysgai Mrs Steel y plant
saith oed galluog, a Miss McCarthy yn cymryd y gweddill
ohonom. Hyd yn oed yno, doeddwn i ddim yn disgleirio.
Ond fi oedd y seren mewn un stori a glywem yn aml.
Hanesyn am ddau fachgen ydoedd. Y naill yn gweithio'n
galed wrth ei wersi, a'r llall yn gwamalu ac yn diogi.
Ymhen deng mlynedd ar hugain y mae'r sgolor da, bellach
yn llwyddiannus a chyfoethog, yn cyrraedd Gorsaf

Reilffordd Caerdydd ac yn galw am borter i gario'i bortmanto. Ei hen ffrind ysgol diog yw'r porter.

'Pan fyddwch chi wedi tyfu i fyny,' meddai'r athrawes, 'pwy fydd y dyn cyfoethog?'

'Eugene McCarthy, Miss,' meddai'r dosbarth ag un llais. Yna gan edrych arnaf fi'n gyhuddgar, fe ofynnai, 'A phwy fydd yn cario'r portmanto?' Dim ond fi fyddai'n fud a phawb arall yn proffwydo'n unfrydol, 'Paul Flynn, Miss.'

Rhyw freuddwydio a drifftio wnes i drwy flynyddoedd yr ysgol iau, yn methu'n lân â gweld pwrpas i'r rhan fwyaf o'r pynciau ac yn gwrthryfela yn erbyn sillafu afresymegol. Ofer fu ymdrechion yr athrawon caredig a dawnus i'm cael i weithio'n gyson, ond daeth tro ar fyd.

Yn naw mlwydd oed cefais ryw aflwydd sydd wedi bod gyda mi byth ers hynny. Rhyw fore wrth godi o'r gwely ni allwn gerdded yn iawn. Âi saethau o boen drwy fy nghoes. Erbyn canol dydd roedd wedi gwella, ond fe ddôi'n ôl bob hyn a hyn. Gwynegon, *rheumatism*, meddai'r meddyg teulu a rhoi poteliaid o foddion pinc i mi. Bu'r gwayw yn rhan ohonof wedyn. Gwaethygodd yn arw ddeng mlynedd ar hugain yn ddiweddarach gan benderfynu cwrs fy mywyd.

Trwy lwyddo yn arholiad yr un ar ddeg plws cefais fy nerbyn i Goleg Illtud Sant yn y Sblot, sef 'Dwyrain Pell' Caerdydd bryd hynny. Yn yr ysgol honno byddai'r bechgyn yn gwisgo trowsusau gwynion ac yn chwarae criced. Yn sicr, ni chynhyrchodd y lle erioed yr un porter. Roedd mynychu'r ysgol yn rhyw fath o ymffrost gan fechgyn Caerdydd, yn basport i fyd gwell — *'Born in Grangetown: educated in Splott'*. Er cryn syndod i'm hathrawon, roeddwn yn un o wyth plentyn yn ein dosbarth ni o dri deg a phump a enillodd ysgoloriaeth. Un o'r wyth olaf yn y dosbarth a fûm i ym mhob arholiad arall tan hynny. Yr unig beth canmoladwy a wnes i yn yr arholiad, mi gredaf, oedd y traethawd. Fe'm gosodwyd yn yr isaf o'r tri dosbarth cyntaf yn yr ysgol ramadeg ar sail fy nghanlyniadau.

O drwch blewyn felly newidiodd fy mywyd yn llwyr. Gallai methu fod wedi trawsnewid fy nyfodol mor ofnadwy ag y gwnaeth i laweroedd. Yn un ar ddeg oed byddai'n rhaid iddyn nhw dderbyn eu tynged, anghofio am bob uchelgais a chofio am byth yr ergyd i'w hunan-barch. Roedd yr *eleven plus* yn greulon a dinistriol. Mae'n dal mewn bod yn Lloegr, ond nid yng Nghymru, diolch byth. Gwynt teg ar ei ôl!

Arwraddoliaeth

Erbyn diwedd y rhyfel roeddem ni'n deulu hapusach a
mwy llewyrchus ein byd. Am weddill ei hoes teimlai fy
mam faich o euogrwydd oherwydd tlodi enbyd y
blynyddoedd llwm. Mae Mike a minnau'n cofio'r
cywilydd o orfod gwisgo dillad wedi'u gwneud o frethyn
llwyd. Hen ddefnydd cras a ddosberthid drwy'r system
les ac ar gael am ddim. Iwnifform gwarth oedd y dillad
hynny a neb yn eu gwisgo heblaw plant y tlodion.
Doeddem ni ddim wedi meddwl amdanom ein hunain
fel teulu tlawd; yn sicr, ddim o gymharu â theuluoedd
gyda hyd at bymtheg o blant a wisgai ddillad carpiog a
byth yn edrych yn lân. Ar adegau teimlem ein bod yn
freintiedig am fod yna oedolion deallus, hunanddysgedig
o'n cwmpas a chanddynt ddiddordebau diwylliannol a
gwleidyddol eang. Prinder bwyd oedd prif ofid fy mam.
Doedd ei phedwar plentyn ddim yn ymwybodol o hynny,
ond bob tro yr ymwelem â hi ymhen blynyddoedd wedyn
caem lond gwlad o fwyd ganddi, fel petai'n gwneud iawn
am y diffyg gynt.

Y mae rhywfaint o wirionedd yn y ddelwedd ramantus
o gymuned ddosbarth gweithiol glòs a phawb yn helpu
ei gilydd. Er hynny, doedd pethau ddim yn fêl i gyd o
bell ffordd, a bywyd yn aml yn greulon a chaled iawn.
Yn ochr dywyll y darlun roedd llawer o fenywod wedi'u
clymu am oes wrth wŷr meddw, a'u statws wedyn yn is
nag anifeiliaid fferm. Heb ffrindiau na neb i'w hamddiffyn,

fe'u gorfodid i oddef beichiogrwydd o hyd ac o hyd a'r unig waredigaeth fyddai bedd cynnar. Ym mhob stryd byddai o leiaf un plentyn â nam corfforol neu feddyliol difrifol. Câi plentyn o'r fath ei drin yn ofnadwy. Byddai'n destun dirmyg a hwyl ac, yn fynych, câi ei guro hefyd. Roedd meddwi yn beth hollol agored ac yn rhan o fywyd llawer. Felly hefyd yr ymladd â dyrnau noeth ar ôl goryfed. Peth cyffredin arall yn Grangetown fyddai'r paffio tu mewn i'r tafarnau a thu allan ar y palmant. Druan o deulu'r sawl a fethai ag ennill bywoliaeth, wedi eu dal ym magl tlodi enbyd ac yn gorfod dioddef angen ac amarch.

Ar un adeg roedd fy mam wedi gobeithio etifeddu arian ar ôl ewythr cefnog iddi ar ochr ei mam. Ychydig cyn fy ngeni i roedd fy nhad a hithau wedi rhentu tŷ semi yn y rhan grandiaf o Grangetown, yn Heol Avondale. Philip Fletcher oedd y cymwynaswr disgwyliedig. Philip oedd yr enw cyntaf a ddewiswyd ar fy nghyfer i, ond bu'n gystadleuaeth rhwng hwnnw a'r enw lled anghyffredin ar y pryd, sef Paul. Wrth gwrs, dyna enw'r swyddog Almaenig a arbedodd fywyd fy nhad. Yr hyn a benderfynwyd yn y diwedd oedd Paul Philip. Cafodd fy mam wybod yn ddiweddarach y byddai swm mawr o arian wedi dod iddi petai hi wedi dewis Philip Paul. Roedd rhent y tŷ semi yn fwy nag a allai fy rhieni ei fforddio. Buom wedyn am ychydig yn yr ystafelloedd atig yn Stryd Clive, cyn mudo liw nos ar daith o ryw gan llath rownd y gornel i Heol Penarth. Rhif 219 yn y fan honno fu cartref y teulu am y deugain mlynedd nesaf.

Buom yn destun siarad ein cymdogion ym 1943 pan ddaeth cariad fy mam weddw i letya yn ein tŷ ni. Morwr o'r Iseldiroedd oedd Wilem Rosien, a'i long mewn porthladd ym Mhrydain pan oresgynnwyd ei wlad gan yr Almaenwyr. Arhosodd yma ac ymgymhwyso yn is-gapten. Doedd byw dan yr unto ddim yn beth parchus i ddyn a menyw nad oeddent yn briod â'i gilydd. Sut bynnag, rhoddwyd taw ar y tafodau ymhen rhai wythnosau gan i Mam ac yntau briodi. Am y tro cyntaf yn ein hanes, o bosib, fe ddôi cyflog rheolaidd i'r cartref a ninnau ddim yn gorfod mynd ar ofyn neb am gymorth. Cyn hynny, yr unig incwm oedd pensiwn pitw gwraig weddw. Daeth gobaith am fyd gwell. Roedd pawb yn dweud y byddai'r rhyfel ar ben gyda hyn. A chyda heddwch fe ddôi bendithion. Un o'r rheini oedd Llywodraeth Lafur. Byddem ninnau'n gallu prynu bananas eto a hyd yn oed fforddio rhentu set radio.

Y Sblot

'Be ddigwyddodd heddiw?' Fel yr aelod cyntaf o'r teulu i fynychu ysgol ramadeg roedd gen i stori ryfedd i'w dweud ar ôl dod adref. Syndod y byd, roedd yna fachgen yn fy nosbarth o'r enw Dilwyn Jones, enw anarferol iawn. Enw Gwyddelig neu o un o wledydd tir mawr Ewrop oedd gan bron bawb arall.

'*Not only Jones, but Dilwyn as well*', meddai Maurice Reynard mewn rhyfeddod wrth Julius Hermer. '*Never known anyone with a name like that in a Catholic school*', meddai Patrick Kelly wrth Pablo Merino. Roedd yna eglurhad. Nid Pabydd oedd Dilwyn ond fe ddigwyddai fod yn byw y drws nesaf bron i'r ysgol. Rhyw bump y cant o'r disgyblion oedd ddim yn Babyddion. Iddewon oedd y rhain gan mwyaf, a'r bardd Dannie Abse yn eu plith. Câi ethos crefyddol arbennig y lle effaith ar bawb rywfodd neu'i gilydd. Rhai'n cael troedigaeth at Babyddiaeth, a daliadau rhai eraill yn dyfnhau trwy gael eu mynych amddiffyn. Enghraifft o'r ail fath yw Graham Horwood, ffrind i mi, sy'n dal i wasanaethu yng Nghaerdydd fel offeiriad yn yr Eglwys yng Nghymru.

Yn groes i'r arfer, câi disgyblion blwyddyn gyntaf Coleg Illtud Sant eu ffrydio yn 2A, 2B a 2C. Roedd y dosbarth cyntaf yn ysgol baratoi De La Salle mewn rhan arall o Gaerdydd. Ysgol breifat oedd honno, *crammer* i dderbyn meibion y cyfoethog a'u helpu drwy arholiad yr ysgoloriaeth. Hyd yn oed yn nosbarth dinod 2C, roedd bywyd yn gyffrous gydag athrawon newydd a phynciau newydd. Roedd gennym athro Cymraeg gwych, Glyn Ashton, a gyfareddai'r dosbarth bob dydd Gwener â storïau o'r Mabinogion. Roeddwn i'n dipyn o ffefryn ganddo am y chwe mis cyntaf am iddo dybio mai Fflint oedd fy nghyfenw, enw Cymreigaidd gwahanol i'r gweddill rhyngwladol. Yn ddyn ecsentrig, cloff ac yn cymryd snisin, cafodd y llysenw 'Gyma Ashton' trwy gyfuno ei flaenlythrennau G M A a'r gair 'dyma'. Roedd yn athro dawnus a doedd neb tebyg iddo am adrodd stori. Yn ddiweddarach, fe ddaeth yn adnabyddus fel awdur llyfrau Cymraeg a dychanwr medrus.

Agorodd gwyddoniaeth ddrysau i fyd newydd ac annisgwyl, yn llawn o ryfeddodau. Roeddwn wedi gwirioni'n lân. O gywilydd, bu'n rhaid i mi roi'r gorau i'r ymgyrch dros resymeg ym maes sillafu ac ymroi i ddysgu sillafu geiriau Saesneg yr un ffordd â'r athrawon. Daeth sicrhau llwyddiant academaidd yn nod i anelu ato gan fod fy ffrind gorau ar y pryd, Peter Sexton, wedi cael dipyn gwell canlyniad na mi yn yr arholiad mynediad ac felly yn 2A. Dim ond un llwybr oedd yna i minnau gyrraedd yno, sef trwy ddod yn gyntaf yn yr arholiadau ar ddiwedd tymor y Nadolig. Er mawr lawenydd i'm rhieni a'm perthnasau oll llwyddais i ddod ar frig y rhestr. Dyna'r arwydd real cyntaf o unrhyw allu academaidd. Sut bynnag, cefais ddyrchafiad i 2B. Yn yr arholiadau nesaf mi ddois yn gyntaf yn 2B ac ymuno wedyn â'r crachach deallusol ac â'm ffrind yn 2A. Yna, am y pedair blynedd nesaf mwynheais gyfnod sabothol hyfryd o ddiogi. Wnes i erioed wedyn gyrraedd i blith yr ugain uchaf mewn arholiad ac eithrio yn un pwnc. Byddwn yn dod yn gyntaf yn yr arholiad Cymraeg bob tro. Glyn

Ashton a ysbrydolodd fy niddordeb yn y Gymraeg, iaith sydd wedi rhoi llawer o bleser i mi ar hyd y blynyddoedd.

Cilio wnaeth fy niddordeb brwd mewn gwyddoniaeth a mathemateg oherwydd athrawon gwael, anghymwys a sadistaidd. Clywais Ken Livingstone yn sôn ryw dro mai ei athrawon a ffurfiodd ei holl ddiddordebau ef. Cafodd disgyblion Illtud Sant y fraint fawr o ddysgu hanes wrth draed yr hollddysgedig Martin Cleary. Polymath, yn wir. Pleser pur fyddai ei wersi oherwydd ei ffraethineb a'i ddychymyg di-ben-draw. Bonws annisgwyl mewn addysg Babyddol oedd bwrw amheuaeth ar gynnwys gwerslyfrau a dangos bod mwy nag un wedd ar y gwirionedd. Roedd rhaid dysgu'r sothach oedd yn y gwerslyfrau er mwyn plesio'r arholwyr allanol ond, ochr yn ochr â'r ffeithiau honedig hynny, caem olwg arall ar bethau, o safbwynt Pabyddion, a dyna'r gwirionedd, wrth gwrs. Rwyf yn dal i gofio rhai o jôcs Martin Cleary. Gyda dosbarth o'r bechgyn hynaf, dyma sut y byddai'n tanseilio'r gred arferol ynghylch Elizabeth y Gyntaf fel 'Y Forwyn Frenhines':

'Virgin Queen? Virgin Queen? She was as much a virgin as my wife is.'

Roedd lle i amau bod arholwyr allanol yn gwrthwynebu ysgolion Pabyddol ac yn camwahaniaethu yn eu herbyn. Yr enghraifft a grybwyllid ar y pryd oedd y ffaith fod Walter Marshall, y galluocaf o fechgyn, wedi methu ennill ysgoloriaeth y wladwriaeth. Defnyddiwyd hyn gan ein hysgol ni yn yr ymgais i newid yr hen system pryd y gallai arholwyr wybod ar unwaith o ble y dôi'r sgriptiau. Cytunodd Bwrdd Canol Cymru i roi rhif yn lle enw'r ysgol er mwyn osgoi rhagfarn. Gan i Syr (yn ddiweddarach) Walter Marshall ddisgleirio'n academaidd

28

wedi gadael yr ysgol a dod yn bennaeth yn y diwydiant trydan roedd lle cryf i gredu fod rhywrai wedi bod yn gostwng marciau bechgyn Illtud Sant.

Brodyr Cristnogol De La Salle a redai Goleg Illtud Sant. Urdd o fynachod, o Iwerddon yn bennaf, oedd y rhain. Roedd y Brawd Awstin yn athro Saesneg craff a mwynheais y profiad o ddarganfod barddoniaeth Robert Browning yn ei wersi ef. Yr un adeg roeddwn yn astudio rhai o gerddi Robert Williams Parry gyda Glyn Ashton. At ei gilydd, dynion unplyg a chywir oedd y brodyr, a'u hymroddiad llwyr yn eu gwneud yn athrawon digon cymwys.

Roedd gofynion y stad ddibriod yn dreth ar rai ohonyn nhw. O dro i dro, clywid ambell sgandal, o natur go ddiniwed o gymharu â safonau heddiw, yn ymwneud â pherthynas y Brawd A a'r Brawd B gyda bechgyn yn nosbarthiadau isaf yr ysgol. Fel arfer, ni chlywid byth mwy o sôn am y peth o enau'r rhai hynny. Rywsut, fodd bynnag, fe ddaeth i glustiau'r prifathro ddarn o sgwrs rhwng dau ddisgybl chweched dosbarth am gynigion a gawsent gan un o'r brodyr bum mlynedd ynghynt. O fewn dyddiau, roedd y brawd dan sylw wedi gorfod codi ei bac. Anfonwyd ef i dreulio encil er mwyn adnewyddu ei fywyd ysbrydol. Gwnaed y sefyllfa'n waeth gan fod y brawd yn arfer cymuno'n feunyddiol ac wedi ennill parch oherwydd ei dduwioldeb. Chlywais i neb yn crybwyll ei enw byth wedyn.

Llafur

Doedd yna ddim un foment neilltuol pan ddechreuais i gefnogi'r Blaid Lafur. Llafur *oeddem* ni, fel ag yr oeddem ni'n Babyddion neu'n ddinasyddion Caerdydd, yn *'Cardiffians'*. Roedd yn ein cartref ddiddordeb byw mewn gwleidyddiaeth. Rwyf heddiw'n cofio enwau aelodau cabinet Attlee ym 1945-50 gyda mwy o sicrwydd nag wrth enwi cabinet Tony Blair. Etholiad 1945 oedd y cyntaf yn oes fy mrawd Mike a minnau. Agorwyd prif ystafell bwyllgor y Blaid Lafur mewn siop wag gyferbyn â'n tŷ ni yn Heol Penarth. Ac yn ddi-oed roeddem ni ein dau dros ein pen a'n clustiau yn yr ymgyrch. Croesawyd ein cynnig i helpu a buom wrthi am oriau lawer yn gwthio papurau i mewn i amlenni. Trodd un dasg i fod yn waith cyfrifol iawn. Roedd yr *Echo* wedi adrodd mai un o driciau brwnt yr etholiad oedd slaesio teiars ceir y gwrth-wynebwyr.

Fe ymddiriedwyd i Mike a minnau yr orchwyl hollbwysig o warchod teiars yr unig gar yn ymgyrch y Blaid Lafur yn Ne Caerdydd a Phenarth. Er bod Mam yn gefnogol, byddai'n ein rhybuddio bod siom yn anochel, gan ddweud na fyddai pobl Caerdydd byth yn pleidleisio i neb a chanddo enw Gwyddelig. *'There's no future in politics for anyone called James Callaghan'*, meddai hi wrthym.

Parhaodd ein diddordeb wedi'r etholiad hefyd. Cafodd Mike a minnau ganiatâd i fynychu cyfarfodydd Ward

Grangetown mewn hen lofft stabl yn Stryd Franklin. Rwyf yn trysori'r atgof sydd gen i am Jim Callaghan yn diolch i ni mewn rhyw gyfarfod ac yn proffwydo y byddem ni maes o law yn *'two fine socialists'*. Ymhen amser etholwyd Mike yn aelod o Gyngor Dinas Caerdydd. Ein harwr pennaf oedd y cawr gwleidyddol, Aneurin Bevan, yn Llafur ac yn Gymro, yn ffraeth ac yn angerddol. Roeddwn i'n arfer torri allan bopeth amdano o'r *Sunday Pictorial* a phapurau eraill a'u pastio mewn llyfr. Ymhlith y toriadau mwyaf gwerthfawr yn fy ngolwg oedd y rhai'n cofnodi ei ddywediadau brathog wrth lorio Winston Churchill. Trwy ei farwolaeth fe amddifadwyd cenhedlaeth gyfan o sosialwyr ifainc o arweinydd a gynigiai'r cyfle inni allu gwireddu'n dyheadau dyfnaf.

Byddwn yn breuddwydio am fod yn Aelod Seneddol. Gan nad oedd rôl weithredol i fechgyn pedair ar ddeg oed yn y Blaid Lafur, dyna fi'n ysgrifennu llythyrau di-rif i'r *South Wales Echo* dan y ffugenw Dafydd Llywelyn. Doedd ysgrifennu i'r wasg ddim yn cael ei gyfrif yn weithgaredd parchus ac, felly, doeddwn i ddim wedi yngan gair wrth neb am fy epistolau. Trwy fod yn anhysbys roedd gen i ryddid braf i ddweud beth bynnag a fynnwn heb godi gwrychyn fy mam na dioddef gwawd fy ffrindiau. Nid pynciau gwleidyddol yn unig a drafodid. Yn eu plith, roedd amddiffyn y genhinen Bedr fel arwyddlun Cymru, yr angen i Gaerdydd fod yn brifddinas ein gwlad, a phle dros iawnderau anffyddwyr. Petai'n wybyddus fy mod wedi gwneud hyn byddai wedi darfod arnaf i barhau'n was allor yn yr eglwys. Trwy helpu wrth yr allor cawn fân fanteision yn grefyddol, addysgol a chymdeithasol. Mae'r atebion Lladin a ddysgem ar y cof wedi bod o fudd imi wrth ddeall yr ieithoedd Romáwns.

Rhag i'r gynulleidfa ein gweld yn sgwrsio â'n gilydd yn ystod y gwasanaeth, roedd rhaid i ni'r bechgyn feithrin y grefft o siarad drwy un ochr i'r geg. Mae carcharorion hefyd yn bencampwyr yn hyn o beth.

Caem hanner coron am wasanaethu mewn priodas neu mewn offeren dros y marw. Y peth gorau un oedd trip blynyddol bechgyn yr allor i Borth-cawl. Byddai hen edrych ymlaen at y diwrnod ar lan y môr bob mis Medi. Ac er bod tymor prysur y dref yn tynnu tua'i derfyn a'i bod hi'n glawio yn ddieithriad, doedd dim gwahaniaeth. I fechgyn o'n hoedran ni roedd y siwrnai a'r ffair bleser yn ei wneud yn ddiwrnod i'w gofio, yn llawn miri a brawdgarwch cynnes. Ond profiad mwy cyffrous fyth oedd gwyliau cyntaf Mike a minnau oddi cartref. Roedd ein mam wedi gwrthod gadael i ni fod yn ifaciwîs adeg y rhyfel yn y gred y dylem i gyd fynd i dragwyddoldeb gyda'n gilydd pe digwyddai'r gwaethaf. Yn dal braidd yn betrusgar, a thrwy aberth ariannol, fe ddaeth o hyd i'r ddwy bunt ar hugain i yrru'r ddau ohonom i Wersyll y Dysgwyr dan ofal Urdd Gobaith Cymru yn Llangrannog bell.

Bu'n wledd o brofiadau. Haul, môr, tywod glân, byw mewn pebyll, byd hollol Gymraeg a gwefr y cariad cyntaf. Myra Bowen o Lanelli oedd gwrthrych fy serch. Ac am wythnos, o leiaf, fe deimlai hithau rywbeth yn debyg. Roedd yr wythnos gyfan yn wynfyd pur ac mae'n atgof melys o hyd. Cawsom ein gollwng yn rhydd oddi wrth reolau caeth ein cartref i fwynhau pleserau newydd ac annisgwyl. Does dim rhyfedd fod Cymreictod mor agos at fy nghalon.

Goginan

Fy mlwyddyn i oedd y to cyntaf i sefyll arholiad newydd y 'Lefel O'. Am ryw reswm biwrocrataidd ynghylch y terfyn oedran, fe rwystrwyd traean o fechgyn ein dosbarth ni rhag cymryd yr arholiadau am ddeuddeng mis arall. Canlyniad hyn fu colli momentwm y dysgu a cholli diddordeb. Fe syrthiodd amryw ar fin y ffordd. Wrth i'r arholiadau nesu, penderfynais weithio'n galetach trwy ddal ati gyda'r gwaith cartref am dair awr bob gyda'r nos. Roeddwn yn falch o'r ganmoliaeth am draethawd a wnes i'r athro Saesneg, Jack O'Connell. Dyna'r gorau, meddai, ers iddo ddarllen un gan gyn-ddisgybl, Danny O'Neil. Mae Dan yn gefnder i mi ac wedi treulio'i oes yn llunio ysgrifau nodwedd ar *The South Wales Echo*. Petai Jack, yr athro, yn fyw heddiw, byddai wrth ei fodd. Er 1995 rydym ein dau wedi bod yn ysgrifennu colofn wythnosol i'r un papur, Dan ar ddydd Iau a minnau ar ddydd Gwener. Mae gennym syniadau bron yr un ffunud â'n gilydd ar lawer o bynciau dadleuol, megis y frenhiniaeth, a chyffuriau anghyfreithlon. Ai natur ynteu magwraeth sy'n cyfrif am y tebygrwydd, ys gwn i?

Roeddwn wedi penderfynu cymryd Cymraeg yn y chweched dosbarth ac yn dyheu am gyfle i ymarfer yr iaith. Yn ei swyddfa yn Stryd y Frenhines, Caerdydd, rhoddodd J. E. Jones, Ysgrifennydd Plaid Cymru, ychydig o gyfeiriadau ffermwyr Cymraeg i mi. Anfonais innau atyn nhw i ofyn a gawn i weithio ar eu ffermydd yn dâl am fy nghadw dros wyliau'r haf. Dyna sut y dois i Geredigion.

Ar fin y ffordd fawr o Bonterwyd i Gapel Bangor roedd y geiriau 'Rhyddid i Gymru' wedi eu paentio ar garreg fawr. Oddi yno roedd heol gert i lawr i ffermdy Blaen Dyffryn, cartref Llywelyn Bebb. Mwy na thebyg mai Llew, y cenedlaetholwr pybyr, oedd y paentiwr. Roedd gan y Bebbiaid deulu hyfryd — Bethan, 14 oed, Angharad, 7 oed ac Aled, 2 oed. Rhoddwyd croeso cynnes i'r dieithryn i'w plith, a'r plant yn chwilfrydig yn ei gylch. Geneth dlos, lygatddu oedd Bethan a syrthiais dan ei chyfaredd o'r eiliad cyntaf. Ceisiais fflyrtian â hi ond heb lwc. Braidd yn ddirmygus o'r llipryn gwelw a ddaethai yno i 'helpu' gyda'r gwaith yr oedd y pedwar gwas fferm. Er bod un ohonyn nhw dros ei hanner cant oed 'y bechgyn' y gelwid nhw bob amser.

Bu llawer tro chwithig yn fy hanes yno. Fe'm daliwyd yn gaeth rhwng ceffyl a wal rywbryd wrth i mi ymdrechu i dynnu ei ffrwyn. Dechreuodd oen ystyfnigo a gwrthod symud yr un fodfedd, a minnau wedyn yn ddigon gwirion i'w gario am filltir neu ddwy nes i Llew Bebb ddweud wrthyf am ei roi i lawr, a dyna'r oen yn rhedeg i ffwrdd. Bûm yn ymgodymu â hwrdd er mwyn ei ddal yn ei unfan ar ôl i mi gamddeall gorchymyn anghyfarwydd. Cafodd y gweision hwyl fawr yn gwylio'r hwrdd a minnau yn dawnsio'r tango yn wyllt wallgof ar draws y buarth. Rhaid wedyn oedd dysgu goddef y cywilydd o glywed y stori'n cael ei hailadrodd wrth hwn a'r llall. Profiad erchyll fu dal pen buwch o fferm gyfagos wrth iddi gael tarw du anferthol Blaen Dyffryn. Roedd un llaw ar un o gyrn y fuwch, a'r llall yn gwasgu ei ffroenau. Dyna'r tarw cynddeiriog yn chwythu a rhuo a'i ben aflonydd braidd yn rhy agos at fy mhen innau. Tipyn yn flêr y bu pethau'r tro cyntaf ac yntau'n chwistrellu ei had dros bob man. Gormod o nwyd a rhy ychydig o synnwyr cyfeiriad efallai. Er rhyddhad i bawb, fe lwyddodd yn y diwedd i gyflawni'r weithred hollbwysig.

Roedd diffyg arfer yn y gwaith yn fy ngwneud yn flinedig. Lladdfa oedd bod yr un canol o dri yn codi gwair â phicfforch oddi ar drelar i ben tas. Yn y cynhaeaf roeddwn yn brifo drwof wedi diwrnod o gasglu'r ŷd o'i ystod a'i rwymo'n ysgubau. Nefoedd oedd yr hoe ganol dydd. Rhag colli amser drwy fynd i'r tŷ i gael bwyd, fe ddôi Bethan â brechdanau i ni i'r cae. Braf oedd gorffwys yn y cysgod ac yfed te heb siwgwr a dorrai syched yn well na dim byd. Wnes i byth wedyn roi siwgwr yn fy nhe.

Mwynheais groeso twymgalon teulu'r Bebbiaid am ddau haf gogoneddus. Erbyn yr ail flwyddyn roedd tŷ Blaen Dyffryn wedi'i gwblhau, y tŷ o goed y bûm yn helpu rhyw ychydig i'w godi yr haf cynt. Yr eisteddfod ym Mhonterwyd oedd canolbwynt gweithgarwch diwylliannol yr ardal yn yr haf. Treulid wythnosau'n paratoi ar ei chyfer. Roedd fferm Blaen Dyffryn yn hafan brydferth o garedigrwydd, chwerthin a diwylliant. Bryd hynny, doedd dim modd i neb ragweld y trychinebau a ddôi i ran y teulu.

Y Chweched Dosbarth

Wedi pasio naw pwnc yn y 'Lefel O' penderfynais mai Saesneg, Economeg a Chymraeg fyddai fy mhynciau yn y chweched dosbarth. Doedd neb wedi astudio Cymraeg yn y chweched dosbarth yng Ngholeg Illtud Sant ers pymtheng mlynedd. Roedd pethau gwych wedi bod yn digwydd mewn ysgol arall yng Nghaerdydd. Bu Bobi Jones, Ted Millward, Emrys Roberts ac Alwyn Prosser yn astudio Cymraeg yn y chweched dosbarth yn Ysgol Uwchradd Cathays dan gyfarwyddyd eu hathro ysbrydoledig, Elvet Thomas. Arferwn eu gweld nhw weithiau yn Nhŷ'r Cymry neu yn ystafell ddarllen Llyfrgell Caerdydd. Yno roedd fy noddfa i astudio gan nad oedd fawr o lonydd i'w gael gartref. Roedd awyrgylch y lle yn gymorth i ganolbwyntio ac awn yno'n selog. Dyna'r unig le hefyd y gallai rhywun ddarllen *Ulysses* James Joyce, a hynny ar ôl sicrhau staff y llyfrgell eich bod yn fyfyriwr *bona fide* llenyddiaeth Saesneg. Er nad oedd yn beth doeth i'w wneud, fe basiodd amryw ohonom yr arholiadau 'Lefel A' mewn Saesneg ac Economeg ar ddiwedd blwyddyn gyntaf y chweched. Wnes i ddim cymryd fy ngwaith o ddifrif wedyn. Doedd gen i mo'r un cymhelliad nac awydd ychwaith i ddysgu, a gwastraffwyd yr ail flwyddyn i raddau.

Ym 1953, yn fy ail flwyddyn yn y chweched, bûm yn ddigon ffodus i ymweld â'r Eisteddfod Genedlaethol yn y Rhyl trwy garedigrwydd Bwrdd Canol Cymru a oedd newydd ddirwyn i ben fel corff arholi. Roedd ganddo rywfaint o arian yn weddill ac fe'i defnyddiwyd i anfon un disgybl chweched dosbarth o ardal pob awdurdod addysg yng Nghymru i'r Eisteddfod am yr wythnos. Dyna pryd yr enillodd Dilys Cadwaladr y goron a Llwyd Williams y gadair. Dyna hefyd adeg teyrnasiad Cynan fel Archdderwydd am y tro cyntaf, a llwyddodd i lenwi'r swydd i'r ymylon. Roedd wedi diwygio'r seremonïau i'w gwneud yn fwy lliwgar a deniadol. Credai rhai mai wedi gweld coroni'r frenhines ar y teledu y penderfynodd wneud hynny.

Ystyriwn hi'n fraint cael cynrychioli ardal Caerdydd. Ann Parry (gwraig Roy Saer yn ddiweddarach) a ddewiswyd o Abertawe a buom yn eistedd wrth ochrau'n gilydd yn y pafiliwn yn ein seddau dosbarth cyntaf — heb dalu'r un geiniog. Ann yw'r unig un o'r criw rwyf wedi'i gweld yn weddol gyson ers y dyddiau hynny. Hoffwn fod wedi cadw cysylltiad â'r lleill. Efallai fod rhai ohonyn nhw ymhlith cewri'r genedl bellach. Arferwn graffu ar wynebau pobl a welwn ar S4C gan ddyfalu tybed a fu rhywrai yn y Rhyl ym 1953.

Yn dilyn llythyr a dderbyniais yn sgîl gohebiaeth o'm heiddo yn *Y Cymro*, mi gefais fynd ar daith fws i gefn gwlad Clwyd. Roedd y llythyrau yn y papur wedi bod yn dadlau a allai bardd lunio cerdd go iawn ar y testun 'Tractor'. Dywedodd anfonwr y llythyr personol ataf ei fod yn Babydd Cymraeg a bod ganddo ddiddordeb yn y gangen o'r Cylch Catholig yr oeddwn yn digwydd bod yn gadeirydd arni yng Nghaerdydd. Ni olygai ei enw na'i gyfeiriad ddim oll i mi. Syndod o'r mwyaf felly oedd canfod ym mhen draw'r lôn droellog blasty hyfryd Garthewin a chyfarfod ei berchennog hawddgar R. O. F.

Wynne. Teimlwn fel Alis mewn gwlad hud o Gymreictod. Yno, mewn lle godidog, roedd arglwydd y faenor yn coleddu bron yr un syniadau yn union â mi. Roedd yn gyfaill ac yn noddwr i Gymro mwyaf ei oes, ym marn llawer, sef Saunders Lewis. Serch hynny, teimlwn yn gartrefol yn ei gwmni yn trafod 'hen ffydd ein tadau'. Tristwch garw oedd clywed bod dyddiau Garthewin fel cartref y teulu hwnnw wedi dod i ben a'r lle ar werth. Bu farw darn unigryw o fywyd Cymru.

Duw

Pabydd lled sinigaidd yn cael pyliau o frwdfrydedd oeddwn i wedi bod. Yn ddwy ar bymtheg oed cefais brofiad ysbrydol dwfn a phenderfynu ymgysegru i fywyd crefyddol. Digwyddodd hyn yn sydyn. Gwnaed y penderfyniad ar y cyd ag un o'm cyd-ddisgyblion yn y chweched, Gerald Moorcraft, sydd yn awr yn *Monseigneur* mewn swydd bwysig, yn gweithio gyda'r Cardinal yng Nghadeirlan Westminster. Rwy'n cofio'r noson honno fod Gerald a minnau'n cerdded adref gyda'n gilydd gan drafod yn eiddgar yr argyhoeddiad newydd, cadarn a ddaethai inni. Penderfynodd y ddau ohonom yn y fan a'r lle ein bod wedi derbyn 'galwad'. Wedi imi gyrraedd adref a mynd i fyny i'r llofft, eisteddais wrth fy hen deipiadur a theipio ar ddarn o bapur y gair 'Credaf'. Syllais arno gan lwyr gredu bod fy mywyd wedi newid am byth.

Doedd neb o'r teulu yn gefnogol i'r syniad. Yn wir, roedd fy mam yn gynddeiriog yn erbyn. Credai mai'r Brodyr Cristnogol oedd wedi fy recriwtio trwy flacmel o ryw fath, a dywedodd hynny wrthyn nhw yn blwmp ac yn blaen. Er nad oedd y cyhuddiad yn wir, roedd yn esboniad digon credadwy. Byddai brawd a siaradai Gymraeg ac a fedrai ddysgu'r iaith i eraill o werth mawr i Urdd De La Salle. Gyda'r sylfaenydd yn Ffrancwr a nifer mawr o'r brodyr yn Wyddelod, roedd dyhead cryf i gael nofyddion o blith y Cymry. Bu f'ewythr Dan, y perthynas agosaf ataf o ddynion y teulu, yn fy rhybuddio pa mor anodd fyddai byw'n ddiwair a dibriod. Dyna'r maen tramgwydd a'i trodd ef oddi wrth ei fwriad i ymroi i'r bywyd crefyddol. Nid oedd cymaint o dystiolaeth bryd hynny am y baich annaturiol a osodir ar y rhai sy'n credu eu bod wedi eu galw gan Dduw.

Roedd y dynfa a deimlwn tuag at y bywyd crefyddol yn ddwfn a llethol. Bywyd o sicrwydd ac o ddiogelwch hudolus oedd yn nhŷ'r nofyddion yn Kintbury. Mae'n llecyn hynafol, gwyrddlas a phrydferth a'r coed talsyth yn ymestyn tua'r nefoedd. Yno roedd holl gamau bywyd wedi'u hamlinellu'n fanwl drefnus hyd angau. Bodolaeth dangnefeddus heb orfod gwneud penderfyniadau anodd na wynebu argyfyngau dyrys. Yn fy achos i, byrhoedlog fu'r argyhoeddiadau dwfn yn y ffydd. Bu'r profiad ei hun yn un cyfoethog, bythgofiadwy, cythryblus a niweidiol. Yn y diwedd, darganfûm mai rhith a gwacter oedd craidd y profiad crefyddol a gefais i.

Mae byw trwy addysg Babyddol yn effeithio am weddill eu hoes ar seice'r sawl a brofodd hynny. Flynyddoedd yn ddiweddarach, bu grŵp ohonom yn trafod y dylanwadau hyn. Roedd pob un o'r pedwar ar ddeg Aelod Seneddol Llafur ar Bwyllgor Nawdd Cymdeithasol Tŷ'r Cyffredin wedi bod drwy ysgolion Pabyddol. Rhai yn dal i arddel y ffydd, ac eraill, megis Margaret Beckett, Clare Short a minnau wedi gwrthgilio. Cytunai pawb ohonom ar un peth yn bendant, sef bod gennym 'Lefel A' mewn euogrwydd. Ynghyd â hynny, roedd y gred sicr nad trwy gyfoeth materol y ceid dedwyddwch. Rhaid bod y ddeubeth hyn yn hanfodol i allu bod yn llefarwyr y Blaid Lafur ar Nawdd Cymdeithasol.

Parhaodd gwleidyddiaeth i fod yn elfen ganolog yn fy

mywyd. Roedd fy ngwreiddiau yn fy nghlymu'n annatod wrth y Blaid Lafur, ond cawn fy nhynnu fwyfwy at adain genedlgarol Llafur. Ar y pryd, roedd cangen fywiog o'r Cynghrair Gwrth-Ymraniad Gwyddelig yng Nghaerdydd a'r teimlad bod sosialwyr a chenedlaetholwyr Gwyddelig a Chymreig yn rhannu ideoleg debyg. Roedd ganddynt i gyd eu cynrychiolwyr yn siarad yn y rali 'Senedd i Gymru' ar dir Castell Caerdydd ym 1951. Gwynfor Evans a gerddai ar flaen yr orymdaith drwy'r strydoedd i safle tebygol Senedd Gymreig, sef y lle yr adeiladwyd y Swyddfa Gymreig yn ddiweddarach. Bu ei areithiau ef yno ac yn y rali yn anogaeth am oes i amryw ohonom. Teimlwn ar y pryd fy mod yn gwrando ar ddyn carismataidd, llawn argyhoeddiad didwyll, yn llefaru mewn iaith goeth ar un o themâu mwyaf gwleidyddiaeth.

Dro arall, yng Ngerddi Soffia, roeddwn mewn Gŵyl Lafur yn yr awyr agored ac Aneurin Bevan yn cyfareddu'r dorf o wrandawyr. Er bod gen i atgof clir ohono'n areithio, dim ond un peth o'r hyn a ddywedodd a gofiaf. Wrth fawrygu bendithion y Gwasanaeth Iechyd tra oedd ef yn Ysgrifennydd Gwladol, soniodd fod cyfradd y genedigaethau wedi cynyddu, gan ychwanegu'r un pryd nad oedd unrhyw glod yn ddyledus iddo ef yn bersonol am hynny. Yn rhannu'r un llwyfan roedd George Thomas. Yn esgus am ei areithio crynedig a phetrus, sibrydodd ei fod yn wael ei iechyd. Bu Bevan, y dyn cryf ac egnïol farw'n ifanc, a chafodd George oes faith.

Y peth salaf ym myd gwleidyddol Grangetown oedd y sentimentaliaeth gyfoglyd yn y cyfarfodydd lle y byddai George Thomas yn seboni i blesio'r bobl. Byddai ei fam hollbresennol yn eistedd wrth ei ochr ar bob llwyfan, yn barod i dderbyn mawl gan ei mab wrth iddo ymgreiniol

41

glodfori rhinweddau cariad mam. Fe anfonodd rhyw fardd talcen slip benillion glafoeriog o wenieithus ato rywbryd yn canu clodydd *'Our George'* fel gwaredwr ei bobl. Heb deimlo gronyn o gywilydd bu yntau wedyn yn eu darllen yn uchel mewn cyfarfodydd cyhoeddus. Fel cyn-athro, roedd diffyg sensitifrwydd George ynghylch y fath 'gerdd' erchyll yn dweud llawer am safon addysg yng Nghymru. Hyd yn oed yn fachgen deuddeg oed, roeddwn yn gwingo gan embaras dros yr Aelod Seneddol a gefnogwn.

Gorwelion yn Cau

Rhwng holl gyffro llencyndod a'r clwyfau wedi'r cwymp crefyddol a brofais, fe giliodd pob uchelgais. Yn glaear a didaro fy agwedd, roeddwn wedi drifftio rywsut i brifysgol. Roeddwn yn siomedig na lwyddodd f'ymdrechion llugoer i sicrhau lle i mi yn Rhydychen nac yn Llundain. Ar ben hynny, roedd y problemau iechyd yn gwaethygu. Ail orau bob amser i rywun yw mynd i brifysgol yn y dref lle y magwyd ef. I raddau, mae'n dal i fod ynghlwm wrth linyn y ffedog, heb fod yn hollol annibynnol. Parhau yn y brifysgol, fel cynt, a wnaeth y drwgarferion a'r diogi a oedd yn nodweddiadol ohonof yn ail flwyddyn y chweched dosbarth.

Teimlwn fod cael fy nysgu gan y cewri Saunders Lewis a Griffith John Williams gyfwerth â chael gwersi Saesneg gan Shakespeare. Gofynnodd Saunders i ni unwaith ysgrifennu cerdd. Er nad oedd gen i ddawn i farddoni roeddwn yn falch dros ben fod fy nhipyn cerdd wedi haeddu'r ansoddair 'addawol'. Dylai hyn fod wedi fy sbarduno i weithio'n galetach. Yn ddiweddarach yn fy oes fe lwyddodd geiriau llai canmoliaethus i'm hysgogi i ymdrechu rhagor. Y gwir amdani oedd fod fy niddordeb yn pallu a phleserau Cwrw Brains yn cynyddu.

Yn ystafell gefn tafarn yr Old Arcade yng Nghaerdydd y byddem yn galaru ynghylch tynged *'Good Ship Venus'* ac yn pwysleisio'r wers yn *'Four and Twenty Virgins'*. Pwy tybed a luniodd y caneuon hyn? Rwy'n cofio egluro i fyfyriwr o'r Eidal, Gaspare di Mercurio, rinweddau llenyddol un pennill a dangos ei werth hanesyddol a sŵolegol ynglŷn â bywyd rhywiol camel.

Daeth fy nyddiau yn y coleg i ben mewn afiechyd a methiant. Mae rhai o f'atgofion o'r adeg honno yn dal i fod yn rhy boenus i'w hail-fyw. Roedd fy myd yn crebachu a'r gorwelion yn cau amdanaf. Ni allai bywyd bellach ennyn fy niddordeb. Dan faich trwm o sinigiaeth, ildiais i'r syniad o ddrifftio'n ddiymdrech drwy fywyd. Roeddwn yn dygymod â'r syniad nad oedd pwrpas i fywyd ac â'r ffaith fod methiant wedi difa pob uchelgais a gobaith.

Cefais waith fel tocynnwr ar y bysiau. Un o'r gwahaniaethau amlwg rhwng fy hynt wleidyddol i ac un John Major oedd fy mod i wedi llwyddo yn y cyfweliad am y swydd flinderus hon. Fy hobïau, sef ffotograffiaeth sine a recordio sain, oedd fy mhrif ddiddordebau creadigol. Roeddwn wedi prynu recordydd tâp Grundig TK5 o rîl-i-rîl, un o'r rhai cyntaf yng Nghaerdydd. Cawn lawer o bleser o'r teclyn newydd hwn a bu'n ffordd rad i mi ddysgu am drysorau cerddoriaeth glasurol.

Bu tipyn o ddrama ar un o fysiau'r *Western Welsh* ryw noson. Ffrind a chydweithiwr i mi am ddwy flynedd oedd Percy Wing, aelod o'r teulu Tsieineaidd Wu yng Nghaerdydd. Roedd helynt wedi bod droeon ar y bws olaf o'r Barri i Gaerdydd ar nos Sul. Byddai haid afreolus o ardal Stryd Ethel, Treganna, yn arfer mynd ar eu pererindod wythnosol i Stryd Thomson yn ardal golau coch y Barri ac yn dod adref yn feddw a swnllyd bob tro. Trwy fod yn aflednais a chegog byddent yn tarfu ar y teithwyr eraill. Allwn i ddim goddef rhagor o hyn a dyma fi'n gorchymyn iddyn nhw adael y bws. Gwrthod wnaethon nhw. Finnau'n cael gair â Percy, y gyrrwr, a dyna stopio'r bws wrth orsaf yr heddlu yng Ngwenfô i gael cymorth y plismon lleol. Gorchmynnodd yntau nhw i fynd oddi ar y bws a bu'n rhaid iddyn nhw gerdded bob cam o'r pum milltir yn ôl i Gaerdydd. Yn y man, cawsant eu dirwyo. Roedd tri ar ddeg o ddynion yn yr helynt, y grŵp mwyaf niferus erioed yn hanes cwmni bysiau'r *Western Welsh* i gael eu gyrru oddi ar fws a'u cosbi.

Ymhen rhai wythnosau ceisiodd un o'r dynion ymosod arnaf. Roedd wedi mynd i lawr o'r bws, ond neidiodd yn ôl ar y stepen fel yr ailgychwynnai'r bws. Anelodd gic at fy mag arian i, ond methu a wnaeth. Dyma fi'n ei wthio draw ac yntau'n cwympo oddi ar y bws a glanio ar lawr â'i freichiau a'i goesau ar led. Cefais air o rybudd gan rai o'm cydweithwyr hŷn i beidio â riportio'r digwyddiad. Trwy fy mod i wedi ei daro, roedd bai arnaf innau hefyd. Cymerais eu cyngor ac ni chlywyd rhagor am y ffrwgwd.

Does gen i ddim syniad beth a barodd imi weithredu mor fyrbwyll. Mae'r atgof yn fy nychryn yn awr, ond fe ddigwyddodd mewn oes cyn i bobl roi pwys ar *osgoi* gwrthdaro bob gafael. Yr adeg honno hefyd roedd parch i awdurdod, hyd yn oed i iwnifform tocynnwr. Mewn colofn olygyddol yn *The Cardiff Times* bu tipyn o daranu ynghylch diffyg cyfraith a threfn gan ddechrau fel hyn: *'Meet Percy Wing and Paul Flynn, two ordinary men doing an ordinary job . . .'*

Priodasau

Bu crefydd yn wenwyn ym mywyd fy nheulu. Roedd fy mam a Wilem (Bill) Rosien yn hoff iawn o'i gilydd a bu eu priodas yn un hapus am flynyddoedd. Er bod rhagfarn yn erbyn yr 'estron', cafodd waith rheolaidd fel gorchuddiwr dodrefn *(upholsterer)*. Roeddem yn awr fel teulu yn weddol dda ein byd. Golygai hynny allu rhentu teledu du-a-gwyn ymhen tipyn. Ar y pryd roedd yr Eglwys Babyddol yn ddidrugaredd yn ei hymgyrch yn erbyn priodasau cymysg. Credid mai'r bygythiad mwyaf i barhad yr Eglwys oedd ieuo anghymharus rhwng Pabyddion a rhai o'r tu allan i'r ffydd. Byddai'r offeiriad yn crybwyll y peth bron bob wythnos ar ei bregeth, er gwaethaf y ddadl y gallai priodasau â'r amhabyddol ddod â phobl newydd i'r gorlan.

Doedd fy mam ddim yn hapus ynghylch ei sefyllfa. Yng ngolwg yr eglwys doedd ei hail briodas ddim yn cyfrif am mai mewn swyddfa cofrestrydd y bu'r seremoni. Heb fendith yr Eglwys, roedd hyn yn union fel byw tali. Byddai mwy nag un offeiriad yn ei hatgoffa'n gyson a chreulon o'r ffaith hon. Cytunodd Bill Rosien i briodi eto yn yr Eglwys a bu'n derbyn hyfforddiant gorfodol am rai wythnosau ar egwyddorion y ffydd Babyddol. Bu'n ffodus i gael offeiriad deallus, llawn cydymdeimlad i'w baratoi at yr achlysur. Am ei fod wedi'i argyhoeddi i'r fath raddau fe drodd yntau at Babyddiaeth.

Bu pethau'n anodd yn achos fy mrawd hynaf, Terry.

Roedd wedi dyweddïo â Lilian Smith, merch dlos a deallus o ardal gyfagos, a darpar ferch-yng-nghyfraith ddelfrydol. Bu'n wraig a mam ragorol wedyn hefyd. Dylai ein mam fod wedi ei chroesawu hi â breichiau agored, ond ddigwyddodd hynny ddim. Protestant oedd hi. Treuliodd fy mrawd gyfnod ei wasanaeth milwrol yn gwarchod mewnfudwyr Iddewig mewn gwersylloedd yng Nghyprus. Ar ôl hynny, penderfynodd Terry a Lilian briodi. Gwrthododd ein mam fynd i'r seremoni ac i'r wledd briodas. Mynnais i fynd yno ar y sail na fyddai achlysur Protestannaidd o'r fath yn debygol o'm llygru am weddill fy oes. Cafwyd ffraeo a checru diddiwedd yn ein teulu ni oherwydd rhagfarn a chulni sectyddol. Aeth blynyddoedd heibio cyn i glwyfau'r creulondeb hwnnw gau.

Ar ôl rhyw ddwy flynedd ar y bysiau, cefais waith fel technegydd yn labordy gwaith dur Guest Keen Iron and Steel. Roedd y gwaith yn hawdd, y cydweithwyr yn garedig a'r tâl yn ddigon da imi allu prynu car Mini yn ystod y flwyddyn gyntaf iddyn nhw ymddangos.

A minnau'n nesu at yr ugeiniau diweddar, daeth pwrpas newydd i'r mynd allan ar nos Sadwrn i ddawnsfeydd lleol. Barnwn ei bod hi'n bryd imi gadw fy llygaid yn agored am ferch a wnâi wraig. Ar lawr y neuadd enfawr ym Mhafiliwn Gerddi Soffia gofynnais i eneth landeg ddawnsio gyda mi. Methiant carbwl fu'r dawnsio gan nad oeddem yn cydsymud yn iawn. Rhag ofn i'r naill neu'r llall ohonom gael anaf difrifol awgrymais ein bod yn mynd am lymaid yn lle dawnsio eto. Ann Harvey oedd ei henw. Cyn hir roeddem ein dau mewn cariad a phenderfynwyd priodi. Bedyddwraig oedd Ann. Am hynny, priodwyd ni'n dawel fach i ochel rhagor o berfformiadau theatraidd a rhyfelgar yn y teulu. Doedd neb yn gwybod dim am y briodas heblaw'r ddau dyst. Er inni osgoi helynt roedd amryw yn methu â deall y rhesymau, yn enwedig teulu Ann. Yn ddiweddarach, teimlwn fod Ann ei hun yn credu iddi gael ei hamddifadu o 'briodas go iawn'.

Yn y blynyddoedd cynnar, bu'n briodas hapus a llwyddiannus. Buom yn byw am ychydig mewn fflat yn y Rhath cyn symud ym 1962 i Gasnewydd. Cefais swydd yn y labordy yng ngwaith dur Llan-wern, a chodiad cyflog o 30 y cant. Erbyn hyn, roedd fy nghyflog blwyddyn yn £1,050. Yn anffodus, roedd rhaid gwerthu'r Mini er mwyn talu'r blaendal ar dŷ blwydd oed yn Heol Greenmeadow ar Stad Pont Faen. Dyma ardal Lliswerry ar y corstir ger Llan-wern. Roedd bod yn briod yn antur fawr ac Ann a minnau wrth ein bodd yn dodrefnu ein cartref bychan ac yn paratoi nyth ar gyfer teulu.

Dyn Undeb

Yn y gwaith dur yng Nghaerdydd roeddwn yn un o'r rhai a gychwynnodd gangen o'r Undeb Dur ymhlith staff y labordai. Deuddeg punt yr wythnos oedd ein cyflog, ynghyd ag ychydig o fân fanteision i'r staff, a gwerth y rheini'n prysur ostwng. O gymharu â'r gweithwyr eraill, roedd hi'n fain arnom. Roedd y cyflog clir yn fychan a dim tâl i'w gael am oramser. Bach iawn o gysur am hyn oedd rhyw fath o statws snobyddlyd o fynd i'r gwaith mewn 'dillad parch' a chael pensiwn wedi ymddeol. Gan na fu undeb o'r blaen ymhlith staff y labordai gorfu i Owen Rees a minnau frwydro yn erbyn drwgdybiaeth a gelyniaeth i sefydlu cangen ac i berswadio'n cydweithwyr i dalu cyfraniadau.

Cawsom lwyddiant tu hwnt i'r disgwyl yn ein hymgais gyntaf nerfus i wella'n cyflog, a chafwyd codiad o ryw 25 y cant. Roeddem wedi gofyn am 40 y cant. Anodd credu heddiw, ond doedd cais am hynny ddim yn anarferol ar y pryd. Daliais ati yn Llan-wern wedyn i fod yn ysgrifennydd cangen newydd Staff Technegol Spencer, ac roedd gennym aelodau ledled y gwaith. Roedd fy rôl yn fy rhoi yn seicolegol mewn sefyllfa o wrthdaro yn erbyn yr awdurdodau yn Llan-wern. Doedd dim siawns am ddyrchafiad gan fod anghydfod yn gymaint rhan o fywyd undebwyr llafur yn y chwe degau. Bu un ffrwgwd chwerw gyda'r rheolwyr ynghylch pa mor ddiogel oedd y dull newydd o ddynodi nitrogen mewn dur. Roedd wedi darfod arnaf wedyn. Am weddill fy nghyfnod yn Llan-wern, rhaid oedd gweithio dan benaethiaid yr oedd fy mharch tuag atyn nhw'n lleihau bob dydd. Gorchwyl diflas i'w gyflawni'n fecanyddol gyda hanner fy meddwl a'm dychymyg oedd fy ngwaith bellach. Doedd gen i ddim dewis ond gwerthu fy amser yn gyfnewid am arian i dalu am y cartref cysurus, sef canolbwynt fy mywyd. Trwy drugaredd, oddi allan i'r gwaith dur roedd gen i noddfa o lawenydd ym mywyd fy nheulu.

Roedd gwaith Llan-wern wedi denu cynifer â chwe mil o fewnfudwyr o ganolfannau dur ledled y Deyrnas Unedig. Clywid acenion Glasgow, Llanelli a Birmingham yn amlach nag acenion Gwent. Yn y chwe degau cynnar cafodd y gwaith lawer o gyhoeddusrwydd fel enghraifft o safon uchel ac ystyrid y staff fel yr *élite* ymhlith gweithwyr dur Prydain.

Buan y pylodd y freuddwyd. Yn hinsawdd erwin, hunanddinistriol y chwe degau cynnar meddiannodd y twpsod y gwaith. Roedd yr oruchwyliaeth yn wan ac am fod y safle mor anferthol fe dyfodd yn unedau bychain hunanamddiffynnol. Draw ymhell yn eu pentref cabanau ar gyrion Lliswerry yr oedd y rheolwyr, a'r Felin Oer bum milltir i ffwrdd ger pentref Bistwn. Ymrannodd y gwaith yn bedwar ar bymtheg o wahanol gynllwynion, pob un yn rhyfela yn erbyn ei gilydd ac yn erbyn y prif reolwyr. Gyda'r peiriannau diweddaraf, gwelwyd torri pob record. Serch hynny, roedd helyntion, streiciau a hen awyrgylch annifyr o syrthni yn rhemp yno. Yn un o gynadleddau'r Blaid Lafur traddododd Michael Foot araith fel ateb mewn dadl. Yn ôl yr arfer, bu galw am ragor o fuddsoddi mewn diwydiant, a chyfeiriodd Michael at Lan-wern,

'They are up to their necks in investment there, but they are not delivering the goods.'

Roedd diffyg rheolaeth gadarn yn amharu ar y gwaith. Aeth yn lle digalon iawn. Diflannodd y balchder a'r cyffro a fu yn yr antur newydd, a lledaenid storïau am ddiogi ac aneffeithlonrwydd y gweithlu. Lleihau yr oedd y galw am ddur, a'r gystadleuaeth ryngwladol yn awr yn fygythiad i gynnyrch Llan-wern yn y farchnad. Fel sosialydd ac undebwr, gofidiwn am fod rhai o'm hargyhoeddiadau dyfnaf yn cael eu herio. Un o brif gredoau sosialaeth oedd sicrhau cyfiawnder i weithwyr trwy sefyll yn unol a chadarn yn erbyn cyflogwyr barus. Dyna'r nod a'r waredigaeth. A dyna'n hateb ni i holl anghyfiawnder chwerw cyfoeth a grym, i ddioddefaint gweithwyr caeth Crawshay Bailey ac i newyn y miloedd yn Iwerddon gynt.

Yn Llan-wern bûm yn dyst i ddiwygiad cymdeithasol a drysorwn yn cael ei weddnewid yn rhywbeth anfad. Roedd pŵer undebaeth yno yn anghenfil heb ymennydd wedi ymchwyddo'n anferthol ei faint. Nod y sosialwyr cynnar oedd cydraddoldeb grym rhwng yr undeb a'r oruchwyliaeth. Y freuddwyd oedd rhannu cyfrifoldeb er budd yr hunan a'r gymuned gyfan. Fel y buom yn dweud ymhen blynyddoedd wedyn, rywle ar y ffordd 'fe gollwyd y plot'.

Rhag ymosodiad, cilio wnaeth y rheolwyr y tu ôl i faricêd amddiffynnol eu hadrannau. Daeth elfennau gwaethaf arweinwyr undeb i'r amlwg, gan ddangos anwybodaeth, hunanfaldod, naïfrwydd a chieidd-dra. Roedd fel petai rhydwelïau'r gwaith mawr wedi eu tagu gan lanast y gwrthdaro mynych a di-alw-amdano. Wyneb yn wyneb â'r fath sefyllfa ni allai'r undebau staff newyddeu-sefydlu wneud dim ond gwylio'n ddiymadferth. Doedd tactegau rhwystro, hynny yw *obstructiveness*, ddim eto'n rhan o'n meddylfryd. Teimlid rhyw awydd afiach i farw fel haint ymhobman, a chredai amryw mai'r peth callaf fyddai gadael i'r holl le suddo'n ôl i'r gors sigledig oddi tano.

Trwy gydol fy nwy flynedd ar hugain yno, gweithio sifftiau roeddwn i. Y patrwm fyddai wythnos yn cynnwys dwy sifft o 6.00 a.m. tan 2.00 p.m., dwy o 2.00 p.m. tan 10.00 p.m. a dwy o 10.00 p.m. tan 6.00 a.m. Yn ffodus, roedd llawer ohonom yn gwneud hyn. Am fod amserlen ein bywyd yn anarferol teimlem fel rhyw is-haen yn gymdeithasol. Roedd sifft brynhawn yn ein hatal rhag mynd allan gyda'r nos. Oherwydd cychwyn yn gynnar drannoeth neu orfod gadael cyfarfod i fynd ar sifft nos doedd dim patrwm normal i'n bywyd cymdeithasol. Roedd hi'n anodd i blant ifainc ddeall pam roedd eu tad yn cysgu ganol dydd. Er i mi weithio sifftiau am bum mlynedd ar hugain i gyd roedd yn gas gen i ormes trefn mor wahanol i weddill cymdeithas.

Trwy rannu'r un cwynion byddai gweithwyr sifftiau yn tynnu at ei gilydd fel brawdoliaeth. Gan nad oedd fy ngwaith yn gofyn am lawer o ymdrech yr hyn a'm cynhaliai drwy'r oriau hirion fyddai cwmnïaeth cydweithwyr deallus. Wedi ennill yr hawl i gael tâl goramser, buan y daeth goramser yn beth rheolaidd ac yn angenrheidiol tuag at gyflog digonol. Treuliwn hanner fy oriau effro yng nghwmni'r un deg dyn a rannai'r un sifft â mi. Roedd bywyd yn y gwaith yn fynachaidd yn ei agosrwydd clawstroffobig, a'n hymwneud â'n gilydd yn glòs a llethol. Oherwydd natur ysbeidiol y gwaith byddai digon o amser i roi'r byd yn ei le. Roeddem yn rhan o broses gynhyrchu ac iddi gyfnodau o weithio caled iawn bob yn ail â chyfnodau o segurdod. Byddai brawdgarwch yn tynhau ac yn chwalu, pobl yn mynd ar nerfau ei gilydd a mân feiau yn mynd yn rhai mawr.

Y cyfnod prysuraf o ran gweithgarwch undebol oedd streic ddur 1980. Tri mis o aberth, brad, arwriaeth, llwfrdra a hiwmor, ynghyd â baich o ddyledion a gymerodd flynyddoedd i'w clirio. I lawer, dyna brofiad mwyaf gwefreiddiol a gwerthfawr eu hoes. Hyrddiwyd dynion cyffredin a wnâi waith undonog i flaen y gad, i gludo baneri yn y rhyfel yn erbyn Thatcheriaeth. Teimlent fod y rhan fwyaf o'r cyhoedd yn eu cefnogi. Roedd bywyd yn gyffrous ac yn filwriaethus, a rhyw ias o berygl yn y gwynt.

Er mai pegynu fyddai yna fel arfer rhwng yr heddlu a'r streicwyr gwelwyd cynghreirio go annisgwyl ar adegau. Tyfodd cyfeillgarwch ar sail cynefindra'r cysylltiad dyddiol rhwng yr heddlu a'r picedwyr ar un safle ym Mynwy. Llenwid yr oriau gwag â chlecs am rygbi a rhyw, a rhywfaint o 'wthio' bob hyn-a-hyn. Gadewid i ugain lori ddod allan o'r gwaith, a'r unig drafferth a gâi'r rheini fyddai'r bloeddiadau arferol *'Blackleg!'* neu *'Bastard!'* I dorri ar yr undonedd neu i roi llun i gamera teledu byddai'r streicwyr weithiau'n blocio'r ffordd. Datblygai rheolau'r gêm wrth iddi fynd yn ei blaen. Caniateid gwthio a phwnio ond nid dyrnu. Yr heddlu fyddai'n ennill bob tro, ond disgwylid iddyn nhw adael plwc go lew o ymlafnio er mwyn ychwanegu at y 'ddrama'. Chafodd neb ei anafu'n ddifrifol. Bwriwyd ambell un o'r ddwy ochr i'r llawr a rhwygwyd ambell fotwm i ffwrdd oddi ar siaced ambell blismon.

Bu'r unig ddigwyddiad difrifol ryw ddiwrnod pan

ddisgwylid helynt. O'r hyn a wyddom heddiw am y gwasanaeth cudd mae lle i gredu bod y peth wedi'i gynllunio. Cyrhaeddodd heddlu ychwanegol o Gaerdydd, rhai heb wybod y rheolau. Pan aeth y plismyn hyn dipyn dros ben llestri a defnyddio dulliau bôn braich cawsant gerydd llym gan yr heddlu lleol. Roedd rhaid ymyrryd i amddiffyn eu mêts, sef y streicwyr, y daethent i'w hadnabod a'u hoffi: *'What are you doing to Fred?'* gwaeddodd plismon o Fynwy ar blismon o Gaerdydd. Bron iddi fynd yn frwydr rhwng dau heddlu, a'r streicwyr yn edrych arnyn nhw'n syn.

Ar ôl mis cynhaliwyd rali i roi hwb i'r galon yng Nghanolfan Ddinesig Casnewydd. Nid am y tro cyntaf na'r olaf yn fy hanes, bu'n rhaid i mi gelu fy nigalondid. Yn ôl papur newydd *The Argus*, roedd pedair mil o weithwyr dur wedi fy nghlywed yn llefaru'r geiriau hyn: *'We have been pushed into this strike by madman Joseph and Mother Superior Thatcher. The industry has been volunteered for suicide. This is a struggle between the Iron Maiden and the men of steel. We know a thing or two about metal. Under strain, iron is brittle and breaks, steel binds and has greater strength.'*

Tantro oedd peth fel yna. Geiriau nad oeddwn yn eu credu. Rhywun oedd wedi gofyn i mi annerch y dorf. Dyna'r achlysur cyntaf o bwys i mi orfod ffugio didwylledd. Yr unig gyfiawnhad sydd gen i am hynny yw fod y cyfan am reswm da. Am y tro cyntaf erioed teimlwn fy mod yn rhoi arweiniad yn fy ardal. Seiliwyd yr araith ar gynghorion buddiol a roddodd Leo Abse i mi ar annerch yn yr awyr agored. Peidio byth â siarad am fwy na thri munud. Defnyddio syniadau trawiadol a brawddegau syml heb is-gymalau. Bu'r areithio yn brofiad gwefreiddiol. Roedd y grŵp bychan o siaradwyr ar godiad tir lle y mae Llysoedd Barn Casnewydd yn awr. Yn ymestyn oddi tanom roedd y miloedd yn barod i ymateb, a'n lleisiau ninnau'n atseinio yn gymysg â chymeradwyaeth y dorf. Profiad penfeddwol, yn wir, yw bod yn ddemagog.

Roeddem yn gofyn am godiad cyflog o 20 y cant. Doedd llwyddo ddim yn amhosib ond yn dra annhebygol. Darfu'r cyfan fel seren wib. Cracio wnaeth arweinwyr yr undeb heb i'r un aelod groesi'r llinell biced. Ni fu fawr ddim chwerwedd nac ymdeimlad o fethiant. A bu'r wythnosau cyntaf yn ôl yn y gwaith yn aduniad llawen, a ninnau'n mwynhau atgoffa'n gilydd o uchafbwyntiau'r antur fawr.

Bu'n drobwynt. Doedd dim modd yn y byd i streic y glowyr yn nes ymlaen lwyddo. Roedd methu'n druenus yn anochel hefyd — ddwy flynedd cyn i Scargill ddewis y diwrnod i arwain ei fintai dros y dibyn.

Gwneud Nyth

Ar noson o Awst ym 1962 y mudodd Ann a minnau o'n fflat yng Nghaerdydd i'n cartref yng Nghasnewydd. Oherwydd blerwch gyda'r paratoadau bu'n rhaid i ni'n dau gysgu'r nos ar soffa yn Heol Penarth. Doeddem ni ddim wedi bwriadu cychwyn teulu mor fuan ond fe amharodd y trefniant cysgu annisgwyl ar ein cynlluniau. Y noson honno y cenhedlwyd ein merch, Rachel Sarah. Fe'i ganwyd ar yr ugeinfed o Fai 1963. Ac ar yr ail o Ionawr 1965 fe anwyd ein mab, James Patrick. Does yna ddim byd yn y bywyd hwn sydd wedi rhoi mwy o lawenydd i mi na'r blynyddoedd cyntaf hynny o fod yn dad — blynyddoedd o ddedwyddwch, o ddarganfod ac o obaith. Er y byddai ffawd yn rhoi ergyd drom i ni, rwy'n trysori'r atgofion am y cyfnod hwnnw. Dichon fod yna ddyddiau annifyr, ond y cyfan a gofiaf yw'r cariad ar yr aelwyd gyda'r ddau fach mor chwilfrydig wrth gynefino â'r byd o'u cwmpas.

Tŷ semi bychan, blwydd oed oedd rhif 52 Greenmeadow Road. Roedd ynddo gegin fawr ac un ystafell arall lawr grisiau, a lan lofft roedd tair ystafell wely fechan a bathrwm. Er ein bod yn falch o adael ein fflat ddiflas yng Nghaerdydd tipyn o faich oedd talu'r morgais ar y tŷ £2,500 hwn o'm cyflog £1,050 y flwyddyn. Bu'n rhaid cael gwared o'r Austin Mini. Allem ni mo'i fforddio am fod y taliadau morgais yn gorfod cael y flaenoriaeth. Gweithiwn oriau diddiwedd o oramser. I weithiwr sifft, golygai hynny sifft ddwbl o un awr ar bymtheg o waith gyda dim ond wyth awr yn rhydd cyn y sifft nesaf. Ar y pryd, credwn fod hyn yn werth yr ymdrech ond wrth edrych yn ôl mi gollais amser y gallwn fod wedi'i dreulio gyda'm teulu ifanc. Aberthais un mis Awst i allu prynu oergell.

Ar y dechrau, gweithiai Ann yn Llan-wern ac yna yn y Swyddfa Nawdd Cymdeithasol yng Nghasnewydd. Byddwn yn gwneud fy rhan gyda'r gwaith tŷ, gan gynnwys coginio a golchi cewynnau. Prin fod yna'r un wefr mewn bywyd i'w chymharu â genedigaeth plentyn. Ganwyd Rachel yn Ysbyty Pant-teg. Roedd hi'n adeg gyffrous, a chofiaf am byth y don o gariad a gofal tadol a deimlais wrth ei gweld am y tro cyntaf. Y fath lawenydd a olchai drosof wrth i mi syllu ar yr wyneb a'r dwylo bychain bach. Gartref y ganwyd James. Roedd ganddo fop o wallt du, a'r tebygrwydd teuluol yn amlwg iawn. Ar y dechrau, tybid bod rhywbeth o'i le ar un droed ond doedd dim angen gofidio.

Y teulu oedd fy mywyd. Poendod a'm rhwystrai rhag bod gartref gyda nhw drwy'r amser oedd fy ngwaith. Arferwn ddweud storïau amser gwely wrth Rachel a James. Byddwn wrth fy modd yn paratoi ar gyfer hyn ac yn defnyddio stori i gyfleu gwers ynghylch diogelwch ar y ffordd ac i ddysgu Cymraeg ond, yn bennaf, er mwyn deffro dychymyg y plant i ryfeddodau'r byd a'r bywyd hwn. Yn ystod oriau gwag yn y gwaith byddwn yn gwneud siartiau yn cynnwys geiriau syml a lluniau i hybu darllen. Bu rhai o'r ymdrechion hynny yn addurno waliau festri Capel Cymraeg Ebeneser yng Nghasnewydd lle'r âi Rachel a James i'r Ysgol Sul.

Ymhen rhai blynyddoedd prynais gar Mini ail-law arall

i fynd â ni ar ambell drip ac ar wyliau. Cawsom wyliau hunanarlwyol rai troeon mewn hen ffermdy, sef Pen Rhiw Fach yn ardal Pont Faen ger Trefdraeth yn Sir Benfro. Mae'n baradwys o le yng Nghwm Gwaun ar lethrau Carn Ingli ac o fewn dwy filltir i'r môr. Elfen annisgwyl o fod yn dad oedd gorfod meistroli medrau newydd. Doedd gwaith ymarferol â'r dwylo erioed o'r blaen wedi mynd â'm bryd, ond dyma fi'n awr yn tynnu injan car oddi wrth ei gilydd, yn gosod gwifrau trydan yn y tŷ a, hyd yn oed, yn gwneud 'tŷ Wendy' â waliau brics a tho teils i Rachel. Am y tro cyntaf, a'r unig dro, yn fy mywyd cefais fudd ymarferol o drigonometri. Wedi adeiladu'r pedair wal, rhaid oedd gweithio allan union ogwydd y to, a dyna pryd y gwelais werth y pwnc.

Cwestiwn syml gan Rachel a fu'n gyfrifol am estyn hyd fy oes. O un ar hugain oed ymlaen roeddwn wedi bod yn smocio fel simnai. Bron nad oeddwn yn tanio un sigarét wrth ddiffodd y llall. Er gwaethaf y baich ariannol cynyddol methiant fu pob ymdrech i roi'r gorau iddi. Er mwyn smocio llai penderfynais wneud y sigaréts mor ffiaidd ag y gallwn. Byddwn yn eu rholio fy hun gan ddewis baco cryf, drewllyd St. Julien's a phapur licris. Roedd y sigaréts hynny'n ddigon tebyg i roliau o faw ci, a synnwn i ddim na fyddai smocio'r rheini wedi bod yn iachach.

Un diwrnod gofynnodd Rachel, 'Pam 'dach chi'n smocio, Dad? Roedd 'na ddyn ar y teledu yn dweud y bydd e'n gwneud i chi farw.'

Pa esgus allwn i ei roi i eneth wyth mlwydd oed? 'Dach chi ddim isio marw, nac oes, Dad?'

A dyna fi wedi fy nal mewn trap. Dywedais wrthi fod y dyn ar y teledu yn hollol iawn ond allwn i ddim cyfaddef y gwir amdanaf fy hun, sef fy mod yn anobeithiol o wan ac yn gaeth i'r cyffur. Addewais roi'r gorau i smocio yr wythnos wedyn. Ac yn dri deg a chwech oed llwyddais i wneud hynny ac addo na wnawn i byth smocio eto. Oni bai fy mod wedi fy nal gan resymeg syml plentyn bach byddwn wedi dal ati hyd heddiw.

Gwibiodd y blynyddoedd heibio yn ddigon hapus. Colli ymddiriedaeth a achosodd yr hollt gyntaf yn y briodas. Roedd gennym ni gi mwngrel o'r enw Pero a brynwyd ar fympwy gan Ann cyn geni Rachel. Newidiodd o fod yn gi anwes a gâi'r maldod i gyd i fod yn goblyn o niwsans pan oedd y plant yn fach. Mewn tŷ bychan does yna byth ddigon o le i fabanod ac i gi yr un pryd â'i gilydd. Buom ein dau'n trafod sut i ddatrys y broblem ond heb benderfynu ar ddim. Pan ddois i adref o sifft y bore un diwrnod doedd dim golwg o'r ci ac roedd Ann yn gofidio am rywbeth. Roedd hi wedi bod â Pero i gael ei ddifa. Fe wyddai hi'n iawn y byddai hyn yn fy mrifo'n arw gan fy mod i'n hoff ofnadwy o'r creadur bach. Allwn i ddim yn fy myw ddeall pam y gwnaeth hi weithredu mor ddirybudd a ninnau heb ddod i unrhyw benderfyniad yn ei gylch. Fu pethau byth yr un fath wedyn rhwng Ann a minnau a thros y blynyddoedd dilynol gwaethygu wnaeth y diffyg ymddiried rhyngom ni.

Ymhen sbel wedyn daeth anifeiliaid anwes eraill i'n tŷ ni. Bu gennym amryw o gathod Siám ac un gath Byrma. Pan gafodd un o'r cathod Siám rai bach roeddem wrth ein bodd yn eu gwylio'n tyfu am eu bod mor osgeiddig a phrydferth. Er fy mod yn mwynhau'r gwmnïaeth a'r arwraddoliaeth y mae cŵn yn eu rhoi i ni mae rhywbeth cyfareddol dros ben ynghylch cathod mawreddog ac annibynnol. Maen nhw gyda'r mwyaf synhwyrus o greaduriaid.

Roedd y teulu wedi tyfu'n rhy fawr i'n cartref cyntaf a phenderfynwyd symud ym 1975 i dŷ enfawr, rhif 22 Heol Eglwys Crist, Casnewydd. Fe gostiodd ddeunaw mil o bunnau, swm mawr iawn o arian ar y pryd. Gormod i mi allu talu amdano tybed? Fe adeiladwyd y tŷ gwreiddiol ym 1854, a'r cyn-berchennog, dyn busnes lleol, wedi'i foderneiddio gan gadw llawer o'i nodweddion deniadol. Roedd yno ardd fawr iawn a dwy goeden ellyg. Er ei fod yn dŷ ar ei ben ei hun roedd mewn lle anffasiynol ar ochr priffordd. Roedd y coed a'r llwyni tal a dyfai yn y gerddi cyfagos yn sicrhau preifatrwydd.

Roeddwn i mewn cariad â'r tŷ helaeth hwn a oedd yn ddau dŷ mewn gwirionedd, y naill wedi'i godi rai blynyddoedd ar ôl y llall. Yr unig ddrwg oedd fod ei gynnal a'i gadw yn dipyn o hunllef a ninnau'n byw uwchlaw ein henillion ar y cyd o Lan-wern ac o'r swyddfa lle y gweithiai Ann ar y pryd. Fe lwyddon ni i gadw'n pennau uwchben y dŵr trwy fyw'n gynnil a gwneud heb bethau diangen. Bu gen i gyfres o hen geir truenus eu cyflwr, rhai Datsun gan mwyaf. Yn wir, cortyn a gweddi a'u daliai wrth ei gilydd. Trwy lwc, roeddwn wedi dysgu ychydig am berfeddion ceir modur a hynny a'm cadwodd yn symudol. Am wythnosau lawer bûm yn gyrru car disbardun o gwmpas Casnewydd. Mae hyd yn oed y gwybodusion mecanyddol yn methu â choelio'r peth. Y gyfrinach oedd gwthio ychydig o ddarnau arian i mewn rhwng bôn cebl y sbardun a'r carbiwretor i gadw'r injan i redeg dair gwaith yn gynt na chyflymder y tician arferol. Wedyn, byddai'r injan yn troi ar gyflymder neilltuol, yn ddigon araf i gychwyn yn y gêr isaf ac yn ddigon cyflym i godi hyd at ddeugain milltir yr awr yn y gêr uchaf. Golygai hyn agwedd wahanol at yrru, nas cafwyd er dyddiau cynnar moduro. Pan benderfynais o'r diwedd ofyn i garej ffitio sbardun a chebl newydd, edrychodd y mecanic yn syn arnaf ac estyn i mi'r saith geiniog ar hugain a fu'n fy nghadw yn symudol. Hen grocs oedd y ceir hynny, mae'n wir, ond cawsom, fel teulu, fwy na gwerth ein harian ohonyn nhw.

Yng nghyffiniau Casnewydd y mae llawer o fannau gwych i rieni a phlant ymweld â nhw. Byddem yn hoffi gwylio'r troeon llanw ail uchaf yn y byd, a chael ymweld â'r draethell laid yn Allt-yr-ynn. Ar adegau, caem gipolwg ar draws y dŵr ar Wlad yr Haf. Tybed a gafodd y lle ei enw Cymraeg am ei fod yn weladwy ar ddiwrnod heulog, braf yn unig? Pan fo hi'n drai y mae ehangder maith o greigiau, llaid a thywod peryglus, ac mae digon i ennyn diddordeb ar y traeth — hen goed ffosiledig a ffosiliau molysgiaid ynghyd â malurion a adawyd ar ôl y llanw a, hyd yn oed, bysgodfa hynafol. Caiff eogiaid eu dal mewn cewyll ar siâp cornet, sef *putchers*, a osodir yn sownd i wynebu'r llanw.

Mae gan Gasnewydd rai o'r parciau gorau yng Nghymru. Tu draw iddyn nhw y mae cylch o goed a bryniau. I Rachel a James trwy gydol eu plentyndod, gwlad hud oedd Coed Gwent, Coed y Caerau a'r llwybr trwy Goedwig Cwm Carn. Un o fanteision gweithio sifft oedd y gallwn fynd â'r plant am dro ar ôl iddyn nhw ddod adref o'r ysgol yn y prynhawn. Lle da yw Casnewydd i blant a'u rhieni sy'n mwynhau'r wlad yn ogystal â'r dref.

Ysgol Gymraeg

Daeth Rachel adref o'r ysgol ryw ddiwrnod ym 1969 a dweud ei bod wedi dysgu cân Gymraeg. Ar y pryd, doedd dim lle i'r Gymraeg na'i diwylliant yn ysgolion Casnewydd. Erbyn deall, rhyw fath o arwydd o Gymreictod adeg dathliadau yr Arwisgo oedd y 'gân Gymraeg'. A'r hyn a glywais i yn y tŷ oedd *'The land of my fathers is dear to me . . .'* — yn Saesneg! Dyna'i diwedd hi. Hyd yn oed yn yr ardal gosmopolitaidd o Gaerdydd lle y magwyd fi, yn Gymraeg y byddem yn canu'r anthem genedlaethol.

Y diwrnod hwnnw ysgrifennais erthygl ar gyfer yr *Argus* yn galw am sefydlu Ysgol Gymraeg. Heb yn wybod i mi roedd yna eisoes Ysgol Feithrin Gymraeg mewn rhan arall o'r dref. Er gwaethaf gwrthwynebiad ffyrnig gan gynghorwyr lleol aeth rhieni ymroddedig Rhisga ati i sefydlu ysgol. Ffurfiwyd pwyllgor ymgyrchu, ac ym mis Medi 1971 agorwyd drysau dosbarth cyntaf Uned Gymraeg Casnewydd gydag wyth o blant. Tasg anodd oedd darbwyllo rhieni i ymddiried eu plant i'r hyn a dybient yn gambl addysgol. Feiddien nhw roi eu ffydd mewn uned fechan ac iddi ddyfodol ansicr?

Byth er hynny bu cynnydd cyson er gwaethaf rhagfarn gwleidyddion lleol. Yn fuan wedi agor yr uned yng Nghasnewydd gwahoddwyd fi i Ferthyr Tudful i egluro sut yr aethpwyd ati. Roedd y cyfarfod â'r rhieni yng nghartref gŵr ifanc a gyflogid gan gwmni Hoover yn ei ffatri leol. Ei enw oedd Dafydd Wigley.

Yn ffodus, roedd gan addysg drwy gyfrwng y Gymraeg rai cyfeillion gwerthfawr yn y byd addysgol yng Ngwent, gan gynnwys Hugh Loudon a Vaughan Williams. Hebddyn nhw byddai rhagfarn cynghorwyr lleol wedi'n trechu fel a ddigwyddodd mewn rhannau eraill o Gymru. Golygodd gryn aberth gan y rhieni. Trwy eu gwaith diflino gwelwyd unedau yn datblygu'n ysgolion maes o law a'r rhain wedyn yn ymledu drwy'r sir. Mater o ddau gam ymlaen ac un yn ôl fyddai hi'n fynych. Nid ar chwarae bach y llwyddwyd i feithrin addysg Gymraeg yng Ngwent.

Mae llu o arwyr yn y brwydrau i roi i blant Gwent y cyfle i siarad yr hen iaith. Ar flaen y gad yn y chwe degau yr oedd aelodau grwpiau ymgyrchol y rhieni yn Rhisga. Mae llawer o blant y chwe degau a'r saith degau wedi manteisio ar wybodaeth o'r Gymraeg i ddilyn gyrfaoedd clodwiw yn y byd addysg ac yn y cyfryngau. Daeth rhai ohonyn nhw'n ôl i fod yn athrawon yng Ngwent ac i drosglwyddo gwybodaeth i genhedlaeth newydd yn Ysgol Gunwale. Roedd Eisteddfod Genedlaethol yr Urdd yng Ngwent ym 1997 yn ddathliad o'r ffaith fod pedair mil o blant y sir yn awr yn derbyn eu haddysg drwy gyfrwng y Gymraeg. Am y tro cyntaf erioed, dysgir y Gymraeg fel ail iaith ym mhob un bron o ysgolion y sir.

Mae'n braf cyfarch y plant yn holl ysgolion Casnewydd a chael ateb hyderus ganddyn nhw yn Gymraeg. Gallant hefyd werthfawrogi'r chwedl am Fendigeidfran a deall ystyr 'A fo ben, bid bont'. Dim ond am ychydig o flynyddoedd y bûm i'n ymwneud yn uniongyrchol â'r ymgyrch yn y cyfnod arloesol. Eto i gyd, rwyf yn falch dros ben o ganlyniadau'r brwdfrydedd a'r weledigaeth. Gweddnewidiwyd addysg yng Ngwent. Bu mwy nag un genhedlaeth philistaidd ac anwybodus yn torri'r dolennau cyswllt rhwng ein plant a'u treftadaeth. Gwych o beth yw'r cyfannu sy'n digwydd heddiw.

Darpar Gynghorydd

Doeddwn i ddim wedi bwriadu mynd yn gynghorydd. Yn fy nhyb i, rhyw giwed fusneslyd, hunanbwysig oedden nhw, yn fodlon aberthu eu hamser hamdden i drafod mân broblemau er mwyn cael tipyn o sylw. Fel gyda'r digwyddiadau mawr eraill yn fy mywyd, damwain fu mynd yn gynghorydd. Drifftio eto. Wrth ymgyrchu i gael addysg Gymraeg yng Nghasnewydd down i gysylltiad agos â chynghorwyr oedd ar y pwyllgor addysg. Roedd eu diffyg dealltwriaeth ynghylch nifer o bynciau yn gryn sioc imi. Er fy mod eisoes yn aelod o'r Blaid Lafur, ym maes undebaeth yr oedd fy mhrif ddiddordeb. Tybiais y byddai sefyll fel ymgeisydd yn codi fy statws ymhlith y cynghorwyr Llafur ac o fudd i'r ymgyrch.

Fel tad a ffolai ar ei ddau blentyn doeddwn i ddim yn awyddus i ildio oriau lawer i ymdrin â phroblemau dibwys pobl eraill. Yr ateb felly i'm penbleth fyddai cael fy enwebu i sefyll mewn ward nad oedd gobaith ei hennill. Allt-yr-ynn yw ardal pobl ariannog Casnewydd, a doedd cynghorydd Llafur erioed wedi ennill y sedd. Er bod aelodau'r pwyllgor lleol braidd yn amheus o'm cefnogaeth gref i'r Gymraeg dewiswyd fi'n ymgeisydd ym 1972.

Bu'n brofiad gwahanol. Camgymeriad fu cynnwys elfen o hiwmor yn y daflen etholiad a anfonais allan. Beirniadwn yn hallt bensaernïaeth maes parcio aml-lawr newydd yn yr ardal a'i ddisgrifio fel *'suitable venue only for those contemplating suicide'*. Yn ystod wythnosau'r ymgyrch bu farw merch ifanc ar ôl neidio oddi ar do'r adeilad. Bûm yn poeni'n arw am hyn. Afradlonedd geiriol difeddwl yn achosi gofid. Dichon na sylwodd llawer ar y peth. Rwyf wedi syrthio i'r un camwedd droeon wedyn yn fy mywyd gwleidyddol. Os bydd modd, ceisiaf farn fy ngwraig neu rywun arall y gallaf ymddiried ynddo cyn rhuthro i brintio rhai syniadau rhyfygus.

Caiff y rhai ohonom sy'n mwynhau trin geiriau ein llorio ar brydiau gan ein gormodedd ein hunain. Mae arnom angen rhywun doeth i ddod â ni i lawr i'r ddaear ambell dro. Er bod beirdd yn cael rhyddid mynegiant llawn rhaid i wleidyddion docio eu syniadau i gydweddu â'r farn gyhoeddus, fel y byddai'r cymeriad chwedlonol hwnnw, Procrwstes, yn torri cyrff i ffitio'r gwely. Mae'r angen hwn, gwaetha'r modd, yn gallu mygu gwreiddioldeb.

Cymerais wythnos o wyliau i ymgyrchu. Am lawer o'r amser roeddwn ar fy mhen fy hun yn curo'n ddiddiwedd ar ddrysau Torïaidd. Ugain tŷ yn olynol heb gymaint ag un 'Don't know' oedd y record. Y Tori a enillodd y sedd, y Rhyddfrydwr yn ail a minnau'n drydydd gyda mymryn o gynnydd yn y bleidlais i Lafur. O'r tair ward ar ddeg yng Nghasnewydd, Allt-yr-ynn oedd yr unig un i Lafur beidio â'i hennill y flwyddyn honno. Ond roeddwn i wedi dal y clwy. Bu'r pleser a brofais wrth siarad wyneb yn wyneb ag etholwyr, ynghyd â'r dolur o golli, yn sbardun imi sefyll eto fel ymgeisydd ymhen rhai misoedd mewn is-etholiad a sedd saff. Malpas oedd y ward honno. Dyna ddechrau deuddeng mlynedd brysur yn fy hanes fel cynghorydd.

Stormydd

Dechreuodd y briodas simsanu. Ar ôl rhyw bum mlynedd, daeth yn fwyfwy eglur mai ychydig iawn oedd gan Ann a minnau yn gyffredin. Roedd ein llwybrau'n awr yn gwahanu. Wrth inni gymysgu â rhagor o bobl fe ddôi'r anghytgord yn ein cymeriadau i'r amlwg a chaem ein denu at bartneriaid eraill. Bu llawer o frifo, o ffraeo ac o ddigio. Nid unochrog oedd y gwendid ychwaith. Amhosib dweud pwy oedd fwyaf ar fai. Rhoesom gynnig ar fyw ar wahân am ysbeidiau byr. Yr unig beth a'n cadwai gyda'n gilydd oedd ein cariad dwfn a diffuant at ein plant. Priodas wag oedd hi erbyn hyn a phob ymddiriedaeth wedi darfod.

Ar yr ochr olau, roedd gennym ddau blentyn iach, deallus a glandeg. Roeddem yn gymharol dda ein byd yn yr ystyr faterol ac roedd dwy fam-gu a dau dad-cu wedi ffoli ar y plant. Pa ddiben oedd chwalu hyn i gyd? Roedd Rachel yn gwmni diddan, yn eneth alluog a phoblogaidd ac yn tyfu i fod yn ferch ifanc hardd. Er bod James yn fachgen hynod ddeallus a charedig roedd braidd yn ofidus wrth natur ac yn hel meddyliau ynghylch pethau. Rwyf yn ei gofio'n dweud ryw dro pan nad oedd ond pum mlwydd oed y byddem ni i gyd yn marw cyn bo hir, a Rachel wedyn yn troi ato i'w gysuro. Doedd hi ddim yn un i adael i bryderon felly ei phoeni. Oherwydd rhyw drafferthion fe symudwyd James i ysgol arall. Fel y gŵyr pawb, mae problemau dyrys ynghlwm â bod yn rhiant. Doedd ein bwriadau da ni ddim yn ddigon. Teimlem yn ddryslyd o fethu â chyfathrebu'n iawn â'n plant ein hunain ac o fethu â'u helpu ym mlynyddoedd eu llencyndod.

Lledu a wnâi'r agendor rhyngom. Pedwar unigolyn oeddem ni'n awr yn rhannu'r un tŷ, yn hytrach na theulu.

Cynghorydd

Yn sesiynau'r prynhawn y gwnes i f'areithiau cyntaf yn y cyngor. Er mwyn cael digon o hyder roedd arnaf angen cymorth alcohol, cyffur rhwydd i'w gael. Drwy lwc, fûm i ddim erioed yn gaeth iddo ond mae gen i gywilydd cyfaddef imi ei gymryd fel prop i'm cynnal. Yn ddigon anfoddog, fe'm gorfodwyd gan amgylchiadau i draddodi areithiau hir yn ystod yr wythnosau cyntaf ar y cyngor. Er fy mod yn nerfus rhaid oedd atal polisi Pwyllgor Addysg Casnewydd rhag iddo niweidio'r uned Gymraeg fechan yn y dref. Ar gyfer rhai o'r areithiau pwysig cyntaf hynny y bu'n rhaid cael y prop. Buan y cynyddodd fy hyder. Trwy drugaredd, wnes i ddim mynd yn ddibynnol ar y botel. Ond bu'r profiad yn rhybudd sobreiddiol ym mhob ystyr.

Elfen o'r brad sy'n digwydd yn y byd gwleidyddol fu'r dad-ddethol a ddigwyddodd imi yn ward Malpas. Er mai fi oedd y cynghorydd ar y pryd a fy mod wedi treulio blwyddyn brysur iawn yn gweithio dros y ward, chefais i ddim hyd yn oed fy ngwahodd i'r cyfarfod ailddethol. Heb yn wybod imi, fe wahoddwyd i'r cyfarfod ddau gynghorydd arall a oedd yn byw ym Malpas ond yn cynrychioli Alway ac fe'u dewiswyd nhw yn ymgeiswyr. Gadawyd fi i chwilio am enwebiad yn rhywle arall yn y dref. Yn ffodus, detholwyd fi'n ymgeisydd dros y stad o dai cyngor yn Alway, gerllaw fy nghartref yn Lliswerry.

Ffrwynais fy nicter a chau fy ngheg gan gadw mewn

cof gyngor Aneurin Bevan i beidio byth â dangos eich clwyfau i neb: *'They sadden your friends and please your enemies'*. Cefais fy nghlwyfo lawer gwaith wedyn ym myd llywodraeth leol. Roedd bod yn gynghorydd yn union fel reidio ar ffigar-êt — rholio i fyny ac i lawr bob yn ail. Yr uchafbwyntiau oedd bod yn Ddirprwy Arweinydd Cyngor Casnewydd, yn Gadeirydd y Pwyllgor Gweithfeydd Cyhoeddus ac yn Gadeirydd Pwyllgor Cludiant ac Ysgolion Arbennig Gwent. Yr iselbwyntiau oedd cael fy niarddel o'r Grŵp Llafur yng Nghasnewydd ac yn y diwedd ymddiswyddo o Gyngor Gwent. Roeddwn wedi dod i'r casgliad fy mod yn gwneud mwy o ddrwg nag o les i'r achosion a gefnogwn.

Roedd fy nghydgynghorwyr yn bobl dda, llawer ohonyn nhw'n alluog iawn ac eraill yn benbyliaid. At ei gilydd, roeddent yn hynaws ac yn awyddus i gyflawni dyheadau digon teilwng. Yn anochel, byddai fy niffyg amynedd a'm diffyg goddefgarwch yn eu cythruddo nhw. Byddwn yn eu gweld fel caethion â'u meddyliau wedi eu parlysu. Yr adeg honno byddwn innau'n awchus i fabwysiadu syniadau newydd a pholisïau anuniongred. Cysuraf fy hun fod llawer o'r achosion 'beiddgar' a gefnogwn ugain mlynedd yn ôl yn ddigon derbyniol bellach. Camgymeriad tactegol ar fy rhan oedd ymestyn gormod tu hwnt i'r farn gyhoeddus ar y pryd.

Ymhlith yr achosion a roddodd imi enw drwg ar y dechrau yr oedd gwrthwynebu'r gwaharddiad ar y ffilm *Last Tango in Paris*, cefnogi cydraddoldeb i wrywgydwyr, beirniadu pensaernïaeth gyfoes a blociau uchel o fflatiau, argymell defnyddio gwrymiau arafu ar y ffordd, arddel barddoniaeth fel celfyddyd berfformiadol, CND, a gwrthwynebu adeiladu ffyrdd newydd. Mynd dros ben llestri oedd arddel pethau fel yna ym marn fy nghydgynghorwyr.

Bu achosion mwy confensiynol yn fodd i liniaru peth ar fy nelwedd. Syndod i Lafur Newydd fyddai clywed fy mod wedi brwydro o blaid gwerthu tai cyngor ac i wanhau'r dolennau cyswllt rhwng y Blaid Lafur a'r undebau. Bum mlynedd ar hugain yn ôl y bu hynny. Pethau eraill a farnwn yn bwysig oedd gwella cludiant cyhoeddus, nawdd cymdeithasol a lles yr henoed.

Nid o ganlyniad i unrhyw ymgyrch eithafol y torrwyd fi allan o'r Grŵp Llafur yng Nghasnewydd ond oherwydd dymchwel stryd o dai cyngor. Gwleidyddiaeth ar ei salaf oedd hynny. Gweithredu heb bwyso a mesur yn gyntaf. Roedd y cyngor yn awyddus i gael gwared â thai a ystyrid yn slymiau. Doedd cyflwr y tai eu hunain ddim yn ddrwg o gwbl ond bod safon gyffredinol y lle wedi dirywio oherwydd esgeulustod.

Sut oedd datrys y broblem hon? Dymchwel y tai, meddai'r cyngor. Roedd hynny mor effeithiol â thorri coes i ffwrdd am fod poen ym mawd y droed. Roeddwn yn gynghorydd dros ardal y tai ym Maple Avenue yn Somerton a chondemniais y penderfyniad hurt hwn mewn iaith a frifodd arweinwyr y cyngor. Dyma'r hyn a ddywedais: *'Demolishing sound solid homes that cost £200 to build in 1920 and replacing them with £14,000 plastic and cardboard modern houses would be an act of criminal stupidity'*. Cefais fy niarddel o'r Grŵp Llafur ar Gyngor Casnewydd ar gyhuddiad o ddifetha undod y grŵp.

Yn foesol, roeddwn wedi gweithredu'n gyfiawn ond yn wleidyddol roedd yn hunanddinistriol. Nid am y tro olaf o bell ffordd, gadewais i'm calon a'm rheswm reoli yn lle defnyddio tipyn o gyfrwystra gwleidyddol a dogn go dda o bwyll. Braidd yn hwyr yn y dydd, ysywaeth, y dysgais i'r wers hon.

Effeithiodd y penderfyniad i'm diarddel yn arw arnaf. Teimlwn fy mod wedi fy ngham-drin ac wedi fy sathru dan draed. Anodd fu egluro i Rachel, dair ar ddeg oed, ac i James, un ar ddeg, nad oeddwn wedi gwneud dim byd o'i le. Wedi ogleuo gwaed ceisiodd amryw o'r cynghorwyr amlycaf fy niarddel o'r Blaid Lafur hefyd. Methu wnaethon nhw. Roedd agendor eisoes rhwng y Blaid Lafur a'r cynghorwyr a bu hynny o fudd i mi yn y dyfodol. Daliais ati i fod yn gynghorydd oddi allan i'r Grŵp Llafur. Yn yr etholiad ymhen blwyddyn wedyn mabwysiadodd ward Alway fi fel ymgeisydd a doedd gan y Grŵp Llafur ddim dewis ond gadael imi berthyn iddo eto. Ddwy flynedd yn ddiweddarach, etholodd y cynghorwyr Llafur fi'n ddirprwy arweinydd y cyngor.

Roeddwn wedi dod o hyd i ffordd i fwrw fy nicter yn erbyn hurtrwydd rhai o gynghorwyr Gwent a Chas-newydd, sef trwy ysgrifennu colofn mewn papur lleol dan y ffugenw Penderyn i ddechrau, ac yna Orion. Wnes i ddim defnyddio gwybodaeth gyfrinachol erioed ond mwynheais roi ambell gerydd a chlewtan i'm cyd-gynghorwyr. Rhag i neb ddeall pwy oedd y colofnydd cas byddwn weithiau'n ymosod arnaf fy hun ac ar rai o'r achosion a gefnogwn.

Byddai pendroni ynghylch beth i'w roi yn y golofn yn cadw'r ymennydd ar ddi-hun yn ystod yr oriau hirion yn Llan-wern. Roedd hynny'n ollyngdod braf i'r llu syniadau a fyrlymai yn fy mhen. Credwn fod y golofn hefyd yn alwad i gynghorwyr ifainc Cyngor Sir Gwent i gyd-dynnu er lles eu cymunedau.

Ym 1974 cyfunwyd Cyngor Casnewydd a Chyngor Sir

Fynwy i greu awdurdod newydd Gwent. Y cyfan oedd yn gyffredin rhyngom oedd ein haelodaeth o'r un Blaid Lafur. Roedd yn wefr imi fod yn aelod o'r cyngor y gwasanaethodd Aneurin Bevan arno yn ddyn ifanc. Yn hen Neuadd y Sir, Casnewydd y parheid i gynnal y cyfarfodydd.

Yn ôl yr hanes, ni chafodd Nye Bevan erioed ganiatâd i siarad yn y cyngor am nad oedd ganddo ddigon o brofiad. Ychydig oedd wedi newid. Roedd amryw o'r aelodau, a Phil Abraham, un o gyfoedion Bevan, yn eu plith, wedi bod yn aelodau er 1935 a heb ymladd etholiad erioed. Doedden nhw ddim yn eu hystyried eu hunain yn atebol i'w hetholwyr. Yn eu golwg nhw, rhyw fath o fòs lleol oedd cynghorydd sir, rhywun i rannu nawddogaeth ac i ymyrryd pan fyddai angen penodi prifathro neu ofalwr i ysgol.

Nid stori gelwydd, gwaetha'r modd, yw honno am gadeirydd y Pwyllgor Llyfrgelloedd yn treulio'i awr ginio yn darllen comics plant. Nodweddion amlwg yng nghymeriad y rhan fwyaf o'r hynafgwyr ar y cyngor sir oedd trahauster, twpdra a malais. Un o'r eithriadau gloyw oedd Phil Abraham a garcharwyd adeg terfysgoedd Y Blaenau. Dyna ddelfrydwr deallus ac ymroddedig a meddyliwr gwleidyddol craff. Ynddo ef gallem ni'r aelodau ifainc weld hanes gogoneddus ymdrechion y cymoedd yn y dau ddegau a'r tri degau.

Roedd y cyngor dan reolaeth swyddogion asgell dde eithafol. Byddai'r cynghorwyr mwyaf blaenllaw yn dod i benderfyniad ar y pynciau a ddeallent, pethau cymharol ddibwys fel arfer. Oherwydd y rhagfarn gref yn erbyn newidiadau i'r drefn arferol anaml iawn y clywid dadlau deallus. Roedd y pwyllgorau yn hollbwerus a'u cadeiryddion yn dra awdurdodol. Testun balchder yng nghyfarfodydd y cyngor llawn bob chwarter fyddai derbyn holl benderfyniadau'r pwyllgorau ac amenio popeth gynted fyth ag y gellid, heb unrhyw drafodaeth gan amlaf.

Pryd bynnag y meiddiai cynghorwyr y pleidiau eraill siarad yn siambr y cyngor, rhai megis y Rhyddfrydwr lliwgar, Angus Donaldson, a'r Comiwnydd, Goff Miles, eu sarhau a gaent. Byddent yn gofyn amdani weithiau. Fel rheol, gwisgai Angus 'het mynd-a-dod', ond ar ôl bod ar wyliau yng Nghanada, daeth i'r cyngor a chlamp o stetson ar ei ben. Cofiaf dro arall i Goff wneud araith ddychrynllyd o gymhleth a malu awyr am hydoedd. Petai wedi sefyll ar ei draed a gwneud dim byd ond chwalu gwynt am ddeng munud byddai wedi creu gwell argraff.

Roedd hen Gyngor Sir Fynwy yn anoddefgar nid yn unig tuag at rwdlyn a baldorddwr ond hefyd at bob gwrthwynebiad. Yn hyn o beth roedd Cyngor Casnewydd yn fwy goddefgar. Cas gennym fyddai'r ymosod geiriol amrwd a ddefnyddid yn lle dadl gall i roi taw ar wrthwynebwyr. Ym 1975 symudodd yr awdurdod newydd o Gasnewydd i bencadlys a siambr newydd a moethus yng Nghwmbrân. Ar y pryd roeddwn yn un o dri chwip y grŵp Llafur ac ysgrifennais adroddiad ar yr ymarweddiad a ddisgwylid yn y siambr newydd. Yn fwriadol, lluniais ddogfen fanwl, astrus a hirfaith. Gwyddwn na fyddai'r cynghorwyr yn ei darllen. Mae'n gwestiwn gen i a wnaeth fy nghyfeillion, Garth Price a John Rogers, ei darllen i gyd ond fe roesant eu llofnod arni.

Yng nghanol y ddogfen argymhellwn rai newidiadau pwysig yn y ffordd y bu'r Cyngor Sir yn gweithredu er 1884. Dylai'r cynghorwyr eistedd yn nhrefn yr wyddor ac nid mewn grwpiau plaid, ac ni fyddai penderfyniadau grŵp oni bai bod trefniant ymlaen llaw. Byddai'r holl faterion eraill yn agored i ddadl a phenderfyniad yn y siambr. Dylai'r cyngor llawn gyfarfod bedair gwaith yn fwy aml er mwyn cynyddu grym y corff cyfan a lleihau pwerau cadeiryddion unigol. Nid arweinydd y Grŵp Llafur fyddai'n cadeirio'r cyfarfodydd grŵp o hyn allan.

Heb eu darllen hyd yn oed, fe dderbyniwyd y diwygiadau mewn eiliadau fel un o'r eitemau olaf ar agenda rhyw gyfarfod lle y buwyd am oriau'n trafod pethau dibwys. Roedd y broses o wneud penderfyniadau wedi newid er gwell, a'r siambr bellach yn cael ei dyledus barch. Ar y pryd, roedd gan y cyngor amryw o ddadleuwyr medrus, gan gynnwys y diweddar Jon Vaughan Jones, swyddog ymchwil gyda'r Blaid Lafur, a'r Cyrnol Geoffrey Inkin, y mega-cwangocrat yn ddiweddarach. Byddai mynych groesi cleddyfau, ond am y tro cyntaf, mwy na thebyg, cymerid penderfyniadau ar sail grym y ddadl yn y siambr. Bu farw Jon ym 1997. Collodd y Blaid Lafur un o oreuon ein cenhedlaeth.

Llaciwyd gafael haearnaidd rhai o'r arweinyddion ar eu grwpiau, megis un Frank Whatley ar y Grŵp Llafur. Wrth gadeirio'r cyfarfodydd grŵp arferent roi taw yn y fan a'r lle ar unrhyw un â barn wahanol trwy wrthod eu galw i siarad. Yr un a enwebais i yn arweinydd oedd y Cynghorydd Fred Edwards o Gasnewydd. Cynrychiolai ef a minnau ward Ringland. Roedd Fred yn ddyn o gymeriad cywir ac yn sicrhau chwarae teg i bawb mewn trafodaethau.

Profiadau gwerth chweil i mi fu cadeirio'r Pwyllgor Cludiant ac Ysgolion Arbennig ar Gyngor Gwent. Llwyddwyd i godi'r gwariant yn sylweddol. Brwydrais yn galed yn erbyn rhoi ffafriaeth wrth benodi staff. Fel y cam cyntaf, rhoddais ar ddeall petai rhywun yn dod ataf i geisio ffafriaeth ynglŷn â phenodiadau y byddwn yn rhoi gwybod i'r heddlu am hynny fel achos o lygredd. Yn ystod fy nwy flynedd ar Bwyllgor Staffio Addysg yng Nghasnewydd ni welais benodi neb heblaw ar sail teilyngdod. Yn ardaloedd gogleddol yr hen Sir Fynwy roedd penodi rhywun am ei fod yn 'un ohonom ni' wedi bod yn rhemp. Mae'n arwyddocaol fod rhai o ysgolion salaf Gwent yn dal i fod yn yr ardaloedd hynny. Gyda chymorth y swyddogion rhagorol, Hugh Loudon a Brian Mawby, cefais foddhad arbennig wrth gadeirio Pwyllgor yr Ysgolion Arbennig gan inni sicrhau gwasanaeth o'r radd flaenaf.

Roedd llawer o bleser i'w gael o ennill buddugoliaethau bychain. Mae gwaith cynghorydd yn golygu cannoedd o fân benderfyniadau i greu rhywbeth sylweddol. Gwaith ar y cyd ydyw rhwng cynghorwyr a swyddogion. Bydd cynghorwyr wastad yn poeni ynghylch eu methiannau, ac yn enwedig am y rheini sy'n digwydd oherwydd diogi, camgymeriadau a diffyg rhoi sylw i fanylion. Anaml y cânt eu barnu am eu gwir werth. Byddant yn derbyn y clod yn llawen am bethau nas gwnaethant, gan wybod yn iawn na ddaw cydnabyddiaeth am y pethau pwysig a wnaethant.

Byddaf yn tristáu oherwydd y syniadau da na lwyddwyd i'w gwireddu ar y cynghorau y bûm yn aelod ohonyn nhw. Ymhlith y rhain roedd cynllun i droi ffermydd bychain yn dai hanner-ffordd ar gyfer pobl ifainc yn gadael gofal. Gweddillion oedd y ffermdai o gynllun y mân ddaliadau amaethyddol gynt i roi cyfle i'r di-waith allu cychwyn ffermio. Erbyn y saith degau câi'r tiroedd eu huno i ffurfio ffermydd mwy o faint a'u gwerthu. Syndod oedd sylweddoli pa mor uchel oedd canran y bobl ifainc a gâi eu hyrddio o ofal amser llawn y cyngor i esgeulustod amser llawn y byd mawr tu allan. Roedd y rhan fwyaf ohonyn nhw'n byw ar y stryd, yn troseddu ac yn puteinio ac, yn y diwedd, yn mynd i garchar neu i sefydliadau i'r claf eu meddwl. Y cynllun oedd dechrau fferm organig ddwyslafur a fyddai'n gartref hanner-ffordd, yn bont o fyd gofal i fywyd annibynnol. Byddai'r prosiect yn talu amdano'i hun maes o law. Roedd prisiau da i'w cael am lysiau organig a gellid gwerthu'r eitemau dros ben i'r gwasanaeth prydau bwyd yn ysgolion y sir. Gellid bod wedi cyflogi dwsinau o bobl ifainc, ac er bod pawb yn cytuno ei fod yn syniad rhagorol, cafodd ei ladd yn y gwraidd gan genfigen rhwng adrannau a diffyg ymroddiad. Roedd rhai swyddogion yn arswydo rhag unrhyw newidiadau a allai darfu ar eu bywydau bach cysurus. Ugain mlynedd yn ddiweddarach soniais am yr un argyfwng mewn dadl yn y Senedd. Yn y cyfamser bu oes dywyll Thatcheriaeth a gwaethygu'n arw iawn a wnaeth tynged pobl ifainc yn gadael gofal.

Polisi niweidiol arall yng Nghyngor Gwent oedd rhoi arian tuag at ysgolion preifat. Roedd awdurdodau lleol Llafur yn gwario symiau enfawr ar yrru plant tadau oedd yn y lluoedd arfog neu yn yr offeiriadaeth i ysgolion bonedd. Am fod y rhieni yn gweithio dramor fe ddefnyddid ysgolion preifat gan nad oedd darpariaeth breswyl yn ysgolion y wladwriaeth. Onid doethach fyddai i'r cyngor gynnig lletty i'r plant hyn mewn hostel wrth ymyl un neu ddwy ysgol leol? Byddai hynny'n wleidyddol dderbyniol ac yn osgoi sybsideiddio system a rannai gymdeithas ac yn gyfle i gael plant o gefndiroedd amrywiol yn ysgolion y wladwriaeth. Byddai hefyd yn system hunangyllidol. Wnaeth dim un enaid anghytuno â'r syniad ond ddigwyddodd dim byd i'w droi'n ffaith.

Bu ambell fuddugoliaeth a roddodd foddhad mawr imi fel cynghorydd. O'r saith deg wyth aelod ar y cyngor, Jon Vaughan Jones a minnau oedd yr unig rai a wrthwynebai'n chwyrn y cais i godi pwerdy niwclear newydd ym Mhorth Sgiwed. Roedd pawb arall yn frwd eu croeso i'r swyddi newydd a'r llewyrch a ddôi yn ei sgîl. Trwy gymorth aruthrol damwain Three Mile Island cafodd y cyngor ei ddarbwyllo i wrthod y cais cynllunio. O ganlyniad, arweiniodd Gwent y ffordd trwy ddatgan ei bod yn *nuclear-free zone* — yn 'ardal ddiniwclear'. Roedd Jon a minnau yn unfarn hefyd ar fater y Refferendwm Datganoli ym 1979 ac yn ddigalon iawn oherwydd y canlyniad.

Gan deimlo mai ofer fyddai f'ymdrechion ar y cyngor penderfynais ymddiswyddo. Roedd fy mywyd yn llawn helbulon, a minnau bellach yn ddi-waith ar ôl ymddeol o Lan-wern. Doedd arnaf ddim eisiau bod yn gynghorydd amser llawn, yn llwyr ddibynnol ar lwfansau'r cyngor fel fy unig incwm.

Bu'r ymgyrch i wahardd hela llwynogod ar dir y cyngor yn wers chwerw. Er i'r ymgyrch lwyddo fe lusgodd ymlaen am hir iawn. Treuliwyd llawer gormod o amser ac o egni yn dod i benderfyniad ar rywbeth a oedd, yn wir, yn bolisi gan y Blaid Lafur. Dois i'r casgliad mai arnaf fi roedd y bai am fod y broses wedi bod mor araf a phoenus.

Rwyf wedi colli llawer o gyfeillion oherwydd fy agwedd anuniongred gyda'r mudiad heddwch. Erbyn hyn roeddwn wedi mynd yn dramgwydd i bob achos a gefnogwn am fod gen i bellach gynifer o elynion ymhlith fy nghydgynghorwyr. Oedd yna unrhyw ddiben imi aros ar y cyngor? Penderfynais nad oedd dim. Ymddiswyddais ar y cyfle cyntaf a fyddai'n hwylus ar gyfer cynnal yr is-etholiad i'r cyngor sir yr un diwrnod â'r etholiadau i'r cynghorau bwrdeistrefol.

Yn rhyfedd iawn, a thrwy hap yn hytrach na bwriad, bu'r 'Mr' yn lle'r 'Cynghorydd' Flynn o gymorth imi gael fy mabwysiadu yn ymgeisydd Seneddol ddwy flynedd yn ddiweddarach.

Dinbych

Roedd uchelgais wleidyddol o ryw fath yn dal i lechu ym mêr fy esgyrn. Pam na allwn i fynd i'r Senedd? Y llwybr mwyaf addawol fyddai drwy'r undeb, ond weithiodd hynny ddim yn fy achos i. Wedi mynd drwy'r drefn arferol o ddethol fe ychwanegwyd fy enw at restr ymgeiswyr cymeradwy Cyd-ffederasiwn yr Undebau Haearn a Dur. Gwahoddwyd fi wedyn i arddangos fy noniau, fel petai, gerbron y paneli a ddetholai ymgeiswyr ar gyfer seddau Seneddol yn Scunthorpe ac yng Nghanolbarth Lloegr. Aflwyddiannus fu hynny.

Undeb bychan, diffygiol o ran gallu i drefnu oedd un y gweithwyr dur. Roedd trwch yr aelodaeth wedi'i grynhoi mewn ychydig o ganolfannau dur lle y dylent reoli'r enwebu. Un o'u llwyddiannau prin fu ennill yr enwebiad i Donald Coleman yng Nghastell-nedd, yn lle ymgeisydd Undeb y Glowyr. Doedd y gweithwyr dur ddim yn tynnu eu pwysau fel undeb a heb fod yn ddigon cefnogol i'w hymgeiswyr eu hunain.

Roedd gwaeth i ddod. Caniatâi rheolau rhyfedd i'r undeb a'u dewisodd dynnu enwau ei ymgeiswyr oddi ar y panelau petai'n ffafrio ymgeiswyr eraill yr undeb dur. Yn y dethol ar gyfer Mynwy yn Chwefror 1974 cefais fy enwebu gan ward Porth Sgiwed. Roedd dau ymgeisydd dur arall yn y ras, sef Jim Kirkwood, cynghorydd yng Nghaerllion, a Jon Vaughan Jones. Cynhaliodd yr undeb gyfarfod i ddewis ei ymgeiswyr. Dim ond tri aelod o'r undeb ddaeth yno. Dewiswyd Jim Kirkwood er iddo fod yr ymgeisydd gwannaf mewn enwebiadau eraill. Tynnodd yr undeb enwau Jon a minnau yn ôl. Doedd gennym ni ddim llais yn y mater.

Cefais well lwc yn ail Etholiad Cyffredinol 1974 trwy gael fy enwebu i sefyll dros sedd Dinbych ym mis Hydref. Doedd dim gobaith ennill. Roedd Geraint Morgan yn solet yn ei le gyda mwyafrif o chwe mil dros y Rhyddfrydwr, David Williams. Llafur wedyn bum mil o bleidleisiau ar eu hôl, ac Ieuan Wyn yn brwydro i gadw ernes Plaid Cymru gyda chyfanswm o bedair mil.

Bu'r ymgyrch etholiadol yn un hwyliog, braf heb y tensiynau di-baid sydd mewn sedd ymylol lle y mae pob un bleidlais yn cyfrif. Roedd aelodau lleol y Blaid Lafur yn garedig a chroesawus ac yn cymryd arnynt fy nghoelio pan ddywedwn fod buddugoliaeth o fewn ein cyrraedd. Ond nid ras rhwng dwy blaid oedd hi. Gyda rhesymeg berffaith dywedwyd wrthyf:

'Gwranda di yma, 'machgen i, rydw i'n fwy o Lafur nag wyt ti, ond yr unig ffordd i gael gwared o Geraint ydi trwy gefnogi'r Rhyddfrydwr yna.'

'Ond mae gynnon ni siawns go dda i guro'r Rhyddfrydwyr y tro yma,' meddwn innau. Doedd neb yn fy nghredu fi, wrth gwrs, ddim hyd yn oed fi fy hun. Rhyw hanner ymgeisydd a hanner twrist oeddwn i. Er ei bod yn fis Hydref, gallwn fwynhau ymweld â mannau prydferth megis arfordir y gogledd, Dyffryn Clwyd a Llangollen.

Yn ystod y pum wythnos o ymgyrchu roeddwn yn lletya ym Mae Colwyn. Bûm wrthi'n ddyfal yno yn teipio datganiadau diddiwedd i'r wasg ac yn gorfod eu copïo'n llafurus â phapur carbon. Gan nad oeddwn yn hyddysg iawn ym materion lleol yr etholaeth penderfynais aileirio cynnwys colofnau golygyddol y pum papur newydd lleol a phostio'r druth wedyn at y golygyddion fel 'datganiadau gan yr ymgeisydd Llafur'. Gweithiodd hyn yn iawn gan fod y papurau'n falch o argraffu adlewyrchiad o'u syniadau nhw eu hunain.

Wrth baratoi'r atgofion hyn a gorfod darllen eto fy neges i etholwyr Dinbych bedair blynedd ar hugain yn ôl, roeddwn yn barod am dipyn o embaras. Fe'm synnwyd gan un frawddeg. Dyma hi: 'Mae angen dulliau newydd i ddatrys y problemau newydd a achosir gan yr economi ostyngol, peirianneg enetig a'r bom amser ecolegol.' Beth a wyddwn i'r adeg honno am *genetic engineering*? Beth a wyddai neb? Hyd yn oed heddiw fe'i hystyrir yn bwnc gwleidyddol *avant-garde*.

Daeth Barry Jones, John Morris a Michael Foot draw i'r etholaeth i'm helpu mewn cyfarfodydd. Michael Foot gafodd y gynulleidfa fwyaf niferus wrth iddo annerch oddi ar droli o eiddo'r Rheilffyrdd Prydeinig yn Sgwâr yr Orsaf, Bae Colwyn. Bu rhyw greadur go flêr a blewog yn heclo Michael ac yn ceisio'i lusgo oddi ar y troli. Wedi imi gamu ymlaen i atal y dyn bu mymryn o sgarmes. Arhosodd Michael yn ei le ond roeddwn i wedi anafu fy arddwrn. Dyna esgus iawn imi beidio â gorfod ysgwyd rhagor o ddwylo, gweithred boenus ar y gorau oherwydd y gwynegon. Gwnâi stori dda — cyfuniad ohonof fel arwr yn amddiffyn gŵr oedrannus ac esgus gredadwy am y llaw ddolurus. Fu hi ddim yn anodd i'r papurau newydd lunio pennawd: *'Candidate injures hand helping Foot'*.

Rhaid dweud imi fwynhau'r ymgyrchu yn fawr iawn. Daeth Ann a James i Ddinbych ar gyfer y dyddiau olaf prysur a rhoi cymorth a chefnogaeth werthfawr imi yn yr hyn a fu'n orchwyl digon unig. Gadewais yr etholaeth tuag wyth o'r gloch ar noson yr etholiad a gyrru i Gaerdydd er mwyn cymryd rhan mewn rhaglen deledu Gymraeg. Treuliais bedair awr ddi-dor yn gwneud sylwadau ar ganlyniadau gweddol y Blaid Lafur yng Nghymru. Tua phedwar o'r gloch y bore dyna glywed bod Gwynoro Jones wedi colli Caerfyrddin i Gwynfor Evans.

Ar doriad gwawr cychwynnais yn ôl i Ddinbych i Neuadd y Dref i glywed y canlyniad yno. Fu dim gogwydd amlwg. Tebyg iawn oedd y ffigurau i rai chwe mis ynghynt. Roedd hynny'n rhyddhad. Doedd cefnogwyr Llafur ddim wedi troi cefn a phleidleisio i'r Rhyddfrydwr, David Williams. Yn ffodus i mi, doedd pleidleisio tactegol ddim wedi cydio eto. A doedd dim achos cywilyddio ychwaith. Roedd nifer mawr o bleidleiswyr Llafur wedi ymgynnull islaw balconi Neuadd y Dref i glywed y canlyniad. Dyna nhw'n gweiddi ar Geraint Morgan: 'Welwn ni mohonoch chi yma byth eto!' Trwy drugaredd, buont yn foneddigaidd wrthyf fi. Bu'r cyfan yn werth yr ymdrech.

Blwyddyn Felltigedig

Er na fûm i erioed yn or-hoff o ddathlu dyfodiad blwyddyn newydd ni allaf gofio a oeddwn i'n ddigalon ynghylch y rhagolygon am 1979. Mi ddylaswn fod. O, na fyddai modd imi ddileu'r atgofion am y deuddeng mis hynny — cyfnod tristaf fy mywyd.

Dyna flwyddyn trechu'r cynlluniau datganoli, rhywbeth a fu'n freuddwyd gen i er f'arddegau. Dyna'r flwyddyn pryd y cychwynnodd oes dywyll Thatcheriaeth. A dyna'r flwyddyn y dioddefodd Ann a minnau hunllef waethaf pob rhiant. Daeth profedigaeth enbyd i'n rhan. Doedd y digwyddiadau eraill yn ddim o gymharu â marwolaeth Rachel.

Ewro-dwyll

Yn wleidyddol, bu aflwydd deublyg. Roedd hi'n adeg dethol ymgeiswyr ar gyfer yr etholiadau Ewropeaidd cyntaf. Gan fy mod yn medru rhywfaint o Ffrangeg ac yn dipyn o Ewrogarwr credwn fod gen i siawns yn y ras. Enillais rai enwebiadau mewn tair o'r pedair sedd yng Nghymru.

Bu Bro Morgannwg mor garedig â'm henwebu yn y sedd a enillwyd â mwyafrif llethol gan Win Griffiths. Wedi dyddiau blinedig o ganfasio yng Ngogledd Cymru cefais fy rhoi ar y rhestr fer derfynol yno. Fe'm bwriwyd allan, ynghyd â gwleidyddion amlwg megis Wil Edwards a John Marek. Rwyf wedi anghofio enw'r dyn o Wrecsam a enillodd. Chlywais i ddim sôn amdano wedyn. Ond y canlyniad yn y sedd oedd yn cynnwys Casnewydd a frifodd fwyaf.

Roedd pob un o'r deg etholaeth Seneddol Brydeinig yn gallu cyflwyno tri enwebiad. O'r rhain, fe ddewisid rhestr fer ar gyfer dethol yr ymgeisydd terfynol. Mewn egwyddor, fe ddylai'r rhestr fer gynnwys y rhai a chanddynt y gefnogaeth fwyaf. Yn yr achos hwn fodd bynnag, wrth dynnu'r rhestr fer, cafodd dau o'r ymgeiswyr cryfaf eu dileu. Rhwng pawb, roedd naw ymgeisydd wedi eu henwebu. Enwebiadau unigol oedd rhai ohonyn nhw. Cyn-ddirprwy Ysgrifennydd Cyffredinol y Blaid Lafur oedd Gwyn Morgan ac ef oedd y ffefryn i sicrhau'r enwebiad ar gyfer sedd De-ddwyrain Cymru. Roedd ganddo ef a minnau ddau enwebiad yr un. Dyna dipyn o sialens i ryw rai go ystrywgar.

Ym Mhontllanffraith y bu'r cyfarfod i dynnu'r rhestr fer. Roedd y dull gweithredu a fabwysiadwyd yn un tra hynod. Yn lle pleidleisio i'r ymgeiswyr cryfaf i'w hychwanegu at y rhestr gofynnwyd i'r cyfarfod bleidleisio yn *erbyn* ymgeiswyr. Cafwyd gwared â Gwyn a minnau oddi ar y rhestr fer. Trwy ddull gweithredu hollol anarferol ac amhriodol fe amddifadwyd Gwyn a minnau o'r cyfle i fod yn Aelod Seneddol Ewropeaidd.

Protestiodd Gwyn yn uchel ac ar goedd. Collfarnodd driciau budron y Blaid Lafur yn Ne Cymru. Ddywedais i ddim un gair. Doedd neb wedi torri'r rheolau fel y cyfryw ond roedd yr hyn a wnaethpwyd yn amlwg yn annheg. Fel Gwyn, roeddwn innau'n ddig ofnadwy oherwydd y cynllwyn a'n rhwystrodd rhag gosod ein hachos gerbron y cyfarfod dethol terfynol. Teimlwn mai dyna ddiwedd unrhyw obaith imi fod yn wleidydd proffesiynol.

Bu rhai a oedd yn rhan o'r cynllwyn yn ei gyfiawnhau ar y sail fod Gwyn a minnau'n cael ein hystyried yn 'asgell dde' ac o dan amheuaeth am ein bod yn medru siarad ieithoedd Ewropeaidd. Yn rhyfedd iawn, am y rhan fwyaf o'm bywyd gwleidyddol, fel 'asgell chwith' y cefais f'ystyried. Hwnnw hefyd yn label yr un mor anghywir. Mor hawdd yw labelu rhywun yn hytrach na chloriannu ymgeiswyr ar eu haeddiant eu hunain. Daeth rhagor o gastiau i'r golwg. Dywedwyd wrth un ymgeisydd, a oedd yn dal ar y rhestr, y câi swydd newydd petai'n tynnu ei enwebiad yn ôl. Gwrthododd, ac aros ar y rhestr fer, ond ni chafodd ei ddethol na chael y swydd ychwaith. Allan Rogers a enillodd yr enwebiad terfynol.

Methiant y Refferendwm

Pennod hunllefus arall yn yr *annus horribilis* oedd yr un am Gymru yn dwyn anfri arni ei hun ar lwyfan y byd. Roeddem wedi dweud wrth bawb nad oedd arnom eisiau rhagor o lais yn ein materion ein hunain.

Brwydr oedd hi rhwng y Cymry ar y naill law a'r Sefydliadau Cymreig, chwith a de, ar y llaw arall. Cenedl ranedig, a Llundain yn ei llywodraethu.

Manteisiwyd i'r eithaf ar bob ymraniad a gwahaniaeth yn natur cenedl y Cymry. Siaradwyr dwyieithog yn erbyn yr uniaith, ac fel arall. Roedd rhywun yn Sir Benfro yn codi bwganod y byddai Dyfed dan awdurdod rhyw *'urban socialists'* o Gaerdydd a Chasnewydd. Y sen waethaf oedd hysbyseb hanner tudalen yn y *Pontypool Free Press* gan Leo Abse. Rhybuddiodd fod datganoli'n golygu y byddai *'Welsh speakers from Cardiff'* yn dod i ddwyn swyddi oddi ar bobl Pont-y-pŵl!

Gyda nifer bychan o gyfeillion gwerthfawr cymerais ran yn y frwydr ar fwy nag un ffrynt. Penderfynodd Plaid Cymru mai doethach fyddai iddi hi gilio i'r cefndir. Ar y cyfryngau, ein gobaith oedd cynnal ymladdfa rhwng Llafur a Thorïaid. Dyna fwriad y Torïaid hefyd. Gwthiwyd Neil Kinnock a'i giang o chwech i'r tu blaen a gwelwyd ymladd ffyrnig a dinistriol rhwng Llafur a Llafur.

Mynd yn fwyfwy chwerw a wnâi'r frwydr rhwng cymrodyr. Teimlwn na ellid ymostwng ddim is na'r hyn a ddigwyddodd mewn dadl i ddisgyblion chweched dosbarth yng Nghaerdydd. Gwnes ryw sylw digon diniwed am y gwahaniaeth rhwng cludiant cyhoeddus yng Nghymru ac yn Llundain. *'The valleys trains are still the main form of transport, but those who live in London, in say Richmond, they use their cars to get . . .'*

Neidiodd Neil Kinnock ar ei draed a thorri ar fy nhraws yn wyllt. *'It's nothing to do with you, Paul Flynn, or with this audience or with anyone else, where I live or where I send my children to school.'*

Syfrdanwyd y gynulleidfa gan fileindra'r ffrwydrad. Doedd dim rheswm bwriadol dros enwi Richmond fel enghraifft o ardal yn Llundain. Roeddwn, fodd bynnag, wedi taro ar fan dolurus heb sylweddoli mai yn Richmond yr oedd cartref Neil. Doeddwn i ddim yn ymwybodol ar y pryd o'r beirniadu arno am beidio â byw yn Islwyn. Rhaid ei fod yn ofni fy mod ar fin crybwyll hynny.

Wedi imi orffen siarad ac eistedd, pwysodd Neil ei gadair tuag yn ôl a sibrwd wrthyf tu ôl i gefn y cadeirydd, *'You had better watch your tyres don't get slashed.'* Ceisiais innau berswadio'r cadeirydd i ailadrodd geiriau Neil er mwyn y gynulleidfa. Gwrthod a wnaeth. Cyn belled ag yr oedd y gwrandawyr hynny'n bod, fe gollodd Neil ei achos yn ogystal â'i dymer. Bu'r un mor gynddeiriog mewn dadl radio yng Ngholeg y Brifysgol, Caerdydd. Y bwriad gwreiddiol oedd cael Neil ac Ian Grist i ddadlau yn erbyn Tom Ellis a Dafydd Elis Thomas. Profiad diarth imi ar y pryd oedd chwarae triciau. Cefais fy rhoi yn lle Dafydd gan adael Neil yn y sefyllfa annifyr o gael ei gysylltu â Thori yn erbyn dau aelod o'r Blaid Lafur. Ar achlysur arall bu Neil Kinnock a'r Aelod Seneddol Torïaidd Michael Roberts gyda'i gilydd mewn dadl ar HTV yn erbyn George Wright a minnau. Y tro hwnnw, yn ôl a glywais gan gyfeillion, cafodd George a minnau goblyn o grasfa.

Fel y disgwylid, bu cyfrif y pleidleisiau yng Ngwent yn reiat ofnadwy. Roedd canlyniad Gwynedd eisoes wedi'i gyhoeddi, sef buddugoliaeth i'r garfan 'NA'. Pa obaith oedd yna i Went felly? Cawsom ein llorio'n llwyr a hollol gan ddeuddeg pleidlais i un. Roeddwn yn un o'r ychydig o'r ymgyrchwyr 'IE' a arhosodd hyd at ddiwedd y cyfrif. Bu'n brawf caled ar allu i ddiffodd un ochr i'r ymennydd fel petai, rhag cywilydd. Gwnes fy ngorau glas i swnio'n gadarnhaol mewn cyfweliad radio gyda Noreen Bray. Rhaid fy mod wedi siarad y dwli rhyfeddaf yn yr ymdrech i gelu fy ngwir deimladau.

Marwolaeth

Doedd e ddim gwahanol i unrhyw ddiwrnod arall. Roeddwn wedi bod yn gweithio ar y sifft nos. Yn y prynhawn roedd gen i gyfarfod o'r cyngor. Dim ond wythnos oedd yna tan yr etholiad pryd y byddwn yn ceisio cadw fy sedd yn Alway, ar Gyngor Bwrdeistref Casnewydd. Roedd mwy na digon i'w wneud. Cawn ychydig oriau o gwsg yn y bore a rhaid fyddai canfasio yn ddiweddarach yn y dydd.

Roedd Rachel wedi tyfu'n ferch ifanc brydferth a chanddi un neu ddau o gariadon. Ffrind ysgol oedd un a'r llall yn fotobeiciwr brwd. Cwynai'r cyntaf ei bod hi wedi cael ei denu oddi wrtho ef gan fotobeic. Roedd arnaf ofn beiciau modur oherwydd y damweiniau mynych a achosid ganddyn nhw. Rhybuddiais ei chariad newydd ynghylch ei gyfrifoldeb wrth i Rachel reidio ar y piliwn gydag ef. Un arall at y myrdd pryderon sy'n llethu rhieni plant yn eu harddegau. Roedd Rachel a minnau wastad wedi bod yn agos at ein gilydd. Felly hefyd ei pherthynas â'i mam. Dywedodd Ann wrthyf fod Rachel wedi rhannu cyfrinachau â hi hyd at y pythefnos olaf.

I bob golwg, roedd popeth yn mynd yn iawn ac fe gâi hwyl gyda'i chylch clòs o ffrindiau ysgol a fu gyda'i gilydd o ddosbarth y babanod. Ei hystafell hi yn ein cartref yn Heol Eglwys Crist oedd y fwyaf a'r oleuaf yn y tŷ. Edrychai allan dros yr ardd. Gan ei bod hi'n arlunydd dawnus mwynhaodd baentio ar y waliau luniau o'i harwr,

James Hunt, y gyrrwr rasio. Wedi pasio un pwnc 'Lefel O' flwyddyn ymlaen llaw disgwylid iddi wneud yn dda.

Y diwrnod hwnnw, gan nad oedd hi'n teimlo'n dda, fe arhosodd gartref o'r ysgol. Rhois gusan iddi wrth ffarwelio i fynd i gyfarfod y cyngor. Y cyfan a gofiaf am y cyfarfod hwnnw yw imi ffraeo ag un o'r Torïaid. Roeddwn yn lled ddifaru wedyn am fod mor gas wrtho. Dois yn ôl adref tua hanner awr wedi tri. Roedd Ann wedi bod yn gwylio rhyw ffilm ar y teledu. Ymhen tipyn cododd i wneud cwpanaid o de. Aeth ag un i fyny i'r llofft i Rachel am ei bod hi'n gweithio yno. Yna'n sydyn clywais Ann yn gweiddi mewn braw dychrynllyd. Rhedais i fyny'r grisiau a dyna lle'r oedd Ann yn beichio crio a Rachel yn gorwedd yn ddiymadferth ar y gwely. Roedd ei hwyneb yn goch a rhyw frychni glas drosto. Er ei bod yn gynnes wrth gyffwrdd ynddi doedd hi ddim fel petai'n anadlu. Crefais arni i beidio â marw wrth inni ymdrechu i gael ei chalon i guro.

Yn y fath gyfyngder, melltithiwn f'anwybodaeth fy hun ynghylch beth i'w wneud. Ffoniais 999 a bloeddio *'I think she's dead'*. Funudau wedyn ffoniais eto a mynnu gwybod pam nad oedd neb wedi cyrraedd. Ni theimlais erioed mor aneffeithiol. Roedd yr un a garwn yn fwy na bywyd ei hun yn marw a minnau'n methu â gwneud dim. Daeth y parafeddygon a symud Rachel oddi ar y gwely a'i dodi ar lawr a rhoi ocsigen iddi. Llygedyn o obaith, meddyliwn. Cydiodd Ann a minnau yn ein gilydd. Yna trodd un parafeddyg i edrych arnom ac ysgwyd ei ben. Gorweddodd Ann ar lawr a chofleidio corff Rachel. Wrth i un o'r dynion geisio'i thynnu ymaith fe'i rhwystrais. Ann oedd yr un a ddaethai â hi i'r byd ac roedd hi'n iawn iddi gael anwesu ei merch, a hithau'n ei adael.

Canodd y ffôn. Llais cyfarwydd ei chyn-gariad oedd yno yn gofyn a allai siarad â Rachel. Dywedais wrtho heb air o eglurhad ei bod hi wedi marw. Ymhen eiliadau roedd y tŷ yn llawn o bobl. Meddyg, plismyn, a'r dynion o'r marwdy gyda bag. Gofynnais iddyn nhw adael y corff gyda ni yn y tŷ, ond yn ofer. Wrth i'r dynion gario'i chorff allan daeth James, ei brawd, i'r tŷ ar ôl bod â'r cŵn am dro. Gofynnodd beth oedd y bag. Atebais heb allu credu'r geiriau a lefarwn. Ein Rachel ni wedi marw. Rhythodd James arnaf yn ddiddeall.

Canai'r ffôn yn ddi-baid. Cydgynghorydd yn tynnu coes ynghylch y canfasio'r noson honno. Tenant tŷ cyngor wedyn yn cwyno am ryw broblem. Cymydog yn galw i rwgnach am fod gwrych yr ardd heb gael ei docio. Roedd agendor anferthol wedi ymagor rhyngom ni a phawb arall. Y nhw yn dal yn y byd real a ninnau yn uffern. Daeth plismon i ofyn am ddatganiad. Datganiad? Beth allwn i ei ddweud wrtho? Bod ein bywyd, a oedd awr ynghynt yn llawn a difyr, yn artaith erbyn hyn? Nad oedd y person anwylaf a adnabûm i erioed gyda ni mwyach? Sut ar y ddaear yr oedd modd i'r dyn gofnodi galar yn ei lyfr bach?

Roedd Ann, James a minnau yn teimlo bod rhaid inni fod yn agos, agos at ein gilydd er mwyn cofleidio a chysuro a rhag ofn colli aelod arall o'r teulu. Daliai'r plismon i ofyn cwestiynau hurt imi. Dychmygwn weld ei wyneb yntau yn goch a glas fel un Rachel gynnau. Yn sydyn, dechreuais chwerthin. Aeth rhyw wefr afresymol hollol drwy fy nghorff. Dyna'r peth gwaethaf posibl wedi digwydd, meddyliais. Does dim byd arall i'w ofni mwyach. Fedr bywyd byth eto fy mrifo mor arw â hyn. Teimlwn ryw gryfder rhyfedd yn fy meddiannu, fel petawn i oddi allan i'r trallod hwn. Roedd yn brofiad anesboniadwy.

Daeth cyfeillion a pherthnasau caredig i edrych amdanom ac i gynnig helpu. Roedd Rachel wedi gadael nodyn i ymddiheuro ac i ffarwelio. Methem yn lân â deall pam yr oedd hi wedi gwneud amdani'i hun. Cofiodd Ann fod Rachel a hithau wedi cael mymryn o ffrae yn gynharach yn y dydd ond fawr o ddim byd. Roedd hi'n adeg ei mislif ond go brin fod hynny'n ddigon o reswm. Beth oedd yr eglurhad felly? Dywedodd Ann fod rhywbeth ar feddwl Rachel oherwydd roedd hi'n flin ac wedi rhuthro i'r llofft mewn tymer. Chawsom ni ddim erioed yr awgrym lleiaf y gallai'r fath drychineb ddigwydd. Dim rhybudd na bygythiad. Cyn cymryd tabledi at gur pen neu rywbeth byddai'n gofyn caniatâd ei mam yn ddiffael. Y tro hwn, roedd hi wedi llyncu llond dwrn o dabledi lladd poen.

Yn ein tŷ mawr roedd gennym ystafell wely bob un. Gwrthododd y tri ohonom gynnig y meddyg i roi tabledi cysgu inni. Heb yngan gair, aethom ein tri i'r un ystafell wely a threulio'r nos gyda'n gilydd. Roedd bod ar wahân yn rhywbeth na allem ei oddef.

Colled

Daeth colli Rachel ag Ann a minnau yn nes at ein gilydd yn ein profedigaeth. Roedd y briodas wedi hen ddarfod a thu hwnt i adferiad, a'r ddau ohonom wedi cael partneriaid eraill. Wnaeth yr un o'r carwriaethau hynny barhau am hir. Roedd gofalu am ein gilydd yn awr yn lleihau rhywfaint ar y boen a'r golled.

Aethom gyda'n gilydd ar daith i bentref Malestroit ym Morbihan, Llydaw, i gladdu llwch Rachel. Roedd hi wedi bod yn hapus iawn yno gyda'r 'ffrind cyfnewid' a theulu'r Guegan yn eu cartref, sef hen felin ddŵr brydferth. Cynhaliwyd gwasanaeth angladdol yn yr eglwys a daeth llawer o blant yr ysgol leol, St. Julien, yno. Dyna'r ysgol oedd wedi efeillio ag ysgol Rachel, sef Ysgol Uwchradd Lliswerry. Er mor drist yr achlysur roeddem yn falch o weld bod cyfeillion o Gasnewydd wedi dod draw, gan gynnwys yr athro celf a edmygai ei gwaith. Rhoddodd yr awdurdodau lleol ddarn o dir yn y fynwent ar gyfer y gladdedigaeth. Dyma'r geiriau a dorrwyd ar y garreg fedd:

Rachel Flynn 1963-79
Une Galloise qui aime cette ville

Daeth Ann, James a minnau o hyd i ffyrdd gwahanol i ddelio â'n galar. Cefais i lawer o gysur trwy weithio gyda'r mudiad *'Compassionate Friends'*. Roedd pob aelod wedi colli plentyn, a'r gred oedd na allai neb heblaw'r sawl a fu drwy'r un profiad lawn ddeall y trallod.

Derbyniais nodyn gan Beryl Williams, cyd-aelod ar y Cyngor Darlledu. Dywedai y byddai'r boen yn lleihau yn raddol gydag amser. Roedd Beryl wedi colli ei mab yn Aber-fan. O'r blaen, gwraig tŷ ddiymhongar oedd hi. Newidiodd y trychineb ei bywyd yn llwyr. Bu ar raglenni radio a theledu yn sôn yn huawdl, ond eto'n ddirodres, am ei cholled a chafodd llawer gysur wrth wrando arni hi.

Rhannodd Beryl yr un profiad â nifer mawr o bobl. Fe all byw gyda galar chwerwi rhywun a chrebachu'r bersonoliaeth. Ond nid hynny a ddigwyddodd i Beryl. Llwyddodd hi i ymwroli yn ei phrofedigaeth ac i ymroi am weddill ei hoes i wasanaethu ei chymuned. Roedd hi fel chwa o awyr iach ar y Cyngor Darlledu. Wedi marwolaeth Rachel treuliais oriau lawer yng nghwmni Beryl yn cymharu profiadau. Rai misoedd wedyn bûm yn ei hangladd hithau yn Llwytgoed.

Heddwch

Yr wyth degau cynnar oedd y blynyddoedd peryclaf erioed yn hanes y blaned hon. Roedd dau fys eiddil yn rheoli'r botwm niwclear a allai ddifa bywyd yn llwyr oddi ar wyneb y ddaear. Dywedodd yr hanesydd E.P. Thompson am Andropov, yr arweinydd Sofietaidd, a oedd ar beiriant cynnal bywyd ar y pryd, ei fod yn farw i bob pwrpas o'r gwddf i lawr, a bod Reagan, Arlywydd America, yn farw o'r gwddf i fyny.

Heddwch oedd pwnc pwysicaf y dydd. Câi'r sylw blaenaf yn y maes gwleidyddol ar bob lefel. Pa ddiben oedd trafod unrhyw beth arall pe delai bywyd ar y ddaear i ben am byth?

Mae llawer o Aelodau Seneddol Torïaidd yn dal i feddwl mai eu 'caledwch' nhw wrth gynyddu'r stoc arfau niwclear a orfododd yr Undeb Sofietaidd i dynnu'n ôl. Credant fod hynny wedi prysuro cwymp Comiwnydd-iaeth. Rwy'n argyhoeddedig fod yna esboniad amgenach. Bydd hanes yn barnu mai'r hyn a danseiliodd y System Gomiwnyddol oedd llewyrch materol y Gorllewin. Dadlennodd y cyfryngau torfol, a theledu lloeren yn enwedig, fethiannau trist Dwyrain Ewrop. Roedd yr holl luniau lliwgar o gyfoeth a moethusrwydd cymharol y Gorllewin yn dangos mor llwm a llwydaidd oedd bywyd trigolion y Bloc Comiwnyddol. Y ffaith oedd fod yr arweinyddion Comiwnyddol, a lluoedd o'u dilynwyr, wedi colli ffydd yn eu system nhw eu hunain.

Roedd yr ymgyrch ddiarfogi niwclear yn llenwi fy mryd yn llwyr yr adeg honno ac yn gam naturiol ymlaen o'r gwrthwynebiad i ynni niwclear. Gyda'r cyfeillion Les a Judi James o Gasnewydd, roeddwn wedi cysylltu yn Ebrill 1980 â'r ffermwr organig Peter Segar a'r amgylcheddwyr Hugh a Mag Richards i sefydlu Cynghrair Wrth-Niwclear Cymru *(Welsh Anti-Nuclear Alliance, WANA)*. Bu bod yn rhan o'r mudiad hwn yn brofiad pleserus a thra gwahanol i ymwneud â chynghorwyr. Hyfryd oedd cydweithio â phobl a chanddynt ddelfrydau ac amcanion hollol anhunanol, heb uchelgais am swydd na hunan-les. Bu WANA yn hynod lwyddiannus. Grŵp bychan o bobl ddeallus ac ymroddedig yn newid i raddau helaeth iawn y farn gyhoeddus yng Nghymru ar ynni niwclear. Bu ymgyrch WANA i ddarbwyllo holl awdurdodau lleol Cymru i gyhoeddi eu bod yn 'Ardaloedd Diniwclear' *(Nuclear Free Zones)* yn llwyddiant ysgubol.

Roedd CND yn deffro eto wedi trymgwsg maith ac fe ddaeth ymgyrchoedd Cymru Ddiniwclear yn y siroedd yn gysylltiedig â'r mudiad heddwch. Canolbwyntiwyd yr ymgyrchu ar yr wyth Cyngor Sir er mwyn gallu datgan mai dyna ddymuniad cynrychiolwyr holl bobl Cymru. Byddai wedi bod yn amhosibl ennill cefnogaeth yr holl Gynghorau Dosbarth neu'r holl Aelodau Seneddol gan fod rhai yn Dorïaidd. Anfonwyd gair at y cynghorau hynny a fyddai fwyaf tebygol o'n cefnogi. Gwnaethpwyd gwaith aruthrol ymlaen llaw ym mhob sir gan lobïo cynghorwyr unigol a chodi'r mater yng ngholofnau'r papurau lleol. Er mai ar sail go gyfyng y cyrhaeddwyd y nod o 'Gymru Ddiniwclear' fe atebodd y diben yn wych fel offeryn propaganda.

Ym 1981, Clwyd oedd y Cyngor Sir olaf i gyhoeddi

ei fod yn ddiniwclear. Dyna Gymru gyfan wedi gwneud hynny. Ar y diwrnod tyngedfennol hwnnw roeddwn wedi addo bod yn Neuadd y Sir yn yr Wyddgrug yn rhinwedd fy swydd fel swyddog y wasg i WANA. Wnes i ddim cyrraedd yno. Ar y bore rhewllyd hwnnw o Chwefror roeddwn yn cael trafferth gyda fy hen gar Datsun dengmlwydd oed — yr injan yn gorboethi. A'm dwylo bron â fferru, collais amser wrth osod pibell ddŵr newydd yn yr injan mewn garej ar ochr y ffordd. O ganlyniad, roeddwn yn gyrru'n rhy gyflym wedyn. Tu allan i Henffordd roedd plymen o rew ar wyneb y ffordd. Dyna fi'n brecio, y car yn sglefrio allan o reolaeth, rhagor o frecio a tharo yn erbyn car yn dod o'r cyfeiriad arall.

Trawiad ar yr ochr a gafwyd, a llithrodd y car oddi ar y ffordd ar i waered a phowlio din dros ben o leiaf ddwywaith. Chefais i ddim amser i deimlo ofn, dim ond syndod a chwilfrydedd wrth i'r car rowlio drosodd. Cymerodd beth amser imi sylweddoli bod y car wedi stopio â'i olwynion i fyny. Roedd yr injan yn dal i redeg, a'r unig beth arall a glywn oedd sŵn rhywbeth yn llifo. Dyna pryd y dychrynais i. Meddyliais mai petrol ydoedd ac y byddai yna goblyn o ffrwydrad unrhyw eiliad. Trwy lwc, doedd ond dŵr yn arllwys o'r botel a ddefnyddiais ynghynt i oeri'r injan.

Allwn i ddim agor y drysau ac roedd hi'n dywyllach nag y dylai hi fod. Roedd y car ar ei do yn sownd mewn ffos, a'r drysau yn dynn yn erbyn yr ochrau pridd. Ciciais y ffenestri mewn ymgais i dorri ffordd allan ond weithiodd hynny ddim. Doedd dim byd wrth law i dorri'r gwydr. Yn ffodus, roedd un handlen ffenestr yn gweithio a llwyddais i agor digon o le imi allu fy ngwthio fy hun allan.

Beth a welais ond pâr o draed, a dyna lais yn dweud, *'Christ, he's alive!'*

Hyd heddiw, gallaf edrych ar y digwyddiad yn wrthrychol, fel petai wedi digwydd i rywun arall. Dihangfa wyrthiol, yn wir. Cefais fy rhybuddio, er fy mod i'n iawn ar y pryd, y gallwn ddioddef sioc ymhen rhai dyddiau. Ddigwyddodd hynny ddim ychwaith. Mae pethau mwy dibwys o lawer wedi fy nhaflu oddi ar f'echel droeon. Rhaid dweud bod y profiad wedi effeithio ar fy null o yrru car. Byth er hynny rwyf wedi bod tu hwnt o bwyllog. Er fy mod yn ymlacio ac yn gyrru ar gyflymdra normal ar draffyrdd rwyf yn dal yn nerfus ar ffyrdd eraill. Bydd ciw o gerbydau wastad wedi hel tu ôl imi am fod yr hyn sy'n gyflymdra cyfforddus i mi yn rhy araf iddyn nhw.

Haliwyd y car i'w orffwysfa olaf. Mor falch o osgoi'r un dynged fy hun, dychwelais i Gasnewydd i orffen gwaith y dydd, sef yr hyn yr oeddwn i fod i'w wneud yn yr Wyddgrug ynglŷn â 'datganiad diniwclear' Cyngor Sir Clwyd. Cafodd y mater sylw ar newyddion ledled y byd. Dywedodd Bob Morgan, arweinydd Cyngor Dinas Caerdydd ar y pryd, iddo glywed y cyhoeddiad am 'Gymru Ddiniwclear' ar deledu Rwsia yn ystafell ei westy ym Moscow lle roedd ar ymweliad dinesig. Roedd yn eitem o bwys hefyd ar newyddion UDA. Am y tro cyntaf yn fy oes, a'r olaf mwy na thebyg, roedd sôn amdanaf ar dudalen flaen *Asashi Shimbun* yn Siapan, sef y papur newydd â'r cylchrediad mwyaf yn y byd. Eto i gyd yr eitem olaf un, wedi'i gwasgu i mewn cyn diwedd y bwletin Cymraeg oedd y newydd hwn yng Nghymru. Efallai fod Beti George yn iawn wrth ddweud nad cynghorau sir, hyd yn oed wrth weithredu ag un llais, sy'n llunio polisi tramor na pholisi ynni cenedlaethol ychwaith.

Cyfrinach ymgyrchu llwyddiannus yw manteisio i'r eithaf ar bob math o heip. Roedd WANA yn benderfynol o wasgu'r diferyn olaf o'r fath bropaganda. Aed â'r newydd gan Peter Segar, Dafydd Wigley a minnau i Senedd Ewrop.

Ann Pettit oedd arweinydd yr orymdaith drwy Gasnewydd i Gomin Greenham ar ddiwrnod crasboeth o haf. Menter Gymreig oedd hon wedi i Ann ddarllen erthygl yn y cylchgrawn *Arcade*. Roedd pawb wedi ymlâdd gymaint erbyn cyrraedd cyrion y dref nes imi 'herwgipio' un o fysiau Corfforaeth Casnewydd i gludo rhai i'r rali fechan yn Sgwâr John Frost. Wedi gorffwys dros nos yn y dref aeth yr orymdaith yn ei blaen a sefyll tu allan i wersyll milwrol UDA yng Nghaer-went i gyflwyno deiseb. Daeth Stewart Hastings, 'landlord' yr RAF ar y safle, allan yn betrusgar drwy glwyd yn y ffens ddiogelwch i dderbyn y ddogfen a ddywedai wrth yr Americanwyr am fynd adref. Cyfarchwyd ef â hwtian a gweiddi gan drwch y gorymdeithwyr a eisteddai rai llathenni oddi wrth y glwyd. *'American Arse-lickers! Mass Murderer! Baby Killer!'* bloeddiai un ferch ifanc, swil yr olwg. Roedd Stewart Hastings wedi'i syfrdanu.

Rai blynyddoedd wedyn bu'n rhaid imi ymweld â'r gwersyll a chefais sgwrs ag ef. Roedd wrth ei fodd yn dangos i grŵp ohonom y sleidiau a dynnodd o'r bywyd gwyllt ar y safle — lluniau o gwningod, llwynogod, glöynnod byw a blodau. Ni chaniateid i neb saethu, ac ymfalchïai fod byd natur yn cael cystal llonydd yno. Anodd cysoni'r dyn a ymhyfrydai ym mhrydferthwch planhigion a chreaduriaid â'r ddelwedd o 'lofrudd miliynau'.

Y fenter leol fwyaf uchelgeisiol oedd y gwersyll heddwch

yng Nghaer-went. Yn ystod chwe mis ei fodolaeth fe sugnodd lawer iawn o egni'r mudiad heddwch yn Ne Cymru. Roedd gwersylloedd heddwch yn codi fel madarch ger safleoedd niwclear ar hyd a lled Prydain. Go brin y credai neb fod Caer-went yn storfa niwclear, oherwydd doedd safonau'r amddiffyn a'r diogelu ddim yr hyn a ddisgwylid mewn lle felly. Ond roedd tystiolaeth gadarn fod paratoadau ar droed yno ar gyfer storio arfau cemegol.

Mewn cyfarfod i drafod a ddylid sefydlu gwersyll heddwch ai peidio cymerwyd yr awenau gan ddyn yr un ffunud â Rasputin o ran pryd a gwedd. Hoffai gael ei alw wrth yr enw 'The Beast'. Rhybuddiodd y rhai hynaf oedd yn bresennol na ddylid mynd ymlaen â'r syniad oni bai fod yna nod penodol a chyraeddadwy. Codwyd rhai cwestiynau pwysig. Am ba hyd y dylai'r gwersyll barhau? A ellid dal ati drwy'r gaeaf? A fyddai'r gefnogaeth o du'r mudiadau cysylltiol yn ddigon cryf a threfnus?

Cyhoeddodd 'Y Bwystfil' y bwriadai ef, doed a ddelo, osod ei babell tipi ar y safle ymhen rhai dyddiau. Barnai amryw nad ef oedd y gorau o ran delwedd y mudiad heddwch. Sut bynnag, penderfynwyd symud ymlaen a cheisio lliniaru rhywfaint ar ei ddylanwad ef. Adeg sefydlu'r gwersyll fe gyrhaeddodd nifer o gefnogwyr canol oed CND, gan gynnwys Ray Davies, aelod o Gyngor Sir Morgannwg Ganol, Joan Ruddock a John Cox, arweinyddion CND, ynghyd â Brig Oubridge, yr enwocaf o drigolion 'Tepee Valley' gynt. Cafwyd hefyd gwmni rhyw ddau ddwsin o heddychwyr ifainc o'r cyffiniau yng Ngwent.

Ar fin y briffordd rhwng Casnewydd a Chas-gwent ger y gyffordd i safle'r Americanwyr y codwyd y gwersyll.

Roedd ymhell o fod yn lle doeth i'w ddewis. Gallai unrhyw ffŵl ragweld y byddai damweiniau ar y ffordd. Bu tri gwrthdrawiad heb fod yn rhai rhy ddifrifol. Diolch byth na chafodd yr un o'r plant bach a grwydrai o gwmpas y lle ei anafu. Cymuned go ryfedd oedd hi — heddychwyr selog, dropowts, troseddwyr, anarchwyr, ysglyfaethwyr rhywiol, gwallgofiaid, bitnics yr oes newydd, bomiwr a fu yng ngharchar a, hyd yn oed, rywun o MI5. Buan y daeth pawb i wybod am yr olaf ac fe'i lluchiwyd ef allan.

Roedd yno un cyn-ficer a drodd yn ddropowt a chanddo arferion personol go ffiaidd. Bu'n cega ar rai o bobl yr ardal mewn tafarn yng Nghaer-went. O ganlyniad, fe ymosodwyd ar y gwersyll a bu'n rhaid mynd â Ray Davies i'r ysbyty. Aeth un llanc ifanc, gwael ei feddwl, ati'n fwriadol i dorri ffenestri garej leol. Mynnai'r hipis fod ganddyn nhw hawl i gymryd cyffuriau anghyfreithlon ac i'w tyfu nhw hefyd. Elfennau amlwg ymhlith rhai o'r gwersyllwyr oedd meddwdod a phenrhyddid rhywiol.

Diolch i ymdrechion glew yr arweinydd, Nick Fisher, roedd yna rai pethau da ynghylch y gwersyll. Pan symudodd i safle mwy diogel, barnodd arolygydd iechyd y cyngor lleol ei fod yn cael ei redeg yn foddhaol. Er gwaethaf ei feiau daeth nifer o negeseuon heddwch huawdl a buddiol o'r pentref bregus hwnnw o bebyll a charafanau. Ar y Sul byddai dwsinau o ymgyrchwyr heddwch yn ymgynnull ar y safle ac yn gwneud gwaith canmoladwy trwy hybu sêl a lledaenu'r neges fod diarfogi niwclear yn fater o raid. Wrth fyw yno o ddydd i ddydd roedd 'argyfyngau' yn rhywbeth anochel. Byddai colli amynedd a ffraeo o hyd. Daeth amryw i ben eu tennyn pan gyhoeddodd 'Y Bwystfil', sef preswylydd mwyaf sefydlog y gwersyll, ei fod wrthi'n trefnu gŵyl bop ar y safle. Byddai'n hysbysebu'r digwyddiad ar hyd a lled Prydain drwy gyfrwng rhwydweithiau Teithwyr yr Oes Newydd, gwersyllwyr heddwch a dilynwyr dulliau byw anghonfensiynol eraill. Roedd y syniad o gael miloedd o hipis yn cyrraedd ein cilfach ni i ŵyl o dwrw a chyffuriau yn ddigon o ddychryn i'r rhan fwyaf o bobl. Methodd 'Y Bwystfil' â'n perswadio y gallai ein tŷ bach cemegol ni ymdopi â mewnlifiad o filoedd. A beth am effaith y sŵn byddarol ddydd a nos ar y ffermydd cyfagos?

Chwe mis ar ôl ei sefydlu fe gaewyd y gwersyll. Wedi prynhawn hwyliog o ollwng balŵns a gwrando ar ychydig o areithiau gadawsom y safle. Arhosodd 'Y Bwystfil' yn ei dipi am rai wythnosau wedyn. Ble mae'r creadur hwnnw erbyn hyn tybed? Yn gwneud ei filiynau ar y farchnad stoc yn y Ddinas, synnwn i ddim.

Y Cyngor Darlledu

Digwyddais fod â rôl fechan yng ngwleidyddiaeth y byd darlledu yn negawd yr ymgyrchu am y bedwaredd sianel.

Y cyfreithiwr Gerard Purnell oedd ysgrifennydd y Blaid Lafur yng Nghasnewydd yng nghanol y saith degau, ac ar yr asgell dde anffasiynol. Er bod ganddo uchelgais i ddilyn gyrfa yn y byd gwleidyddol ni wireddwyd hynny. Roedd ef yn 'Llafur Newydd' ugain mlynedd yn rhy fuan. Ar y pryd roedd y Blaid Lafur Gymreig yn awyddus i lunio polisi ar y bedwaredd sianel. Treuliodd Gerard a minnau fisoedd yn casglu gwybodaeth, a gyhoeddwyd ym 1973 yn galw am iddi fod yn sianel Gymraeg ei hiaith. Mabwysiadwyd y ddogfen fel polisi Llafur ar y bedwaredd sianel. Buom ein dau yn annerch yn y cyfarfod a drefnwyd gan Arglwydd Faer Caerdydd yn mynnu pedwaredd sianel. Gofynnwyd inni hefyd roi tystiolaeth ar ran y blaid gerbron Pwyllgor Crawford a Phwyllgor Annan. Ym 1974 penodwyd Gerard yn aelod o Gorff Ymgynghorol yr IBA yng Nghymru, a minnau'n aelod o gorff llywodraethol y BBC, sef y Cyngor Darlledu Cymreig.

Nefoedd oedd hi i weithiwr sifft mewn gwaith dur gael mwynhau sgwrs a chyfnewid barn gyda'r rhain — Glyn Tegai Hughes, Alwyn Roberts, Henry Nyman, George Wright, Auriol Roberts, James Lyons ac Elfed Jones. Er mai cyfyngedig oedd ein pwerau roedd gennym lais a hwnnw'n medru treiddio drwodd at y sawl a wnâi'r penderfyniadau yn y BBC ac yn y Llywodraeth.

Trwy gydol fy mhum mlynedd o 1974 i 1979 roedd un pwnc yn mynnu'r sylw pennaf. Byddai'r materion dan sylw bob amser yn hollol gyfrinachol. Tybiais innau mai felly y cedwid pethau. Sut bynnag, y mae cyfrol werthfawr Dr. John Davies — *Broadcasting and the BBC in Wales* — yn datgelu'r cyfan ac yn f'atgoffa o'r hyn a ddigwyddodd. Dywed John Davies fy mod ar y pryd yn argyhoeddedig a phenderfynol ynghylch y bedwaredd sianel ac imi ddatgan mai dyna'r unig ateb i broblemau darlledu yng Nghymru ac na wnâi dim llai y tro.

Siom ddirfawr oedd y ffaith i'r Llywodraeth Lafur, ar ôl dod i rym ym 1974, beidio ag anrhydeddu'r ymrwymiad i sefydlu'r bedwaredd sianel yng Nghymru i wasanaethu'r Cymry Cymraeg. Roedd y dadleuon mor syml ac amlwg. Ni fyddai'r Gymraeg yn goroesi heb ei sianel ei hun. Yr unig ffordd i gael gwared â'r gwrthwynebiad i'r iaith ar aelwydydd di-Gymraeg fyddai trefnu bod gwasanaeth Saesneg hollol ar gael trwy Gymru. Wrth i bobl bwyntio erialau tuag at drosglwyddyddion yn Lloegr roedd Cymreictod y wlad yn gwanychu a'r cymunedau di-Gymraeg yn uniaethu fwyfwy â rhanbarthau Lloegr.

Er bod Cymru yn unfrydol o blaid cael y sianel, dal i wrthod a wnâi'r awdurdodau.

Ym Mehefin 1977, oherwydd y siom nad oedd y Llywodraeth wedi cadw at ei gair, anogodd Glyn Tegai Hughes y Cyngor i ystyried tynnu'n ôl. Dadleuodd Alwyn Roberts o blaid edrych o'r newydd ar y sefyllfa gan fod y bedwaredd sianel yn annhebygol bellach. Rwy'n cofio pa mor ddig y teimlwn ynghylch hyn. Doedd dim lle i frad na gwendid. Rhaid oedd dal i gredu bod y sianel o fewn ein cyrraedd. Bu ychwaneg o anobaith yng nghyfarfod olaf Glyn Tegai Hughes yn y gadair. Cyhoeddodd fod pethau'n edrych yn ddu iawn. Ym Medi, pan oeddwn yn gadeirydd dros dro, dywedodd yr Ysgrifennydd Cartref, Willie Whitelaw, na fyddai'r bedwaredd sianel ar gael.

Beth am yr holl flynyddoedd o ymgyrchu ac o aberthu? Beth am ein pobl ifainc a ddioddefodd garchar oherwydd eu daliadau? Ai ofer fu'r cyfan? Oedd y frwydr wedi'i cholli gan ychydig o frawddegau o enau dyn na wyddai fawr ddim am Gymru a llai fyth am ddarlledu yn ein gwlad?

Ffoniais Owen Edwards, y pennaeth, a dweud wrtho y gwnawn yr unig brotest effeithiol o fewn fy ngallu. Rhaid bod fy nghyfnod fel cadeirydd gweithredol yn torri pob record a fu erioed. Chwarter awr oedd ei barhad. Cyhoeddais fy mod yn ymddiswyddo fel arwydd o brotest yn erbyn penderfyniad Whitelaw. Er mor ddiffuant y brotest, wnaeth hi ddim mennu dim ar Ysgrifennydd Gwladol Cymru, Nicholas Edwards.

Penderfynodd y cadeirydd newydd, Alwyn Roberts, fod rhaid cael y maen i'r wal. Y diwedd fu i'r Llywodraeth orfod ildio. Cafodd Margaret Thatcher gryn fraw pan sylweddolodd nad bygythiad gwag oedd cyhoeddiad Gwynfor Evans y byddai'n ymprydio hyd farwolaeth. Yn ôl y sôn, roedd hi wrthi'n astudio hanes Iwerddon ar y pryd. Ofnai'n arw i Gymru fod â merthyr tebyg i ferthyron Gwrthryfel y Pasg yn Nulyn.

Er mai bychan oedd y rhan a chwaraeais i yn yr ymgyrch fe barhaodd am gyfnod go faith. 'Trech gwlad nag arglwydd' meddai'r hen air. Roedd Cymru wedi ennill buddugoliaeth bwysig. Gwych, yn wir, oedd gweld cynlluniau degawd ynghynt yn cael eu gwireddu yn S4C.

Gorllewin Caerdydd

Aeth bron i ddeng mlynedd heibio ar ôl Dinbych cyn imi gael cyfle da arall i fod yn ymgeisydd Seneddol. Bu bron iawn i'r Undeb Dur ddifetha fy siawns unwaith eto. Roedd hi'n bryd dethol ymgeiswyr ar gyfer Etholiad Cyffredinol 1983 ac roeddwn innau'n uchel ar y rhestr i olynu George Thomas. Cefais fy enwebu gan bron hanner wardiau Gorllewin Caerdydd. Roedd hi'n edrych yn debygol yr enillwn yr enwebiad neu ddod yn ail. Er bod Jon Vaughan Jones wedi'i gyflwyno'i hun fel ymgeisydd y chwith doedd pethau ddim yn mynd yn dda iddo. Heb ennill yr un enwebiad ward o gwbl, dim ond Cymdeithas y Ffabiaid oedd yn ei gefnogi. Roedd NUPE yn fy nghefnogi fi fel ymgeisydd arall y chwith.

Clywais si fod yr Undeb Dur, sef fy undeb i, yn ffafrio Jon a'u bod ar fin tynnu fy enw oddi ar y rhestr. Protestiais yn ffyrnig a chafodd hynny effaith. Roedd saith ar y rhestr fer. Yr enw cyntaf i'w ddileu oedd un Alun Michael, mega-seren maes o law. Ar y pryd, roedd ef ormod ynghlwm wrth wleidyddiaeth leol i ennill hygrededd ar bynciau ar lefel Brydeinig. Llwyddais i ddod yn un o'r ddau ar y brig ond cael fy nhrechu gan yr ymgeisydd asgell dde, David Seligman. O drwch blewyn fe gollodd ef y sedd yn yr Etholiad Cyffredinol i Stefan Terleski. Gynted byth ag y gallwn wedyn ymddiswyddais o banel yr Undeb Dur. Fu'r Undeb ddim o gymorth i mi ac roedd ganddo'r grym i atal unrhyw enwebiad posibl a gawn i yn y dyfodol.

Ymddeol

Roedd gweithio yn Llan-wern yn mynd yn faich mwy blinderus imi o hyd. Fu creu gyrfa o waith labordy ddim yn flaenoriaeth gen i. Yn ffodus, roeddwn wedi hen ddygymod â'r ffaith mai ffeirio fy amser a wnawn am gyflog i dalu'r morgais ac angenrheidiau eraill. Yn rhywle arall yr oedd fy mreuddwydion. Dyna fi'n wyth a deugain mlwydd oed, y technegydd hynaf yn yr adran ac yn gwneud gwaith a hawliai fwy o ymdrech a nerth corfforol nag a oedd gen i. O'r blaen, roeddwn wedi gwrthod pob cynnig i gael fy niswyddo oherwydd gorniferoedd, hynny yw *redundancy*, cael fy nhaflu ar y clwt. Er bod gormod o lawer o weithwyr yno roedd gwrthwynebiad gwleidyddol cryf i'r syniad o ddileu swyddi. Roeddwn i fy hun wedi dweud droeon fod y swyddi'n perthyn i genedlaethau'r dyfodol yn ogystal ag i ni. A dyma fi'n awr wedi fy nal gan fy mhregeth fy hun.

Roedd y gwynegon ar ei waethaf. Trwy orfod dringo i gasglu'r samplau a baglu fy ffordd wedyn drwy gymylau trwchus o stêm roedd perygl yn ffactor real bellach. Cefais goblyn o ffrae gydag un o'r rheolwyr. Gallwn gael fy niswyddo unrhyw funud am wrthod cyflawni tasgau newydd a oedd, yn fy marn i, yn afresymol. Roedd gen i grap go lew ar y ddeddfwriaeth ynglŷn â chyflogaeth a gallwn ddadlau fy achos am fod yn *'constructively dismissed'*. Awgrymwyd ffordd allan. Petai'r meddygon yn cydsynio, mi allwn i ymddeol ar sail afiechyd a dechrau derbyn fy mhensiwn. Trwy hyn gellid osgoi'r broblem wleidyddol o ddileu fy swydd. Byddai rhywun arall yn ei chael. Hyd yn oed gyda'r pensiwn, roedd y setliad ariannol terfynol oddeutu deng mil yn llai na'r swm a gawswn petaswn i wedi derbyn diswyddiad gornifer. I sgwario pethau, rhaid imi fyw a derbyn pensiwn hyd nes y byddaf yn gant ac ugain mlwydd oed. Gan mor galed y bu'r pum mlynedd ar hugain o waith sifft diflas, bwriadaf fod yma tan y flwyddyn 2055!

Bu ymddeol yn newid ac yn wefr. Am y tro cyntaf erioed roeddwn yn ddi-waith. Byddwn yn hanner cant ymhen llai na dwy flynedd a doedd gen i ddim gwraig. Roedd fy mab wedi tyfu i fyny ac yn dal i fyw gartref. Roedd morgais ar y tŷ a deng mil o bunnau yn fy mhoced, a minnau heb syniad beth i'w wneud am weddill fy oes. Roeddwn i'n rhydd o ormes gweithio sifftiau, wedi taflu ymaith y baich o fod yn gynghorydd, ac yn ddyn sengl. Gwych!

Dyn Radio

Un o'r rhwystredigaethau yn ystod fy nghyfnod ar y Cyngor Darlledu oedd methu ag argyhoeddi BBC Cymru o rinweddau darlledu ar y radio ar raddfa fechan leol. Mae miloedd o gymunedau bychain yng Nghymru, pob un â'i hunaniaeth unigryw.

Arbrofwyd yn llwyddiannus gyda Radio Cymru yn darlledu ym Mhwllheli ac yng Ngorseinon dan yr enw 'Radio Bro'. Ar ymweliad ryw ddiwrnod cefais fy nghyfarwyddo o'r fan ddarlledu tua'r dafarn leol a oedd wedi ei meddiannu dros dro gan BBC Cymru. Roedd yno o leiaf bump ar hugain o'u staff yn cael cinio. Doedden nhw ddim wedi llwyr ddeall yr amcan. Rhaid ei bod hi'n amhosibl i sefydliad darlledu mawr ei leihau ei hun i faint digon bychan i wasanaethu Radio Sblot neu Radio Capel Bangor, dyweder. Bûm yn gysylltiedig â chais aflwyddiannus am yr hawl i ddarlledu'n fasnachol yng Ngwent. Mae'n dda mai felly y digwyddodd hi gan mai byrhoedlog fu *Gwent Broadcasting*.

Yn union wedi ymddiswyddo o'r cyngor ac ymddeol o Lan-wern bûm heb waith am ddau fis. Er mor braf oedd y rhyddid, teimlwn dipyn bach o gywilydd o fod ar y dôl. Ymgeisiais am amryw o swyddi, rhai â chyflogau isel. Roedd y rhan fwyaf yn ymwneud â gwaith cymunedol ac yn rhan o Raglen Gymunedol y Llywodraeth a sefydlwyd i liniaru'r diweithdra cynyddol, sef y gwaethaf ers tro byd. Methais yn fy nghais i fod yn swyddog cysylltiadau hiliol dros Went ond cefais y swydd o redeg

Uned Gymunedol ar gyfer cyfrannu at orsaf leol BBC Radio Gwent.

Bu honno'n flwyddyn o waith creadigol prysur yn gymysg â rhwystredigaeth a siom. Ar gyfarpar hen ffasiwn ac annigonol bu dwy ferch alluog, Lydia Townley a Kim Findlay, yn gweithio'n galed i gynhyrchu nifer o eitemau ar 'faterion cymunedol'. Gan ymestyn gormod braidd ar ein talentau a'n hadnoddau trefnwyd slot *'Calamity Family'* i ymdrin â phroblemau cwsmeriaid a defnyddwyr. Roedd darlledwyr dawnus yn cymryd rhan yn y dramodigau hyn — Sally Harvard, fel y fam-gu, Trevor Jones fel y tad-cu, ac Alistair Meikle fel y tad. Rhag achosi trafferth i'r BBC trwy gael gwleidydd a oedd newydd ymddiswyddo ar y rhaglen, gwaharddwyd defnyddio fy llais yn yr eitemau. Ond wnaeth hynny mo fy rhwystro rhag actio ambell ran yn *'Calamity Family'*.

Un o'm hatgofion hyfrytaf yw'r rhaglen ar Afon Wysg, pryd y bu Gillian Clarke a minnau'n darllen cerddi yn canu clodydd yr afon. Mae gen i feddwl mawr o Gillian fel unigolyn ac fel bardd. Rwyf yn hoff iawn o'i gwaith. Mae'n gain ac eto'n ddealladwy i bawb.

Roeddwn i'n oruchelgeisiol ac afresymol yn disgwyl gwyrthiau o ddyfeisgarwch ac amrywiaeth gan y tri gweithiwr amser llawn. Dim ond tri ohonom yn gwneud pob math o bethau, yn gwneud ein gorau ond heb yr arbenigedd. Rhaid oedd ysgrifennu sgriptiau, recordio cyfweliadau, torri a golygu tapiau a chyflwyno'r rhaglenni gorffenedig. Cafwyd rhai llwyddiannau, mae'n wir, a llu o fethiannau hefyd. Bu'n flwyddyn i'w chofio a ninnau wrthi fel pethau gwirion yn ceisio gwneud popeth. Aeth Lydia Townley yn ei blaen i ddilyn gyrfa lwyddiannus yn gynhyrchydd ar *Radio Wales*.

Gwynfyd

Blynyddoedd o benrhyddid trachwantus yn fy hanes oedd diwedd y saith degau a dechrau'r wyth degau. Bu gen i lu o gariadon. Cefais nosweithiau hwyr dirifedi pryd yr yfwn lawer gormod o win a chwrw. Rhai byrhoedlog a nwydwyllt oedd amryw o'r carwriaethau hyn, a'r pennaf peth oedd bodloni chwantau'r cnawd. Roeddwn i'n ddyn sengl a rhydd mewn oes oddefol heb beryglon AIDS. Wedi byw trwy flynyddoedd llencyndod a chyrraedd oed gŵr mewn cyfnod o fygu teimladau rhywiol bron yn llwyr, bu'r cyfnod rhwng fy nwy briodas yn rhyw fath o wobr gysur annisgwyl imi.

Anodd yw egluro wrth bobl ifainc heddiw pa mor ymataliol a diniwed yr oedd y rhan fwyaf ohonom yn y pum degau. Bu cofio'r cyfleoedd a'r profiadau a gollwyd rai degawdau ynghynt yn sbardun imi'n awr fanteisio i'r eithaf ar y cyfle newydd hwn am anturiaethau rhywiol, a minnau'n ganol oed. Trwy lwc, fe ddaeth pob un o'r carwriaethau gwibiog hynny i ben yn ddigweryl ac ar delerau da. Roedd hi'n gyfnod o wir gydraddoldeb rhywiol. Gwnes bethau digon ffôl droeon ac mae'n edifar gen i am y rheini. Er hynny, dwyf i ddim yn credu i unrhyw fanteisio annheg ddigwydd yn fwriadol ar y naill ochr na'r llall.

Bûm yn caru, bob yn ail â pheidio, â merch o du allan i Gymru am ryw dair blynedd. Ar achlysur cymdeithasol y cyfarfu'r ddau ohonom a sylweddoli'n fuan fod gennym lawer iawn yn gyffredin. Roeddem yn dal yn briod, ond y ddwy briodas ar fin chwalu, a'r ddau ohonom yn chwilio am foddhad ac am ddihangfa o'n bywydau anniddig. Carwriaeth ysbeidiol oedd hi. Trefnu oed bob hyn a hyn, ac wythnosau a hyd yn oed fisoedd yn mynd heibio heb inni weld ein gilydd. Bu'r berthynas yn therapi llesol inni'n dau, gan ein bod yn gyfeillion agos a dibynadwy i'n gilydd. Caem rannu hwyl yn ogystal â rhoi cefnogaeth ar adeg anodd ym mywyd y ddau ohonom. Ymwrthodwn i'n llwyr â'r syniad o briodi eto. Eto i gyd, roedd hi'n berthynas werthfawr iawn yn fy ngolwg ac yn gymorth mawr imi mewn blynyddoedd tywyll. Ar ryw ystyr, dyna a'm cynhaliodd i o 1980 i 1983. Mae'r ferch honno, a fu'n ffrind da a difyr yn ogystal ag yn gariad imi, wedi ailbriodi ac yn ddedwydd ei byd.

Daeth cydymaith a ffrind newydd i'm bywyd. Arferai Samantha Morgan fynychu'n rheolaidd gyfarfodydd cangen Casnewydd o'r Blaid Lafur. Roedd hi'n fam i ddau blentyn bach ac wedi dychwelyd i'r byd gwleidyddol ar ôl clywed y storïau fod *militants* eithafol yn dechrau rheoli'r blaid y bu hi'n ei chefnogi o ddyddiau ei phlentyndod. A hithau'n ferch hardd a hynod ddeallus, teimlwn atyniad cryf tuag ati. Er ei bod hi mewn priodas gadarn byddem wastad yng nghwmni ein gilydd yn y cymdeithasu a ddigwyddai mewn tafarn ar ôl pob cyfarfod. Roedd hi, ac mae hi'n dal felly, yn gwmni diddan dros ben.

Yn ddiarwybod, roedd Sam yn dylanwadu ar fy mywyd a'm meddyliau. Doedd hi ddim yn berthynas gorfforol a doedd dim argoel ychwaith y byddai'n datblygu felly. Ar y pryd, roedd fy ngharwriaeth dair blynedd yn dirwyn i ben. Digwyddai hefyd fod yn gyfnod braidd yn anodd ym mhriodas Sam. Beth am inni fyw gyda'n gilydd? Dyna a benderfynwyd. Dim ond Sam a minnau a sylweddolai fod hynny'n ddechrau ar berthynas sefydlog. Roedd agwedd ein cyfeillion yn anghrediniol a phesimistaidd, a dweud y lleiaf. Crefodd ffrind gorau Sam arni i fynd i weld seiciatrydd cyn mentro. Roedd digon o reswm dros y fath ddiffyg ffydd. Dyna pryd roeddwn i newydd ymddeol o Lan-wern ar sail afiechyd. Roedd fy holl obeithion gwleidyddol yn garnedd wedi imi ymddiswyddo o'r cyngor tua'r un adeg. Doedd gen i ddim swydd yn y byd. Roedd fy mab yn dal yn ddibynnol arnaf. Rhaid hefyd oedd talu'r morgais a bwydo dau gi ar arian dôl o £27 yr wythnos. Ar ben hyn, gellid disgrifio fy mywyd carwriaethol yn y cyfnod hwn fel un lliwgar a chwit-chwat. Sut ar y ddaear y gallai Sam adael priodas solet i bob golwg er mwyn byw tali gyda rhyw greadur diffaith, di-waith a lled fethedig, a hwnnw heb arlliw o obaith i wella ei fyd? Nid felly y gwelai Sam a minnau'r sefyllfa.

Croesawu'r newydd a wnaeth fy mam, fy chwaer a'm brodyr. Anodd coelio'r fath newid agwedd. Fy mam fy hun, a wrthododd fynd i briodas ei mab hynaf am fod ei wraig yn Brotestant, yn awr yn llawenhau am fy mod i'n mynd i gyd-fyw â gwraig briod. Cafodd rhieni Sam goblyn o fraw pan glywsant ond roeddent yn adnabod eu merch yn ddigon da i ymddiried ynddi. Cyn pen fawr o dro, daethant i ddygymod â'r newydd a buont yn gefn mawr inni wedyn.

Ar Galan Mai 1984 symudodd Sam a'r plant i fyw ataf fi. Doeddwn i erioed o'r blaen wedi profi'r fath agosrwydd, parch, gonestrwydd ac ymddiriedaeth mewn perthynas. Teimlem ein dau yn nes at ein gilydd nag a dybiem y gallai neb fod. Heb ronyn o amheuaeth, mi wyddwn i mai partneriaeth am oes fyddai hon. A does dim byd wedi peri imi feddwl yn wahanol. Ar y pryd roedd plant Sam yn chwech a thair oed. Buan y cartrefodd Alex a Natalie yn rhif 22. Ar y dechrau *'the man with the dogs'* oeddwn i, gan eu bod eisoes wedi cyfarfod y ddau sbaniel.

Siom inni yw'r ffaith na chawsom ni'n dau blant o'r uniad. Am fod Alex a Natalie wedi byw gyda mi o oedran mor ifanc llwyddwyd i osgoi rhai o'r trafferthion sy'n digwydd mor aml pan fo priodas yn chwalu. Maent wedi treulio rhan o bob wythnos gyda'u tad, sef 'Dad'. Eu henw arnaf fi yw 'Tad'. Rwyf wedi ymdrechu i beidio â bod yn 'awdurdodol' gyda nhw. O roi lles y plant yn flaenaf mae modd cydweithio er tegwch i bawb.

Y cyfle cyntaf wedi i ysgariad Sam ddod trwodd fe briodson ni, ar 31 Ionawr 1985. Cynhaliwyd y gwasanaeth yng nghapel teulu Sam, sef Capel y Bedyddwyr yn Stryd y Santes Fair, Baneswell, Casnewydd. Roedd y seremoni yn un syml a hapus, a'r plant a phawb arall i'w gweld yn mwynhau'r achlysur ac wedi dygymod â'r sefyllfa. Gyda'r nos cawsom barti mawr gydag oddeutu dau gant o bobl yng Nghlwb Llafur Ringland. Dewisodd Sam briodi mewn coch, a gwisgai ffrog ddu drawiadol yn y parti. Edrychai'n hynod o brydferth. Anodd meddwl am adeg y bûm i'n hapusach na'r diwrnod hwnnw, nac yn fwy hyderus ynghylch y dyfodol.

Gaeaf streic y glowyr oedd hwnnw. Mae rhai yn cofio'r parti priodas am fod casgliad wedi'i wneud yno tuag at y streicwyr. Braf oedd cael fy mam a hefyd fy mrodyr a'u gwragedd a'm chwaer a'i gŵr yn bresennol yno. Treuliwyd y mis mêl, fel y dywedir, yn crwydro canolbarth

Cymru. Yn yr wythnos gyntaf o fis Chwefror doedd dim llawer o ymwelwyr o gwmpas y lle. Roeddem yn dal i gofio am y glowyr a buom mewn protest gyhoeddus i'w cefnogi nhw er ei bod hi'n bwrw eira.

Llew

'*Holier than Llew*' oedd y disgrifiad yn y Senedd Ewropeaidd o'r sawl a fyddai'n annioddefol o fawreddog neu hunangyfiawn. Daeth Llew Smith i mewn i Ewrowleidyddiaeth yn syth o'r stryd, fel petai. Gan ei fod yn ddibrofiad ac ansoffistigedig roedd arno angen ymchwilydd a chynorthwywr. Cefais fy nghyflogi ganddo a dod i ddeall mai fy ngorchwyl oedd ei helpu i ymgyfarwyddo â gwleidyddiaeth gyfrifol.

Does dim prawf iddo fod yn aelod o'r Cynghrair Sosialaidd Chwyldroadol *(Revolutionary Socialist League)*, yr enw dirgel am y Tueddiad Milwriaethus *(Militant Tendency)*. Gwrw pennaf yr RSL yn Ne Cymru oedd Adrian Jones, ac ef a recriwtiodd Llew i mewn i wleidyddiaeth stryd. Y cyfan a wn i yw fod gan Llew gydymdeimlad â'r *Militants* yn ystod y cyfnod y bûm i'n gweithio yn ei swyddfa. Allwn i mo'u goddef nhw am eu bod yn niweidio cymaint ar y Blaid Lafur.

Ar y pryd, doedd ganddo ddim dawn fel siaradwr cyhoeddus ond byddai ar y ffôn byth a hefyd yn sgwrsio â gwahanol bobl. Mae'n dal yn hoff o gysylltu ar y ffôn. Trwy'r math hwn o gyswllt personol y mae Llew yn llwyddo i argyhoeddi cannoedd o bobl ei fod yn ffrind personol iddyn nhw.

Pan roddodd Allan Rogers y gorau i'w sedd Ewropeaidd er mwyn bod yn AS dros y Rhondda roedd Llew mewn sefyllfa hynod gadarn i ennill yr enwebiad ar gyfer y sedd seneddol fwyaf saff yn Ewrop gyfan. Dywedodd perthynas iddo nad araith Llew gerbron y cyfarfod mabwysiadu oedd yr un orau. Yr ymgeiswyr eraill oedd Paul Murphy, David Morris ASE, John Tomlinson ASE, a minnau. Y trefnu a wnaethai ymlaen llaw a sicrhaodd yr enwebiad i Llew.

Gofynnodd i mi fod yn swyddog y wasg yn yr ymgyrch. Doedd dim drwgdeimlad rhyngom a chredwn fod ei ddelfrydau yn rhai diffuant. Erbyn hyn roedd y cyllid ar gyfer fy swydd radio wedi dod i ben a minnau'n ddi-waith eto. Cefais gynnig braidd yn amhendant gan fy hen ffrind Dave Morris i weithio iddo ef wedi iddo ennill sedd Ewropeaidd Gorllewin Cymru. Byddai symud i Gaerfyrddin wedi achosi gormod o drafferthion i Sam a'r plant. Derbyniais gynnig Llew i fod yn 'ymchwilydd' iddo. Roeddem ein dau yn gytûn ar brif bwnc y cyfnod, sef y mudiad heddwch. Byddem yn osgoi trafod materion Cymreig.

Yn ei gyfweliadau cynnar â'r wasg byddai Llew, fel arfer, yn dod â'r holi i ben trwy frygowthan sloganau'r *Militants* neu sarhau'r holwr. I gael gwared â hynny, penderfynais rihyrsio pob cyfweliad gydag ef. Ceisiem ragweld yr holl gwestiynau posibl ac yna dewis yr atebion gorau. Mae'r Toriaid yn dal i wawdio ei ddiffyg sglein, ac eto'n croesawu'n eiddgar y bwledi geiriol a ddaw o'i gyfeiriad. Ar y teledu gyda Robert Key y bu'r cyfweliad mwyaf arteithiol. Ceisiodd Llew amddiffyn sylwadau Kim Howells ynghylch marwolaeth gyrrwr tacsi a laddwyd wedi i lowyr ar streic daflu cerrig ato oddi ar bont. Gwelwyd Llew druan, allan o'i ddyfnder, yn boddi wrth ymdrechu i amddiffyn yr anesgusodol.

Am ei bod mor ffyrnig wrth-Ewrop penderfynodd y

Blaid Lafur yn ne Cymru anfon Llew i Strasbourg i ddinistrio'r Undeb Ewropeaidd. Buan y profwyd dadrithiad llethol. Aeth Llew ar goll mewn niwl dudew. Dryswyd ef yn lân gan yr holl Ewro-glebran. Er clod iddo, dirmygai gysuron y bywyd moethus a ddenodd gynifer o'i gyd-Aelodau Seneddol Ewropeaidd. Dewisodd yr unig rôl a wyddai ac a ddeallai, sef bod yn ymgyrchwr stryd yn Ewro-goridorau grym. Un diwrnod, rhuthrodd i mewn i'r Siambr gan chwifio un o faneri'r glowyr a thorri pob rheol. Ceisiodd yr aristocrat Otto Hapsburg gipio'r faner oddi arno. Yna bu gornest dynnu gyda Hapsburg yn sgrechian *'Communist'* ar Llew, ac yntau'n gweiddi *'Fascist'* yn ôl arno.

Aethai Llew ati i drefnu arddangosfa fechan er mwyn casglu arian ar gyfer y newynog yn y Trydydd Byd. Fe ddigwydd y math hwn o beth yn aml yn Sgwâr John Frost, Casnewydd, ac mewn trefi eraill fel rhan o 'wleidyddiaeth stryd'. Ac yntau'n awr yn ASE, gallai fod wedi gadael hyn i rywrai eraill ei wneud, ond doedd dim troi arno.

Elfen o'm gwaith i oedd hybu ac amddiffyn ei ddelwedd gyhoeddus. Wnes i ddim sylweddoli cymaint o fethiant oeddwn i nes derbyn galwad ffôn o Strasbourg. *'We've had a bit of trouble here, bruv,'* meddai Llew. Eglurodd fod popeth yn iawn ynghylch y casgliad, ond *'I've been involved in a bit of a fight with a Tory MEP.'*

'Not in the Chamber?' gofynnais yn fy mraw.

'No, No. It was outside on the landing.'

Diolch byth am hynny, meddyliais a gofyn a welodd rhywun y sgarmes.

'Well, there were these two camera crews, but I don't know whether they filmed it . . .'

Y noson honno dangosodd newyddion y BBC y

lluniau, yr un lluniau ag a welwyd ledled Ewrop — Llew yn sefyll yn llwybr ASE Torïaidd, y Tori yn gwthio heibio i Llew, y ddau yn cwympo ar lawr, yn rholio drosodd ac yn ymgodymu â'i gilydd. Mynnai Llew ei fod yn llwyr gredu bod y Tori ar fin lladrata'r arian a gasglwyd. Yn rhyfedd iawn, roedd yno lygad-dyst arall i'r digwyddiad, sef golygydd y *Merthyr Express*. Roedd ef ar ymweliad â Strasbourg 'dan nawdd' Llew. Yn ei adroddiad am y diwrnod, honnai fod agwedd Llew tuag at Aelodau Seneddol Ewropeaidd Torïaidd yn tueddu i fod yn herfeiddiol ar adegau.

Drannoeth, ar dudalennau blaen y papurau newydd, roedd y stori wedi'i chwythu i fyny allan o bob rheswm. Soniai'r *tabloids* am 'y poeri, y dyrnu a'r cripio'. Bu'r helynt yn ddigon i lorio Llew am dipyn. Ymhen rhyw chwe mis, a'i glwyfau'n graddol wella, defnyddiodd y Rhyddfrydwyr a'r Democratiaid y ffilm o'r ornest reslo mewn cyflwyniad i un o'u darllediadau gwleidyddol. 'Dyma ASE Llafur ac ASE Torïaidd yn trafod y sefyllfa wleidyddol yn y Trydydd Byd.'

Mae'r clwyf yn dal i frifo. Mewn parti Nadolig i staff y swyddfa rhoddodd rhywun, o ran hwyl, fat *karate* yn anrheg i Llew. Chwerthin wnaeth pawb, heblaw Llew. Yn fud a di-wên, roedd wedi teimlo i'r byw. Rai blynyddoedd wedyn pan ailadroddodd y *Western Mail* yr hanesyn a disgrifio'r peth fel *'punch-up'*, roedd Llew yn gandryll. Gan na fu codi dyrnau fel y cyfryw, derbyniodd Llew ymddiheuriad gan y papur.

Cynefinodd rhai â'r sefyllfa wleidyddol ddiymadferth sydd ohoni yn y Tŵr Babel hwn a chael cysur wrth odro i'r eithaf y treuliau hael. Bu Llew yn ei dweud hi'n hallt a phiwritanaidd am y rheini ac am aelodau'r Senedd

Brydeinig mewn erthygl yn *Tribune*. Dyna pryd y clywyd *'Holier than Llew'* gyntaf. Fel pob erthygl arall a ymddangosodd dan ei enw yr adeg honno, fe'i hysgrifennwyd gen i. Cynnyrch gorau'r swyddfa yn ystod y ddwy flynedd y bûm yn gweithio yno oedd yr *'Euro Diary'* misol a ymddangosai mewn amryw o wythnosolion lleol yr etholaeth Ewropeaidd honno. Ar un adeg, gwelai mwy na dau can mil o ddarllenwyr y dyddiadur. Fy mwriad oedd gwneud y darnau hynny mor fachog a darllenadwy ag y medrwn. Doedd dim lle i'r stwff trwm, yr *'Euro-stodge'* a geid yn feunyddiol yn Strasbourg a Brwsel. Gadawai Llew imi ysgrifennu'r hyn a fynnwn, a'r unig dro y byddai'n cwyno oedd pan ddangoswn i ormod o'm barn bersonol fy hun.

Dywedais wrth Sam mai gen i yr oedd y swydd orau yn y byd. Cael gweithio amser llawn gyda'r ymgyrchoedd y bûm yn ymwneud â nhw gydol fy oes, a derbyn cyflog rhesymol am wneud hynny. Yn ychwanegol, roedd gen i ryddid llwyr i hyrwyddo fy obsesiynau gwleidyddol, trwy gyfrwng y dyddiadur misol, ymysg holl ddarllenwyr y papurau lleol. Cynyddai'r gynulleidfa honno fwy fyth wrth i Llew ledaenu'r neges am y pynciau yr oeddem ein dau yn gytûn arnyn nhw.

Ychydig iawn o waith etholaethol fel y cyfryw sydd i'w wneud mewn swyddfa Ewropeaidd. Buom yn llenwi'r oriau gwag trwy fod yn siop argraffu. Roedd Llew wedi lleoli ei swyddfa yng Ngorllewin Casnewydd am mai yno yr oedd un o'r ddwy sedd o fewn ei etholaeth Ewropeaidd a ddaliai'r Torïaid yn San Steffan, a honno'n sedd ymylol hefyd. Ein prif dasg wleidyddol oedd defnyddio'r swyddfa i sicrhau y byddai Llafur yn cipio'r sedd y tro nesaf oddi ar yr AS Torïaidd, Mark Robinson. Dyma genhadaeth a gefnogwn i'r carn er nad oedd fawr o obaith mai fi a ddewisid yn ymgeisydd ar gyfer y sedd. Wedi'r cwbl, roeddwn i wedi ymddiswyddo o Gyngor Sir Gwent ac, yn nhyb Llew a llawer eraill, dyna ben ar unrhyw siawns i barhau mewn gyrfa wleidyddol. Bernid bod argraffu taflenni a chylchlythyrau ar gyfer Gorllewin Casnewydd yn gyfraniad buddiol gan y swyddfa Ewropeaidd. Prynwyd offer ail-law syml a dechrau ar y gwaith. Aed ati i ysgrifennu taflenni, eu teipio, eu hysgythru ar blatiau a'u hargraffu ar beiriant offset litho hynafol yn ein swyddfa ddwy ystafell ar y trydydd llawr ym Mhillgwenlli, Casnewydd. Profiad difyr fu ceisio meistroli crefft newydd. Doedd yr argraffu ddim yn waith glân o gwbl ac, oherwydd y gwynegon, byddwn yn blino ac mewn poen yn fynych. Rhaid dweud bod y degau o filoedd o daflenni ac ati a gynhyrchwyd am y nesaf peth i ddim ar gyfer y Blaid Lafur, y mudiad heddwch a grwpiau cymunedol ymhlith gorchestion pennaf y swyddfa. Yn anffodus, oeri maes o law a wnaeth y berthynas dda a fu rhwng Llew a minnau.

Terry

Yn greulon o sydyn fe ddaeth y newydd fod fy mrawd, Terry, wedi marw yn 57 mlwydd oed. Roedd wedi bod yn wael a chael triniaeth yn Ysbyty Glangwili, Caerfyrddin. Wedi hanner ymddeol, roedd ef a'i wraig, Lilian, yn byw yn Aber-porth. Fel rhan o'i wasanaeth milwrol gorfodol bu'n gweithio ar Ynys Cyprus yn gwarchod gwersylloedd 'crynhoi' Prydeinig. Ar y pryd roedd Prydain yn carcharu ffoaduriaid Iddewig yno. Cawsant eu dal wrth geisio ymfudo o Ewrop i Balesteina ar ddiwedd y pedwar degau.

Yn llanc ifanc, roedd Terry wedi bod yn gryf ac iach. Bu'n focsiwr amatur eithaf da a cheisiodd ddysgu Mike a minnau sut i daro dyrnod syth. Sgil nad wyf hyd yn hyn, trwy lwc, wedi gorfod ei ddefnyddio. Dirywiodd iechyd Terry yn arw yn ystod y blynyddoedd maith a dreuliodd yn gweithio dramor yn Saudi Arabia ac Ynysoedd y Philipinos. Hen waith undonog, diflas a wnâi. Y math o bethau na roddai foddhad i rywun o'i allu a'i ddeallusrwydd ef. Roedd hefyd yn smociwr trwm trwy gydol ei oes.

Teithiais i Gaerdydd i ddweud wrth Mam y newydd drwg am Terry. Daeth Sam a'r plant gyda mi. Gwyddai Mam yr eiliad yr agorodd hi'r drws fod rhywbeth mawr wedi digwydd. *'Who is it?'* gofynnodd yn ei dagrau. Pan atebais, meddai hi, *'He had the look of death about him.'*

Er ei fod yn llwyd a thenau wnes i ddim synhwyro ei fod ar fin marw.

Bu Terry yn hynod ffodus mewn un peth, sef cariad a chwmnïaeth ei wraig ragorol a'i dri mab. Ar ddiwrnod stormus o aeaf fe'i claddwyd yn y fynwent ar y bryn uwchlaw Aber-porth. Wrth edrych yn ôl, credaf mai addewid nas cyflawnwyd oedd bywyd Terry. Ar lawer ystyr, fe haeddai well.

Dethol

Roedd swyddfa Llew ym 1985 yn barod at ei phrif dasg. Pwy bynnag a ddewisid yn ymgeisydd, roedd y swyddfa a minnau yn awyddus i helpu ymgyrch Llafur. Cafwyd dwsinau o enwau ar gyfer y sedd hon a gollwyd o bum can pleidlais ym 1983, blwyddyn llanast y Blaid Lafur.

Roeddwn i'n benderfynol o beidio â sefyll fel ymgeisydd. Profiad llawn cywilydd fu'r tro cynt imi fod gerbron y detholwyr yng Ngorllewin Casnewydd. Er imi ennill yr enwebiad Ewropeaidd yn Nwyrain Casnewydd fy ngwrthod a wnaeth Gorllewin Casnewydd trwy roi imi ddyrnaid o bleidleisiau. David Morris a enillodd gyda mwy na chant yn ei gefnogi. Y dewis terfynol o'r deg cangen etholaethol oedd Llew Smith.

Roeddem wedi bod yn byw yn Nwyrain Casnewydd ond wnaeth Sam ddim cynefino'n iawn yn rhif 22 Heol Eglwys Crist. Yn ei golwg hi, tŷ rhywun arall ydoedd ac fe hoffai inni wneud ein nyth ein hunain. Roedd taith hir i'r ysgol gan Alex a Natalie, a neb yn awyddus iddyn nhw newid ysgol.

Fe symudon ni, fel teulu, i dŷ semi trillawr yn Heol Fields Park yn agos iawn at Ganolfan Ddinesig Casnewydd. Bu cryn ddyfalu ers tua blwyddyn ynghylch pwy a ddewisid gan Lafur i herio Mark Robinson. Chafodd fy enw i mo'i grybwyll o gwbl gan Martin Mason, gohebydd y *South Wales Argus*, ac un a honnai wybod popeth. Serch hynny, credai Sam fod gen i siawns go lew y tro hwn, ond dim ond petawn i'n celu tan y funud olaf fy mwriad i sefyll. Y ddau ymgeisydd mwyaf blaenllaw oedd Judi James ar y dde ac Adrian Jones ar y chwith. Ers dwy flynedd roeddent wedi bod yn niweidio'i gilydd mewn sgarmesoedd geiriol. Ar y pryd roedd bod ar asgell chwith Llafur yn ffasiynol a cheisiai Adrian a Judi eu gorau i ddangos eu bod yn y ffasiwn. Roedd dileu swydd y maer yn bwnc llosg a hefyd y penderfyniad i beidio â chynnal y tatŵ militaraidd yn y dref. Wnes i ddim mynegi barn.

Cefais fraw yn swyddfa Llew pan ddywedodd Martin Mason, yr *Argus*, wrth Sam a minnau fod yna *'strong surprise candidate'* a'i fod yn gweithio yn yr union swyddfa honno. Dyna syndod. Oedd y dyn ar fin datgelu'n cyfrinach ni a difetha fy siawns i ennill yr enwebiad? Trwy gymryd arno ei fod yn gwybod llawer mwy nag yr oedd mewn gwirionedd, fe lwyddai Martin yn aml i gael y diniwed i ollwng y gath o'r cwd. Chwerthin wnaethom ni'n dau am ben y syniad o ymgeisydd dirgel. Ymhen rhai dyddiau, yn ei golofn *'Mason on Monday'*, datgelodd ei gyfrinach, sef fod Llew Smith am fentro'i siawns yn y ras i fod yn ymgeisydd Llafur yng Ngorllewin Casnewydd. Dyna ryddhad i ni. Enwodd Mason o leiaf ddeg ar hugain eraill a allai gael eu dewis i sefyll. Doedd fy enw i ddim yn eu plith.

Fel Llew ac amryw eraill, credai'r rhan fwyaf nad oeddwn i ddim llawer o beth, un o ddynion ddoe a dweud y gwir. Pan ymddiriedais o'r diwedd yn Llew fy mod yn bwriadu sefyll, cynghorodd fi i beidio. Roedd ef eisoes wedi dangos ei fod yn gefnogol i ymgeiswyr eraill, yn gyntaf i Adrian Jones ac wedi i hwnnw dynnu ei enw yn ôl, i Judi James. Doedd ganddo ddim gronyn o ffydd y gallwn i ennill. Roedd Bryan Davies, yr ymgeisydd Llafur a gollodd y sedd ym 1983, wedi rhoi ei enw ymlaen. Petai ef wedi cadw cysylltiad mwy clòs â'r Blaid Lafur ar lefel yr etholaeth, fe fyddai'r enwebiad yn dod iddo'n naturiol ar gyfer ail gyfle. Bum wythnos cyn y cyfarfod ar gyfer y dethol terfynol y cyhoeddais i y byddwn yn sefyll. Gyda chymorth aruthrol fy ngwraig, enillais fwy o enwebiadau ward na'r un ymgeisydd arall. Tua'r diwedd, credaf fod Llew yn cefnogi Judi a minnau, a'i fod wedi sicrhau rhai enwebiadau o'r undebau i'r ddau ohonom.

Roeddwn ar bigau drain. Yn hanner cant a dwy oed, dyma fy nghyfle olaf i gael gyrfa wleidyddol. Mae tuedd ymysg aelodau'r Blaid Lafur i ddethol yr ymgeisydd a gasânt leiaf yn hytrach na'r un a hoffant fwyaf. Pleidleisio yn erbyn ac nid o blaid. Yr enillwyr, felly, yw'r rhai sydd â'r nifer isaf o elynion. Cyrhaeddodd cyn-Ysgrifennydd y Blaid Lafur Gymreig, Hubert Morgan, yr etholaeth a chwifio manylion bywgraffyddol rhyw 'ymgeisydd delfrydol'. Dywedodd wrth yr aelodau fod y dyn hwn wedi bod yn Llysgennad i'r Cenhedloedd Unedig, yn AS adnabyddus ac yn Gomisiynydd Ewropeaidd. Serch hyn oll, doedd gan Ivor Richard ddim gobaith mul o gael enwebiad. Yr adeg honno, roedd y Blaid Lafur leol yn gweithredu'n annibynnol wrth ddewis pwy i'w cefnogi ac yn dymuno cael ymgeiswyr lleol nid mega-sêr rhyngwladol. Roedd grym yr undebau yn dal yn gryf ond heb fod yn llethol. Tân ar fy nghroen oedd y ffaith fod cynrychiolwyr yr Undeb Dur yn y gangen, a sefydlwyd gen i ac a wasanaethais am ugain mlynedd, wedi cael gorchymyn i bleidleisio i Ivor Richard. Mwy na thebyg oherwydd yr holl flynyddoedd y bu'n slafio o flaen ffwrneisi! Chyrhaeddodd ef mo'r rhestr fer.

Fel y gŵyr pawb, fe all y broses ddethol o fewn y Blaid Lafur yn Ne Cymru fod yn un ddichellgar. Bu Sam yn fy herian ar ôl iddi ddod adref o gyfarfod pwyllgor gwaith Casnewydd pryd y tynnwyd y rhestr fer derfynol. *'It was dreadful,'* meddai'n drist. Oerodd fy ymennydd gan ofn. Gwyddwn fod gan y pwyllgor gwaith yr hawl i ddileu fy enw oddi ar y rhestr fer. Byddai'n ta-ta am byth wedyn i'r Senedd.

'How dreadful?' gofynnais mewn llais bach gwan.

'Awful,' cwynodd. *'Ottaleen Dally was wearing the same dress as me!'*

Rhoddwyd saith ymgeisydd ar y rhestr fer. Nid dyna ddiwedd y tensiwn. Pan ofynnwyd i'r Pwyllgor Rheoli Cyffredinol gymeradwyo'r rhestr roedd llaw dialedd yn barod i daro. Cynigiodd un aelod y dylid dileu enw'r Cynghorydd Sir, Lloyd Turnbull. Roedd Lloyd wedi cadw draw o'r cyfarfod dethol yn ward Rogerstone. Cafwyd mwyafrif o blaid y cynigiad. Dechreuodd y brad gydio o ddifrif. Cynigiwyd dileu enw arall a phasiwyd hynny. Fel roedd pethau'n mynd, fyddai yna neb ar ôl ar y rhestr fer. Wedi cael gwared o dri enw, roedd pedwar yn aros, sef Bryan Davies, Judi James, Arweinydd y Cyngor Harry Jones, a minnau.

Does gen i ddim cof clir am y cyfarfod dewis. Gwn imi gael cam gwag ar un pwynt. Cefais rai cwestiynau go ymosodol, yn enwedig ynghylch y modd yr ymddiswyddais yn swta o'r Cyngor Sir. Tybed a wnawn i'r un peth eto? Roedd Sam a minnau wedi bod wrthi'n dosbarthu'r cynrychiolwyr yn bedwar grŵp: 'o blaid', 'efallai', 'yn erbyn', a 'dim diawl o beryg'. Os enillwn i, barnem mai o drwch blewyn y gwnawn i hynny. Y tro cyntaf, cyfartal oedd hi rhwng Bryan Davies a minnau. Yna curais ef o bum pleidlais yn y ras derfynol rhwng y ddau ohonom. Yn awr, roedd popeth ar fin troi'n fêl.

Ymgyrchu i Ennill

Roedd Sam a minnau'n dechrau cynefino yn ein cartref newydd gerllaw Canolfan Ddinesig Casnewydd. O'n blaenau roedd dwy flynedd brysur o ymgyrchu i ennill sedd Gorllewin Casnewydd yn San Steffan. Bu aelodau lleol y Blaid Lafur a hyd yn oed y rheini oedd yn fy erbyn ar y dechrau yn gefn mawr inni. Gwyddwn yn iawn na fyddwn wedi cael fy newis oni bai am fy ngwraig, Sam, a'r sefydlogrwydd a ddaeth gyda hi i'm bywyd. Doeddem ni ddim yn dda ein byd yn ariannol. Yr unig gyflog a ddôi i'r tŷ oedd yr wyth mil o bunnau a enillwn i fel ymchwilydd i Llew Smith. 'Y tùn corn-bîff' fyddwn i'n galw fy nghar Avenger deg oed. Un o'i aml feiau oedd na ellid cau drws y gyrrwr yn dynn. Byddai'n agor ohono'i hun. Cefais fy neffro gan yr heddlu yn oriau mân y bore ryw dro a hwythau wedi dod i ddweud fod rhywun wedi torri i mewn i'r car a chreu coblyn o lanast ynddo. A dweud y gwir, doedd dim byd o'r fath wedi digwydd. Dim ond y drws wedi agor yn ôl ei arfer. Y 'llanast' oedd fy system ffeilio bersonol i.

Mewn ugain mlynedd o ymwneud â gwleidyddiaeth roeddwn wedi cawlio sawl cyfle. Penderfynais roi'r wyau i gyd yn yr un fasged. Yr unig nod bellach oedd ennill yr etholiad.

Cafodd Llew gryn syndod fy mod i wedi cael fy newis yn ymgeisydd. Daeth rhyw ysbryd cystadleuol rhyngom i oeri'r cyfeillgarwch. Gofynnodd pwy oedd y pwysicaf:

ai ASE ynteu AS? Bu'n ddigon caredig, er hynny, i adael imi ddefnyddio ei swyddfa i'm dibenion fy hun, fel y mynnwn. Bu gallu cysylltu'n rhwydd â'r wasg o fudd mawr imi wrth hyrwyddo'r ymgyrch a sgorio pwyntiau yn erbyn Mark Robinson, yr AS Torïaidd.

Roedd Mark yn ifanc a phoblogaidd. Meddai ar bersonoliaeth fwy atyniadol na'i ragflaenydd, sef y pruddglwyfus Roy Hughes, unig AS Casnewydd am chwarter canrif. Symudodd Mark Robinson a'i deulu i blasty yng Nghaerllïon, un o ardaloedd harddaf yr etholaeth. Roedd ei waith etholaethol wedi bod yn drylwyr a gwyddai sut i fanteisio ar y wasg leol. Trefnai gyhoeddusrwydd di-baid iddo'i hun ym mhapurau'r ardal. Cafodd ei ferch fach ei bedyddio yn y crypt yn Nhŷ'r Cyffredin. Pan benodwyd ef yn Weinidog yn y Swyddfa Gymreig cafodd lawer o sylw a chlod yn lleol, ond fe ddadlennwyd ei wendid hefyd. Nid oedd fawr o berfformiwr ar lawr y Tŷ, ac ni fu newid er gwell gyda phrofiad ychwaith.

Bu'r *South Wales Argus* yn fy nhrin yn ddigon teg hyd at wythnos olaf yr ymgyrch. Roedd David Mayer, fy asiant, yn dŵr o gadernid ac yn fwrlwm o egni trwy gydol y ddwy flynedd o ymgyrchu dygn. Dangosodd gryn fedr wrth ddefnyddio'r holl elfennau sydd ar gael yn arfogaeth gwleidyddion. Cafwyd peth wmbreth o ddatganiadau i'r wasg, cyfweliadau radio a theledu, digwyddiadau cymdeithasol, cylchlythyrau, ynghyd ag ambell sbloet a phrotest. Bu'n ymgyrch liwgar a hwyliog. Datgelwyd rhai pethau pwysig. Ymhlith y rhain roedd y modd y bu'r Llywodraeth yn celu gwir ffigurau diweithdra. Bu Mark Robinson yn hynod hyderus drwy'r adeg. Roedd yn argyhoeddedig y byddai'r newid bach yn ffiniau'r etholaeth, ynghyd â pholisïau heddwch Llafur, yn sicrhau buddugoliaeth iddo ef ym 1987 eto.

Dau beth llwyddiannus iawn yn ein hymgyrch ni yng Ngorllewin Casnewydd oedd gwerthu mân nwyddau ac anfon cardiau pen blwydd. Anfonwyd cerdyn personol at bob un a gyrhaeddai ddeunaw oed yn dangos llun Neil Kinnock yn ysgwyd fy llaw i. Y geiriau o'u cyfieithu oedd 'Rwyt ti'n edrych yn siriol iawn heddiw, Paul.'

'Ydw, am fod (enw'r bachgen neu'r eneth) yn ddigon hen i bleidleisio heddiw.'

Bûm mor gydwybodol yn dilyn trywydd Mark Robinson i gyfarfodydd cyhoeddus a chymdeithasol o bob math, fel y gallwn, yn wir, o dan y ddeddf bresennol, fod wedi cael fy nghyhuddo o fod yn blagus iddo.

Hwb sylweddol i'r ymgyrchu fu ffurfio 'Grŵp yr M4' o ymgeiswyr Seneddol. Rhodri Morgan fu'n gyfrifol am gynnull ac arwain y grŵp a gyfarfyddai ar y Sul mewn canolfan hamdden yng Nghaerdydd. Ymhlith yr aelodau roedd holl ymgeiswyr newydd y Blaid Lafur yn Ne Cymru. Paul Murphy, Jon Owen Jones, Alun Michael, Win Griffiths, Alan W. Williams a minnau. Traffordd yr M4 oedd y ddolen gyswllt rhyngom ni. Cawsom gyfle i gyfnewid newyddion a syniadau, a chynhyrchodd Rhodri nifer o bapurau i nodi'n safbwyntiau ar bynciau o bwys. Cafodd y rhain sylw gan y cyfryngau fel rhan o ddelwedd newydd Llafur.

Fu'r newyddiaduron Prydeinig ddim yn garedig wrthyf fi. Yn Rhagfyr 1985 cyfeiriodd *The Mail on Sunday* ataf fel un o'r pedwar ar ddeg *'Hard Lefties to watch'*. Disgrifiwyd ni fel 'yr asgell chwith eithafol' a oedd yn benderfynol o achosi trafferthion i Neil Kinnock ar ôl cyrraedd San Steffan. Ar y rhestr, anodd coelio, yr oedd

David Blunkett a Paul Boating, y ddau yn enghreifftiau perffaith o Lafur Newydd.

Yn y dyddiau pryderus hynny cyn yr etholiad ni ellid anwybyddu unrhyw adroddiad papur newydd. Y polau piniwn oedd y baromedr a wnâi inni godi'n gobeithion i'r entrychion neu suddo i gors anobaith. Treuliem oriau yn dadansoddi'n fanwl ganlyniadau pob etholiad lleol ac is-etholiad Seneddol, ac yna eu cymharu â'r canlyniad tebygol yng nghyd-destun Gorllewin Casnewydd. Y foment waethaf oedd tua mis cyn cyhoeddi'r Etholiad Cyffredinol. Yn ôl yr arolygon barn, roedd yr SDP yn gwneud yn well na Llafur. Petai'r bleidlais wrth-Dori yn ymrannu yng Nghasnewydd colli a wnâi Llafur. Byddai methu yn siom enbyd. Yn bersonol, fe ddiflannai pob gobaith am yrfa wleidyddol ac, yn waeth na hynny, golygai drafferthion ariannol difrifol. Roeddem wedi gwario'n harian ein hunain yn bur afradlon ar yr ymgyrch gan ddisgwyl ennill ac wedi mynd rhyw ddwy fil o bunnau i'r coch yn y banc. Roedd tlodi yn curo ar y drws.

Digwyddai Sam a minnau fod yn swyddfa Llew Smith pan glywsom gyhoeddi dyddiad yr etholiad yn fyw o'r Senedd. 'O'r diwedd!' meddem a chofleidio'n gilydd yn ein cyffro.

Ymgyrch '87

Petawn i yn esgidiau Mark Robinson, byddai ymgyrch Llafur yng Ngorllewin Casnewydd wedi bod yn ddigon i godi ofn arnaf. Roedd y posteri yn anferthol, yn ddeniadol ac yn mynnu sylw, heblaw bod yn fwy niferus na rhai neb arall. Dosbarthwyd miloedd o lythyrau wedi eu hanelu'n bersonol at unigolion ac yn dwyn llofnod yr ymgeisydd. Llwyddodd David Mayer i gael ein llenyddiaeth a bws yr ymgyrch wedi eu dylunio yn chwaethus a thrawiadol. Bu Sam wrthi bob dydd yn trefnu lluoedd o weithwyr ar gyfer pob math o orchwylion yn y pencadlys. Disgrifiodd un aelod o griw ffilmio a ddaethai o'r Iseldiroedd ein hymdrechion fel rhai 'Americanaidd iawn'. Gair o glod oedd hyn i fod.

Chefais i ddim cyfle i ddadlau ar goedd gyda Mark Robinson. Fel y rhan fwyaf o Aelodau Seneddol sy'n ceisio cadw eu seddau, ystyriai ef fod rhannu'r un llwyfan â'r gwrthwynebwyr yn dyrchafu statws y rheini. Fe fu dadleuon mewn mannau eraill. Un gofiadwy oedd pryd y bu'r ymgeisydd Torïaidd rhyfeddol hwnnw yn Nwyrain Casnewydd, Graham Webster-Gardiner, yn herio Roy Hughes. Yn ffwndamentalydd Cristnogol, ei dechneg i ddwyn perswâd ar gynulleidfa o gefnogwyr CND oedd egluro wrthynt mai 'ewin fforchog gafr ac arwydd y diafol' oedd bathodyn CND. Go brin y gallai neb ddweud wrth bobl eu bod yn ddilynwyr Meffistoffeles heb eu cythruddo ryw gymaint. Ffaith amlwg i bawb heblaw'r siaradwr ei hun.

Tipyn o ergyd yn nyddiau olaf yr ymgyrch oedd golygyddol yr *Argus*. Roedd y papur wedi neilltuo ei olygyddol bob nos ar gyfer pob un o seddau Gwent yn eu tro. Y cyngor i'r darllenwyr oedd pleidleisio i Lafur ym mhob sedd ac eithrio Gorllewin Casnewydd, lle y dylent gefnogi Mark Robinson. Mewn gornest lle y gallai dyrnaid o bleidleisiau fod yn hanfodol i sicrhau buddugoliaeth, dyna newydd uffernol o ddrwg. Neges yr *Argus* felly oedd 'Pleidleisiwch i Lafur ym mhob sedd lle nad yw'ch pleidlais yn cyfrif, ond yng Ngorllewin Casnewydd, lle y gall gyfrif, pleidleisiwch i'r Tori.' Roeddwn wedi taro'r gwaelod isaf un ac yn cael dim cysur o'r ffaith mai ychydig o bobl sy'n darllen colofnau golygyddol, fel arfer. Ymhen blynyddoedd wedyn cefais wybod gan y sawl a luniodd y golygyddol hwnnw beth a ddigwyddodd. Roedd perchennog y papur, Sais, wedi cysylltu ag ef ar ôl darllen y colofnau cyntaf yn y gyfres. Am ei fod yn mynnu cael cydbwysedd, doedd ond un ffordd i'w fodloni. Ein sedd ni oedd yr olaf ac, o'r herwydd, fi a ddioddefodd y gic.

Ymgyrch anweledig bron oedd un y Toriaid yng Ngorllewin Casnewydd. Bu un y Rhyddfrydwyr yn ddigon i'm gwylltio'n gandryll. Ar lefel Brydeinig roeddent wedi cyhoeddi rhestr dan y teitl '*101 Damnations*'. Honnid bod yr holl ymgeiswyr Llafur y tybid eu bod ar y chwith eithaf ar y rhestr hon. Clywais fod cant a deuddeg o enwau ar y cychwyn ond fod rhai wedi'u dileu er mwyn adleisio enw'r ffilm adnabyddus. Roedd y rheswm a roddwyd dros gynnwys fy enw i yn hollol anghywir. Cynigiais gyfrannu mil o bunnau at achos da pe gallent brofi eu honiadau amdanaf. Doedd gen i ddim mil o bunnau ond mi wyddwn na allent gyfiawnhau'r cyhuddiad. Yn dilyn hyn, cafwyd stori a phennawd bras yn yr *Argus* a chefais innau lawer o gydymdeimlad gan y cyhoedd. Wedi'r etholiad, mewn ymateb i lythyr a bygythiad gwrit, derbyniais ymddiheuriad gan David Steel.

Daeth ymddiheuriad dipyn cynt am dric brwnt yr *'yellow peril leaflet'* ar fore'r etholiad. Cyrhaeddodd y daflen ein tŷ ni ar doriad gwawr ar ddiwrnod pryd nad oedd siawns i roi ateb. Dyma'r neges:

'We, the Liberals in Newport West, believe in campaigning on the issues not the personalities. That is why we have not published the information given to us anonymously by the Conservative Party, that if published, would prove that the Labour candidate, Mr Flynn, is not fit to be an MP.'

Dyna wenwyn, ac mor amwys fel y gallai'r pleidleiswyr ddyfeisio a dyfalu'r hyn a fynnent. Heb amheuaeth, roedd yn enllibus. Cefais ymddiheuriad personol gan yr ymgeisydd Rhyddfrydol, Winston Roddick, yr union ddiwrnod hwnnw. Er nad oedd dichon imi ddwyn achos oherwydd y costau roeddwn yn ysu am gael gafael yn y wybodaeth honedig amdanaf. Rhoddwyd disgrifiad imi o Dori lleol, blaenllaw a dywedwyd iddo ddangos toriad o'r *Argus* yn dyddio bedair blynedd ar ddeg ynghynt, yn adrodd imi gael dirwy am fod fy nhystysgrif MOT wedi dod i ben. Doedd hi mo'r drosedd waethaf erioed yn hanes y ddynoliaeth.

Ar ddiwrnod yr etholiad roeddwn yn dioddef dôs go ddrwg o 'niwrosis ymgeisydd'. Yn rhannol, oherwydd taflen yr *'yellow peril'*. Dywedais wrth Sam nad oeddwn erioed wedi'i thwyllo hi ac na fwriadwn wneud hynny'n awr. Felly, ganol dydd, sibrydais wrthi ein bod wedi colli'r etholiad. Rhybuddiais hi'r un pryd y dylem gymryd arnom fod yn obeithiol o hyd rhag digalonni'n cefnogwyr. Ond rhaid oedd bod yn barod am y gwaethaf. Doedd hi ddim yn cytuno.

Gan ddal i ddarogan gwae dyma fynd i'r cyfrif. Gwelais yno arwyddion fod gweithwyr y Blaid Lafur yn prysur fynd dros ben llestri a rhai yn feddw. Roedd yr awyrgylch yn un o lawenydd. Beth oedd yn bod arnyn nhw? Ymdrechais i wenu ar bawb.

Stori wahanol oedd yn y pentyrrau pleidleisiau ar y byrddau. Drwy'r adeg, roedd fy mhentwr i ryw 2,000 yn llai nag un Mark Robinson — 6,000 iddo ef a 4,000 i mi. Yna, 12,000 a 10,000. Wnaeth yr amlwg ddim mennu dim ar ysbryd gorfoleddus cefnogwyr Llafur. Yna roedd yn 16,000 iddo ef, a 14,000 i mi. Yn yr etholiad blaenorol, roedd cyfanswm yr enillydd yn llai na 16,000. Rhaid bod popeth drosodd.

Cadarnhawyd fy amheuon fod gorffwylltra yn ymledu fel pla pan ddaeth un o bileri Llafur, Aubrey Hames, ataf i'm llongyfarch ar fy 'muddugoliaeth'. Â llygad barcud, roedd wedi bod yn gwylio'r pleidleisiau o'i ward ef, Stow Hill, ac wedi sylwi ar ogwydd pendant. Welwn i ddim arwydd o hynny pan oedd y sgôr ar y byrddau yn 18,000 i'r Tori, ac yn 16,000 i mi. Dyna pryd y digwyddais glywed gwraig Mark Robinson yn datgan yn uchel na fyddai angen ail gyfrif y tro hwn. Ym 1983 bu'n rhaid cyfrif eto a chafodd Mark fwyafrif o 581.

Roedd clerc, a adwaenwn o'm cyfnod ar Gyngor Casnewydd, yn wincio arnaf ac yn pwyntio at gefn y llwyfan. Dyna lle'r oedd dau glerc yn cario bwrdd ac arno filoedd o bleidleisiau, y cyfan i mi. Y sgôr derfynol oedd:

18,179 i Mark, ac 20,877 i mi. Syniad rhywrai i ddod â thipyn o gyffro a gwewyr i'r amgylchiad oedd dal y bwrdd yn ôl am sbel.

Yn ystod y dydd roedd Mark wedi cyhoeddi ei fod yn trefnu parti siampên i ddathlu ei fuddugoliaeth. Yn ddios, roedd yn gwir gredu ei fod yn mynd i ennill.

Yn ystod yr oriau o ansicrwydd llethol gadawodd Sam fi ar fy mhen fy hun. Credai fod rhaid i'r naill fod yn gryf os oedd nerfau'r llall ar fin chwalu. Pan etholwyd Tori i gynrychioli Casnewydd ym 1983 am y tro cyntaf yn oes Sam fe deimlodd hi'r peth i'r byw yn y cyfrif a'i gymryd fel sarhad personol. Bu'n dyheu wedyn am gyfle i fod yn bresennol yn y cyfrif mewn sedd ymylol lle y byddai Llafur yn ennill er syndod i bawb.

Wrth inni aros am y cyhoeddiad swyddogol gofynnodd rhyw ffotograffydd am lun o'r ddau geffyl blaen a'u gwragedd. Wyddwn i ddim o'r blaen fod gan Mrs Robinson dafod mor finiog. Pan gyflwynwyd hi i Sam, dyma ei sylw o'i gyfieithu: 'O, ei wraig, ie? Gobeithio y bydd y briodas hon yn para'n hwy na'r ddiwetha'.' Yna trodd i wenu'n serchog ar y camerâu. Ond mae gwên a gwên. Gwynfydedig yw'r gair i ddisgrifio'r un ar wynebau Sam a minnau.

Bechgyn Newydd

Pan deithiai bechgyn newydd 'Grŵp yr M4' i'r Senedd am y tro cyntaf roedd yna arwyddion, pe gellid eu canfod, yn argoeli eu dyfodol nhw.

Mynnai Anita Gale, pennaeth y Blaid Lafur yng Nghymru, ein bod yn cael tynnu'n lluniau yng Ngorsaf Reilffordd Caerdydd. Bu'n rhaid imi deithio o Gasnewydd i Gaerdydd i ddal trên yn mynd i Lundain drwy Gasnewydd. Hyn i blesio Anita a ffotograffydd yr *Echo*.

Nid peth hawdd i Rhodri Morgan oedd cydymffurfio â'r ddelwedd arferol o AS. Drannoeth ei fuddugoliaeth gwisgai jîns a 'chrys coedwigwr' mewn cyfweliad teledu. Yng Ngorsaf Caerdydd methai â deall pam y cuddiais o olwg y ffotograffydd y bag Tesco a gariai yn ei law i ddal mân bethau. 'Pam wnest ti hynna?' gofynnodd yn syn. Y gwir yw fod yr etholwyr yn disgwyl i'w Haelodau Seneddol edrych fel y dylent.

Mae Paul Murphy yn cofio'r munudau cyn i'r trên adael Casnewydd fel rhai sobor o annifyr iddo. Ataliwyd y trên am dipyn er mwyn i gefnogwyr Llafur Gorllewin Casnewydd a'r Aelodau Seneddol newydd ganu 'Y Faner Goch'. Roedd Paul eisoes yn Llafur Newydd ac yn llwyr gredu nad pethau i'w harddel ar goedd gwlad oedd canu o'r fath nac unrhyw ddaliadau asgell chwith.

Ron Davies, fel Chwip Llafur, a'n croesawodd i Dŷ'r

Cyffredin. Fel ci yn hebrwng defaid aeth â ni ar hyd coridorau diderfyn San Steffan. Roedd cymorth a chefnogaeth y Chwip Ray Powell yn hanfodol er mwyn sicrhau desgiau a swyddfa inni.

Yr Argraffiadau Cyntaf

Bydd y cof yn chwarae triciau â ni ambell dro wrth inni gymryd cip ar y gorffennol. Yn ffodus, mi ysgrifennais am f'argraff gyntaf o'r Senedd yn y *Commons House Magazine*. Dyma gyfieithiad ohono.

Roedd fy nhridiau cyntaf fel AS yn dipyn o syndod imi. Gwelais â'm llygaid fy hun un o draddodiadau cysegredig Palas San Steffan yn cael ei herio'n ddigywilydd. Ac nid am y tro olaf ychwaith!

Cysur oedd sylwi bod ruban wedi'i osod yn ei le i ddal fy nghleddyf. Doeddwn i ddim yn disgwyl gweld technoleg ganoloesol ochr yn ochr â data-bas soffistigedig — desgiau ac arnyn nhw ysgrifbinnau hen ffasiwn a photiau yn llawn o inc mor agos at y cyfrifiaduron yn y Llyfrgell ysblennydd.

Yr argraff arhosol sydd gen i o'r bore cyntaf hwnnw yw adeilad hardd ond un â'i du mewn fel labrinth. Teimlwn mai prif swyddogaeth y lle oedd bwydo papurau yn ddiddiwedd i'r Aelodau. Lai nag wythnos wedi'r etholiad, roedd y pentwr llythyrau yn ddychryn, heb sôn am y toreth gwybodaeth gan y Rhingyll dan Arfau, y Chwipiaid, y Swyddfa Ffïoedd, a hefyd (syndod y byd!) lond llaw o lythyrau llongyfarch gan Aelodau Seneddol Torïaidd. Nid enghraifft o'r 'uniad democrataidd' y clywem gymaint amdano, ond gwahoddiadau i 'wneud pâr'. Y mwyaf trawiadol oedd yr un a ddywedai y byddai'r anfonwr ac AS Gorllewin Casnewydd yn bâr delfrydol ar y sail simsan fod ei dad yng nghyfraith yn hanu o Benarth.

A dyna'r Siambr a'i phroblemau neilltuol ei hun. Ble'r

oedd Aelod newydd i fod i eistedd tybed? Dywedodd plismon wrthyf yn garedig, ond yn bendant, fod gan yr Anrhydeddus Aelodau hawl i eistedd lle y mynnent ond fod Michael Foot, fel arfer, yn eistedd lle'r oeddwn i wedi fy ngosod fy hun. Deallais nad oes neb byth yn curo dwylo. Sut ac ymhle y mae dysgu'r union dinc wrth wneud nadau i fynegi llawenydd neu ddirmyg?

Wedi inni ymgyfarwyddo â'r lle, y mae gobaith y bydd criw newydd 1987 yn llunio traddodiadau newydd. Daeth rhagor o fenywod i mewn nag erioed o'r blaen, pedwar Aelod croenddu a'r gwrol David Blunkett. Er nad ef yw'r Aelod dall cyntaf, ef yw'r cyntaf i fod yno yng nghwmni ei gi tywys.

Mae Ted, y ci, yn siŵr o dyfu'n un o sêr y Senedd newydd — yn archseren pan ddaw'r teledu i'r Tŷ. Profodd eisoes ei fod yn feirniad craff. Bydd yn gorwedd ar ei hyd rhwng y ddwy fainc flaen ac yn gwybod sut i gael sylw. Pan fydd siaradwr difyr wrthi bydd Ted yn troi ei ben a moeli ei glustiau; wrth glywed rhywun hunanbwysig bydd yn dylyfu gên a chrafu, a phan fydd pethau'n hollol ddiflas bydd yn rowlio ar wastad ei gefn. Yn wir, y mae Ted fel y corws Groegaidd yn nrama ddyddiol y Siambr.

Ted a fu'n euog o dorri un o'r llu gwaharddiadau sy'n perthyn i'r Tŷ. Am chwarter wedi pump o'r gloch ddydd Iau, 18 Mehefin, aeth Ted yng nghwmni plismon allan i ddefnyddio'r lawnt yn New Palace Yard i bwrpas na fwriadwyd y lle erioed ar ei gyfer. Fydd yna newidiadau oherwydd hyn tybed?

Mae'r hoffus Ted wedi ffarwelio â ni ers tro byd, a David Blunkett wedi cael tri chi arall oddi ar hynny. Ar wahân i hynny does fawr o ddim wedi newid yn ystod y deng mlynedd.

Y Swyddfa

Yn ôl safonau heddiw, roedd y ddarpariaeth yn wael. Rhaid oedd bodloni ar un ystafell bum troedfedd ar hugain wrth ddeuddeg troedfedd ar gyfer saith ohonom. Ar ail lawr adeilad ar draws y ffordd i Dŷ'r Cyffredin yr oedd y swyddfa hon a rennid gan Rhodri Morgan, Alun Michael, Paul Murphy, Elliott Morley, John MacFall, Eric Illsley a minnau. Gosodwyd arwydd ar y drws yn dweud 'Little Wales beyond England'.

Penderfynodd Rhodri, Alun, Paul a minnau ddal i gydweithio. Roedd y gydgefnogaeth rhwng yr Aelodau newydd o gymorth mawr yn ystod y misoedd cyntaf. Dysgu wrth fynd ymlaen oedd y drefn. Am fod y Senedd mor anghyfeillgar tuag at Aelodau newydd yr ysgrifennais y llyfr *How to be a Backbencher* ddeng mlynedd yn ddiweddarach. Roedd pawb mor ddi-hid yn ein cylch, a'r profiad yn debycach i ddechrau ar dymor mewn carchar nag mewn ysgol newydd.

Edrychai'r swyddfa fel petai hi'n crebachu rhywfaint bob dydd. Er bod gennym ni ddesg bob un disgwylid i'n hymchwilwyr hefyd weithio ar gornel fach ohoni. Sylwais fod Alun Michael yn benderfynol o ymestyn ei diriogaeth, fel petai, trwy osod ei bapurau yn bentyrrau ar lawr nes llenwi'r lle gwag rhwng y desgiau. Buan y tyfai'r adroddiadau fyrdd, nas darllenwyd, yn bileri ar ddesg Rhodri ac yntau o'r golwg tu ôl iddyn nhw. Ymhen tair blynedd penderfynodd ei ymchwilydd newydd ddymchwel y colofnau. Erbyn hynny roeddent yn droedfeddi lawer o uchder ac yn atgoffa rhywun o'r cylchoedd mewn boncyff coeden. Dair modfedd o'r brig roedd 'Rhagfyr '89', a throedfedd yn is 'Medi '88'.

Y mwyaf destlus o ddigon oedd Paul Murphy, a chymaint felly nes i'r taclusrwydd edrych fel obsesiwn yn fy nhyb i. Fyddai yna byth damaid o bapur ar ei ddesg, a honno'n sgleinio'n lân yng nghanol blerwch y gweddill ohonom.

Rhwng caniadau di-baid y ffôn a mwmian pobl yn sgwrsio doedd y lle ddim yn ddelfrydol i weithio ynddo. Mynd â'i waith i gyd gydag ef i'r Llyfrgell a wnâi John MacFall. Bu'r anghydweld rhwng Rhodri ac Alun ynghylch Morglawdd Bae Caerdydd yn achos rhagor o densiwn mewn lle a oedd eisoes yn hynod glawstroffobaidd. Roeddent wedi prynu offer swyddfa ar y cyd. Gan nad oedd y naill na'r llall wedi bod drwy ysgariad, doedd pethau ddim yn esmwyth ar fater pwy ddylai fod â gofal a gwarchodaeth yr offer. Sut roedd torri peiriant ffacs yn ei hanner?

Yn chwech oed yn Ysgol Padraig Sant . . .

. . . yn ddeuddeg oed ac yn Ysgol Illtud Sant.

Parti i ddathlu dyfodiad fy mrawd Terry adref o Gyprus ym 1948. O'r chwith i'r dde: Terry, ei wraig Lillian, fy mrawd Mike (yn yr het), Mam a Bill Rosien.

◄ *James, fy nhad (canol), yn y Fyddin.*

◄ *Teulu Casnewydd 1968. Rachel, Paul, Ann a James.*

Ymgeisydd Etholiad i Gyngor ► *Casnewydd, 1972 (ward Allt-yr-ynn).*

Rachel.

James ◄

Buddugoliaeth Casnewydd, 1987.
David Mayer, Sam, Paul, Mark Robinson.

Yn y tŷ.

Vilnius, Lithwania, 1988.
Paul, Mark Wolfson (AS Ceidwadol) a David Owen.

Derbyn Tlws 'Rhyddid Gwybodaeth', 1991.
Paddy Ashdown, Paul a Tony Lynes.

Gyda Sam, Natalie ac Alex adeg Etholiad 1987.

Sam, Mai 1998 ▶

Y teulu adeg Etholiad 1997.
▼

*'Paul y Siartwr' yn cael ei Urddo yn Eisteddfod
Genedlaethol yr Wyddgrug, 1991.*

*Ar y ffordd i'r Senedd wedi ennill Etholiad 1997.
Yn canu'r anthem 'Y Faner Goch' ar orsaf Casnewydd:
Alun Michael, Paul Murphy, Paul Flynn a Rhodri Morgan.*

Y Cam Gwag Cyntaf

A minnau'n dal yn ddiniweityn anwybodus ynghylch dulliau San Steffan o wneud pethau, cefais fy nghythruddo gan y newydd fy mod wedi fy mhenodi ar Bwyllgor Dethol y Trysorlys. Doedd neb wedi gofyn imi. Roedd gen i fwy o ddiddordeb ym mhob un bron o'r pwyllgorau eraill nag yn hwn. Wyddwn i ddim ar y pryd fod statws y meinciau cefn yn y Senedd cyn ised â llwch y llawr. Byddai ymgynghori â mi a'm tebyg yn golygu bod y Chwipiaid yn ildio'u hawdurdod. Peth diraddiol iawn fyddai hynny yn eu golwg.

Ymhen blynyddoedd, dywedodd Keith Bradley, a oedd yn Aelod newydd yr un pryd â mi, mai'r hyn a gofiai am ei gyfarfod cyntaf o'r PLP *(Parliamentary Labour Party)* oedd fod rhyw newydd-ddyfodiad 'eofn' wedi meiddio agor ei geg yno. Roeddwn i wedi mynegi fy ngwrthwynebiad i gael fy rhoi ar bwyllgor nad oedd o'm dewis. Erbyn deall, roedd hwnnw'n bwyllgor tra phwysig ac yn un i'w chwenychu. Mae gan y Chwipiaid gof di-ffael. Bu'n rhaid imi aros am saith mlynedd cyn cael cyfle i fod ar Bwyllgor Dethol arall.

Yr un mor annisgwyl ac annerbyniol oedd cael fy 'ngorfodi' i ymwneud â mesur cyntaf y Senedd honno. Roedd gen i eisoes fwy na digon ar fy mhlât yn ceisio sefydlu fy swyddfeydd a delio â'r tomennydd o lythyrau sydd bron â chladdu'n fyw bob Aelod Seneddol newydd. Sut y cawn i amser i fod ar bwyllgor o 10.30 a.m. tan

145

1.00 p.m., o 4.30 p.m. tan 7.00 p.m., ac o 9.00 p.m. tan oriau mân y bore, ddwywaith yr wythnos.

Cwynais am hyn wrth Jack Cunningham, a oedd yn arwain ar ran yr Wrthblaid. Dywedodd yntau wrthyf yn blaen mai dyna waith AS. Gwaeth fyth oedd deall rôl mor ddiwerth oedd un Aelodau'r gwrthbleidiau ar bwyllgor yn trafod mesur. Doedd gan y broses fawr ddim i'w wneud ag archwilio'n ddeallus wendidau'r mesur, fesul llinell, er mwyn ei wella. Roeddwn dan yr argraff mai dyna fyddai'n cyfraniad ni. Eglurodd Jack mai'r unig arf oedd gennym fel gwrthbleidiau oedd arafu'r mesur trwy rwystro, herwddadlau *(filibuster)* ac ystyfnigo. Nid ansawdd unrhyw araith oedd yn bwysig, eithr ei hyd hi. Bwriadai Jack gadw'r 'Toriaid diawl' ar eu traed drwy'r nos ac, os gwnâi pawb eu rhan, byddem yn dal yno ar doriad y wawr drannoeth.

Erbyn hyn roeddwn yn flinedig drwy'r adeg oherwydd holl ofynion a galwadau'r wythnosau cyntaf ac arswydwn rhag sesiynau Seneddol yn para trwy gydol y nos. I lenwi'r oriau maith rhaid oedd paratoi toreth o stwff ymlaen llaw. Roedd Jack yn iawn. Gwnaethom bethau'n hynod anodd iddyn nhw a'u llethu'n llwyr. Ond roedd dau ar bymtheg ohonyn nhw a dim ond un ar ddeg ohonom ni. Bu'n straen ofnadwy a theimlwn wedi ymlâdd am ddyddiau wedyn. Nid dyma'r ffordd i redeg unrhyw Senedd.

Yr Araith Forwynol

Dyma glwyd frawychus y mae'n rhaid neidio drosti. Po fwyaf yr oedi, uchaf yn y byd yr ymddengys y glwyd. Dilynodd fy rhagflaenydd y cyngor a gawsai i aros hyd nes bod dadl ar bwnc y gwyddai rywbeth amdano. Wedi disgwyl am ryw chwe mis, fe siaradodd am Tsieina. Tipyn o benbleth i bobl Casnewydd: 'Wnaethom ni mo'i yrru e draw i fanna i beidio dweud yr un gair am Gasnewydd am hanner blwyddyn, ac yna i siarad am Tsieina!'

Ar ôl diwrnod Araith y Frenhines rhoddais nodyn i mewn bob dydd yn dweud y gobeithiwn ddal llygad Llefarydd y Tŷ, sef Weatherill. Daeth neges yn ôl yn nodi y bwriadai fy ngalw chwe diwrnod ar ôl yr Araith, sef Gorffennaf 1af. Rhois ganiad ar y ffôn i Sam yng Nghasnewydd. Erbyn imi gael fy ngalw i siarad am saith o'r gloch, dyna lle roedd Sam yn eistedd yn yr oriel.

Dywedodd wedyn y gwyddai hi'n iawn fy mod yn nerfus ond na fyddai neb arall wedi sylwi. Oddeutu ugain Aelod oedd yn y Siambr a'r awyrgylch heb fod yn annifyr nac yn fygythiol o gwbl. Gan gredu mai gwell newid y gynulleidfa ac nid yr araith, hen berlau o areithiau'r gorffennol oedd swm a sylwedd yr hyn a ddywedais.

Tai oedd y thema a llwyddiant Cyngor Bwrdeistref Casnewydd gyda'i bolisïau blaengar, yn cynnwys gwerthu 20% o'i dai am resymau sosialaidd da. Paratoais un ddelwedd newydd yn seiliedig ar freuddwyd Aneurin Bevan i greu 'tapestri ysblennydd' o gymunedau cymysg

147

eu natur. Wrth gloi, dywedais nad oedd gennym ni dapestri o'r fath ym maes tai, '. . . eithr rhyw jig-so hyll yn dangos rhwygiadau ac anghyfiawnder. Ar y naill ochr, stadau o ofn, torcyfraith ac esgeulustod yn cael eu hanwybyddu. Ar y llall, maestrefi'r breintiedig y tu ôl i faricêd ac o dan warchodaeth ddydd a nos . . .'

Ymhen awr traddododd fy nghyn-wrthwynebydd yn Ninbych gynt, Ieuan Wyn Jones, ei araith forwynol yntau. Ymatebodd Kenneth Baker i'r ddadl a'm hatgoffa mai yng Nghasnewydd y ganwyd ef, yna fy siarsio i ofalu am y dref.

I ddathlu'r amgylchiad mwynhaodd Sam a minnau bryd o fwyd ardderchog ym moethusrwydd Ystafell Fwyta Tŷ'r Cyffredin. Dyna ni wedi cyrraedd y nod trwy waith tîm. Diwrnod bythgofiadwy.

Colofnydd

Yr *Argus* oedd y cyfrwng gorau i gyrraedd pobl Casnewydd. Pan etholwyd fi gyntaf, y golygydd oedd Steve Hoselitz, dyn teg ei farn, o dras Iddewig ac Almaenig. Yn y gorffennol, roedd wedi bod yn gefnogol i wleidyddiaeth asgell chwith eithafol. Newidiodd i fod yn 'ganol y ffordd' a rhoddai bwys ar ddelfrydau newyddiadurol uchel. Gofynnodd imi ysgrifennu colofn bob pythefnos dan y pennawd *'Red Rose Column'*. Roedd y cyn-AS, Mark Robinson, yn dal o gwmpas ar y pryd a chytunodd yntau i fod yn gyfrifol am golofn *'Mark my Words'*, bob yn ail â f'un i. Dyma gyfle gwych imi allu rhannu â'r etholwyr y profiad newydd hwn o fod yn AS.

Yn ystod fy mlynyddoedd yn gweithio i Llew Smith byddwn yn pasio ymlaen yn rheolaidd i Steve Hoselitz wybodaeth ynghylch materion gwleidyddol ond heb ddatgelu'r ffynonellau, yn ogystal ag anfon pytiau o newyddion a hanesion ato. Pan oeddwn ar y cyngor cythruddid fi'n aml gan y modd y câi f'areithiau eu symleiddio gan ohebwyr. Os byddai gohebydd heb lawn ddeall rhyw ddadl cymerai'r hyfdra i aralleirio sylwadau pwysig a gwneud iddynt swnio'n hollol hurt. Peth braf iawn ynghylch y golofn oedd bod â rheolaeth lwyr ar y geiriau a welid mewn print. Bu'n gymorth hefyd i chwalu'r syniad fy mod ymhell ar y chwith, fel y camdybiai rhai etholwyr o hyd. Fel AS, mwynheais berthynas fuddiol ac ymddiriedus â'r *Argus* a'i staff am wyth mlynedd. Yna, daeth hyn i gyd i ben.

Ar y Fainc Flaen

Mewn pwyllgor yn y Senedd yr oeddwn i pan ddaeth neges yn gofyn imi roi caniad i swyddfa Neil Kinnock. Ychydig fisoedd yn unig o brofiad Seneddol oedd gen i. Holodd Neil, *'How are you getting on, Butt?'* Ac yna meddai, *'I'd like you to go on the front bench with Alan Williams.'* Wedi fy syfrdanu, ond yn teimlo'n ddiolchgar, mi gytunais. Fe ddigwyddodd mor sydyn ac mor syml. Dim gwŷs oddi uchod i fynd i swyddfa'r Arweinydd nac ysgwyd llaw. Galwad ffôn hanner munud — dyna i gyd. Yn hwyrach yr un diwrnod cyhoeddwyd mai'r rhai cyntaf o blith carfan newydd 1987 i fod ar fainc flaen Llafur fyddai Mo Mowlam, Sam Galbraith a minnau.

Newydd cyffrous, ond eto un a godai ryw fath o ofn arnaf. Dywedodd Stuart Bell, hen law ar y meinciau blaen, mai cam gwag oedd derbyn. Eglurodd y dylwn yn gyntaf gael cyfle i wneud fy nghamgymeriadau, ac mai'r meinciau cefn oedd y lle i wneud y rheini. Cefais groeso cynnes gan Alan Williams a dywedodd wrthyf mai ei ail ddewis oeddwn i. Doedd arno ddim eisiau enwi'r dewis cyntaf ond roeddwn i'n amau mai Paul Murphy ydoedd gan fod y ddau â daliadau tebyg ynghylch datganoli a hefyd, y Gymraeg.

Roy Hughes oedd y trydydd aelod yn y tîm. Roedd yn gynddeiriog am fy mod i wedi cael fy mhenodi. Gwyddwn fod stormydd ar eu ffordd. Doedd byth angen llawer i wylltio Roy, yn enwedig os tybiai fod rhywun am ei iselhau

mewn unrhyw fodd. Bu mymryn o helynt pan oedd y Prif
Weinidog, Harold Wilson, mewn cinio i goffáu'r Siartwyr
yng Ngwesty Westgate, Casnewydd yn y chwe degau.
Wrth y bwrdd bwyd, cawsai Roy ei osod mewn safle
israddol i AS Pont-y-pŵl, Leo Abse.

Ni chytunai Roy ag ymdrechion Alan Williams i drefnu
cyfarfodydd rheolaidd o Aelodau Cymreig y fainc flaen.
Doedd ganddo fawr o amynedd i drin a thrafod manylion
polisïau, yn enwedig wyneb yn wyneb â'r ymchwilwyr
peniog yng nghyfarfodydd y tîm. Er bod tai yn bwnc yr
ymddiddorai ynddo, roedd ei wybodaeth amdano yn
druenus o arwynebol. Codwyd gwrychyn Alan Williams
yn o arw pan ddeallodd i Roy 'chwarae triwant' trwy fynd
i'r Sioe Frenhinol yn Llanelwedd yn lle bod ar y fainc
flaen ar gyfer sesiwn fisol y Cwestiynau Cymreig. Roedd
dyddiau Roy wedi eu rhifo.

Y tro cyntaf imi fod ar y fainc flaen yn ystod yr awr
holi oedd hi pan dynnais sylw at yr angen am Ddeddf
Iaith newydd i fynd i'r afael â'r mater mwyaf cynhennus
yng Nghymru. Profiad newydd oedd siarad o flaen y
Dispatch Box, mor agos at Peter Walker ar fainc flaen y
Llywodraeth. Roedd hi'n anodd anwybyddu ei fwmian
di-baid dan ei wynt tra oeddwn i'n gofyn y cwestiwn.
'Legislation, legislation . . . Why do we need legislation?'
meddai'n flin. Wyn Roberts a'm hatebodd. Yn gwrtais
a charedig, fel arfer, disgrifiodd y cwestiwn fel *tour de force*.
Mi dybiaf mai ffordd o ddweud ei fod yn rhy hir oedd
hynny. Ymhen hir a hwyr, fe gawsom ni ddeddf.

Ymadawodd Roy Hughes cyn cael ei wthio. Tipyn yn
wawdlyd oedd sylw Peter Walker y gwelai eisiau
perfformiadau *'jocular'* Roy. Fel llawer o'r un genhedlaeth,
yn ôl blynyddoedd yn hytrach na sylwedd y mesurai Roy

ei weithgarwch Seneddol yn y diwedd. Roedd Roy hefyd yn dra meddiangar ynghylch ffiniau ei etholaeth. Doedd gan yr un AS arall hawl i'w croesi nhw heb ei ganiatâd. Clywais si fod rhai Aelodau Seneddol yn marcio eu ffiniau fel y bydd ci a chwrcath yn ei wneud ond does gen i ddim tystiolaeth bendant.

Dyw'r rhan fwyaf o Aelodau ddim yn gwneud môr a mynydd o'r busnes croesi ffiniau yma. Mae llawer o faterion yn effeithio ar fwy nag un etholaeth. Os bydd ffatri'n cau mae'n bur annhebygol fod y gweithwyr i gyd yn byw yn yr un etholaeth. Dros y blynyddoedd, cafodd amryw o Aelodau gerydd hallt gan Roy am dresmasu ar ei diriogaeth ef. Ni phenodwyd neb yn ei le ar y fainc flaen.

Mwynheais helpu a chefnogi Alan Williams ond doedd dim gobaith ennill yn erbyn Peter Walker. Dysgais lawer gan Alan. Trwy fod yn gyn-Weinidog a hefyd yn gyn-Arweinydd y Tŷ yn yr Wrthblaid fe wyddai holl reolau cymhleth y Tŷ y tu chwith allan. Yn ddyn ifanc roedd wedi bod yn gweithio i'r BBC yng Nghymru. Soniodd wrthyf am T. Glynne Davies yn dangos iddo sut i oslefu a phwysleisio'n effeithiol ar y radio. Cofiai i T. Glynne ganmol rhyw sylwadau ganddo ac ar yr un gwynt ei geryddu am wneud iddyn nhw swnio fel ymddiheuriad. Yn anffodus, roedd Alan yn well am drosglwyddo'r pwynt hwn i eraill nag am ei gyflawni ei hun. Doedd mo'i well ymhlith yr Aelodau Cymreig am herio campau Peter Walker ym maes cysylltiadau cyhoeddus. Ond roedd Alan wedi anghofio sut i berfformio ar y teledu. O'i gorun i'w sawdl, fe edrychai fel ymddiheuriad yn ogystal â swnio fel un: ei olygon tua'r llawr, ei osgo yn negyddol a'i ddadleuon yn amddiffynnol.

Bu cynllwynio yn ei erbyn. 'Wal Berlin' oedd y prif reswm am gwynion yr Aelodau Cymreig. Roedd Elizabeth Bachelor, menyw alluog, wedi bod yn ymchwilydd ac ysgrifennydd iddo ers llawer blwyddyn. Fe fyddai hi wedi gwneud ymgeisydd Seneddol cryf pan oedd hi'n iau. Fel amryw o'i chenhedlaeth, fe gollodd hi'r cyfle hwnnw oherwydd siofinyddiaeth wrywaidd. Roedd ei phrofiad hi o'r Senedd yn fwy nag un y rhan fwyaf o'r Aelodau Cymreig. Ar un adeg, bu'n gweithio i George Brown. Sut bynnag, i Aelodau Seneddol Cymru ym 1988, 'Wal Berlin' oedd hi. Fe dybiai mai rhan bwysig o'i dyletswyddau oedd amddiffyn Alan Williams rhag i'r byd mawr y tu allan beri gormod o drafferthion iddo.

Y tro cynt, roedd Barry Jones wedi cael ei siomi yn y bleidlais a gafodd i fod yng nghabinet yr Wrthblaid. Yn ôl y si, roedd ei fryd ar y portffolio Addysg. Pan na lwyddodd i gael hynny, fe wrthododd fod yn Ysgrifennydd Cymru yn yr Wrthblaid. 'Y Cylch Gwnïo' oedd y llysenw ar grŵp bychan o Aelodau Seneddol Cymreig a arferai gyfarfod yn aml i gloncan â'i gilydd. I'r to hŷn y perthynai'r rhain, sef Donald Coleman, Brynmor John, Roy Hughes a Ray Powell. Cafwyd ar ddeall eu bod yn cynllwynio sut i gynyddu'r bleidlais i Barry Jones ar gyfer cabinet yr Wrthblaid er mwyn disodli Alan Williams.

Yn y cyfamser, câi Alan a minnau ein 'p'ledu' gan areithiau Peter Walker. Bob tro yr agorai ei geg, cawn fy nharo gan ei orhoffter o ansoddeiriau. Ac o edrych ar ei fynych ddatganiadau i'r wasg, fe welid ei ormodiaith yn ogystal. Defnyddiai *colossal, staggering, tremendous* a *fabulous* o hyd ac o hyd. Corddi gan ddicter a wnaeth pan dynnais ei sylw at hyn, ac yna rhoi ansoddeiriau newydd yn eu lle nhw — *lively, vibrant and vigorous*!

Yn raddol y gwawriodd y gwirionedd arnaf. Roeddwn yn dal y swydd fwyaf diflas yn y Senedd — bod yn is-lefarydd ar fainc flaen yr Wrthblaid. Roedd y cyfrifoldeb yn aruthrol. Rhaid oedd astudio'n hynod fanwl bob gair a leferid gan fainc flaen y Llywodraeth er mwyn canfod gwendid a chaff gwag. Ni ddarperid unrhyw adnoddau ychwanegol na staff — dim byd mwy na'r arferol ar gyfer Aelodau'r meinciau cefn. Yr uwch-lefarwyr yn unig yn yr Wrthblaid, sef yr Ysgrifenyddion Gwladol, a dderbyniai rywfaint o arian i dalu i ymchwilwyr. Eto i gyd, rhaid oedd i ninnau'r is-lefarwyr gystadlu mewn dadl ar yr un gwastad â Gweinidogion y Llywodraeth. Fe gâi'r rheini ddigonedd o gymorth a maldod gan fyddin o gynghorwyr a gweision sifil. Caent rywrai eraill i ysgrifennu eu hareithiau a'u hatebion. Ac yn ystod dadl byddai rhywun byth a hefyd yn eu bwydo nhw â phytiau o wybodaeth ar ddalennau o bapur rhag ofn iddyn nhw fod yn brin o ffeithiau neu o ysbrydoliaeth.

Roeddwn yn poeni'n ofnadwy wrth baratoi fy araith gyntaf o bwys, sef ar Addysg yn yr Uwch-bwyllgor Cymreig. Bu Alan mor garedig â gadael imi agor y ddadl ar ran yr Wrthblaid. Ar ôl bod wrthi'n aml tan berfeddion nos yn llunio'r araith roedd gen i ddigon o stwff i allu dal ati am ryw bum awr yn null Fidel Castro! Nid felly y bu. Treuliais o leiaf chwarter awr o'r hanner awr a ganiateid imi yn taeru ynghylch rhai pwyntiau yn araith agoriadol Wyn Roberts ar ran y Llywodraeth, codi pwyntiau a dadlau yn hytrach nag areithio. Fel droeon, cynt a chwedyn, roedd y pryder ymlaen llaw yn llawer gwaeth na'r profiad ei hun. Rhyfedd fel y llifa rhyw hyder o waelodion yr ymennydd pan fo rhywun wrthi'n llefaru, nes peri i'r syniadau a'r geiriau ddal i fyrlymu.

Balchder Teuluol

Bu'r gwyliau cyntaf, a'r Senedd wedi cau, yn gyfle imi fwynhau'r pleser o fod yn AS. Roedd fy mam wedi gweithio dros y Blaid Lafur ar hyd ei hoes. Fe sigwyd ei gobeithion yn fy nghylch wedi imi ymadael â'r coleg heb orffen fy nghwrs, mynd yn docynnwr ar y bysiau ac yna rhygnu ymlaen heb uchelgais am flynyddoedd. Erbyn hyn, a hithau'n tynnu at ei phedwar ugain, roedd hi'n ymfalchïo fod ganddi fab yn y Senedd ac yn benderfynol o wneud yn fawr o hynny. Er ei bod mewn cadair olwyn roedd hi wrth ei bodd yn cael ei thywys o gwmpas San Steffan. Gartref fe dreuliai oriau yn dilyn gweithgareddau Tŷ'r Cyffredin ar y teledu a doedd yna'r un beirniad mwy llym na hi pan fyddwn i'n cymryd rhan. Eglurodd â balchder wrthyf sut y rhoddodd hi ryw wraig yn ei lle. Honno wedi sylwi ar y cyfenw Rosien, sy'n gyffredin yn Yr Iseldiroedd, ac wedi gofyn i'm mam ers faint roedd hi'n byw ym Mhrydain. Cafodd ateb fel ergyd o wn, *'Long enough to have a son as an MP.'*

Câi'r plant lawer o fwynhad yn y bywyd newydd, cyffrous, ac yn enwedig wrth ymweld â'r Senedd. Roedd gan Alex a Natalie, deg a saith oed, eu dull eu hunain o farnu gwleidyddion. Doedd neb yn cyfrif oni bai eu bod wedi ymddangos ar *'Spitting Image'*. Tipyn o arwr oedd Bernie Grant, a Tony Blair yn neb. Doedd dim angen imi bryderu y caent drafferth yn yr ysgol oherwydd swydd eu llystad. Gan eu bod wedi cadw cyfenw eu tad iawn, nifer fechan a wyddai am fy nghysylltiad â nhw.

Buom yn chwilio am adeilad addas i leoli swyddfa yng nghanol Casnewydd. Yn y cyfamser, defnyddiem ystafell sbâr yn ein cartref ar gyfer gwaith yr etholaeth. Er nad oeddwn ar y dechrau wedi bwriadu troi darn o'r tŷ yn swyddfa a gofyn i Sam ei rhedeg hi, felly y mae pethau o hyd ddeng mlynedd yn ddiweddarach.

Cael y Sac

Yn union wedi i'r Senedd ailagor ym mis Hydref fe gynhaliwyd yr etholiadau blynyddol ar gyfer cabinet yr Wrthblaid. Roedd y 'Cylch Gwnïo' wrthi mor brysur ag o'r blaen. Yn y cyfnod hwn roedd gan y Chwipiaid rym aruthrol i drefnu pethau megis swyddfeydd, teithiau tramor a ffafrau eraill. Ni fyddai'n anarferol o gwbl i Aelodau roi eu papurau pleidleisio gwag i'r Chwipiaid eu llenwi. Yn gydnabyddiaeth, fe ddisgwylid rhyw ffafr. Roedd gan Ray Powell gryn ddylanwad fel Chwip. Gofynnodd imi bleidleisio i Barry Jones, a gwrthodais innau. Syndod mawr imi fu'r symudiad nesaf.

Gwyddai pawb fod Barry yn gwneud ei orau glas i fod yn boblogaidd ymhlith ei gyd-Aelodau. Wedi i un ohonom draddodi araith, ni waeth pa mor ystrydebol, neu hyd yn oed faglu wrth ofyn cwestiwn, fe ddôi nodyn personol o longyfarchion gan Barry. Fe greai hyn argraff ar Aelodau newydd. Yna byddai'n dweud yn blaen ei fod yn sefyll yn yr etholiad ar gyfer cabinet yr Wrthblaid. Ni chredai fod ganddo lawer o obaith ond fe fyddai'n gwerthfawrogi'ch cefnogaeth, oherwydd fyddech chi ddim am iddo gael ei fychanu, na fyddech?

Aeth i'r afael â'r mater gyda mi mewn modd gwahanol. Yn ystod yr ymgyrch etholiadol bu mor garedig ag ymweld â Chasnewydd. Digwyddodd weld rhyw lun a wnaed gan Natalie a gofynnodd iddi a gâi fynd ag ef i'r Senedd. Cyn bo hir, derbyniodd Natalie nodyn yn dweud cymaint yr oedd Neil Kinnock a Margaret Thatcher yn edmygu'r llun bob tro y byddent yn galw heibio swyddfa Barry. Roedd adeg y pleidleisio yn nesu. Daeth nodyn arall i Natalie gyda neges debyg i hyn arno yn Saesneg: 'Rwyf wedi symud i swyddfa arall ac wedi colli'r llun. Elli di wneud un arall imi os gweli di'n dda?'

Weithiodd y llyfu ddim gyda mi ond fe lwyddodd gydag eraill. Etholwyd Barry i gabinet yr Wrthblaid. Colli a wnaeth Alan Williams a chael y sac. Daeth Barry yn Ysgrifennydd Gwladol Cymru yn yr Wrthblaid. Roedd Peter Walker yn awr wrth ei fodd gan fod Alan yn llwyddo i godi ei wrychyn o hyd. Doedd ganddo ddim parch i Barry yn ôl y llysenw a roddodd arno, llysenw seiliedig ar ei ddiffygion ymenyddol honedig.

Doedd hyn ddim yn iawn. Heb deyrngarwch na chefnogaeth nifer o'i gyd-Aelodau Cymreig, fe wnaethai Alan waith da. Ac yn awr roedd wedi ei ddiswyddo oherwydd pleidleisio anonest a llygredig gan rywrai. Nid am y tro cyntaf na'r olaf gadewais i'm calon reoli fy mhen. Gwnes ddatganiad i'r wasg yn mynnu bod sacio Alan yn 'greulon ac annheg'. Teyrngarwch clodwiw, mae'n wir, ond yn wleidyddol hunanddinistriol. Galwodd Kinnock fi i mewn i'r swyddfa a dweud wrthyf nad oedd ganddo fawr o ddewis, *'You've sacked yourself, haven't you?'* Wnes i ddim dadlau. Doedd y syniad o weithio o dan Barry ddim yn apelio, sut bynnag. Soniodd Neil am Rwmania, ysgwyd fy llaw a dweud y cofiai amdanaf rywbryd eto pan ddelai cyfle am swydd. Gwerthfawrogwn hynny o leiaf.

Paratoais ddatganiad arall i'r wasg i'w gyhoeddi drannoeth yn nodi fy malchder am fod Paul Murphy ac Alun Michael yn ymuno â mainc flaen yr Wrthblaid. Gobeithiwn y byddent yn cael cymaint o fudd o'r profiad

158

ag a gefais i. Toc, digwyddais gyfarfod David Cornock, gohebydd y *Western Mail*, a rhois gopi iddo o'r datganiad gydag embargo tan drannoeth. Yn hwyrach yr un noson cefais alwad ffôn gan Neil: *'How would you like to go on Social Security, kid? Just up your street, innit?'* Cytunais ar unwaith. Dim ond un broblem oedd yna: sut i gael y datganiad hwnnw'n ôl gan Cornock?

Newid Meddwl

Teimlwn ei bod hi'n hen bryd i'r *Argus* dynnu ei eiriau yn ôl. Ac fe wnaeth. Ar 11 Tachwedd 1987, braf oedd darllen y golygyddol. Cyfaddefai ei fod wedi cymell ei ddarllenwyr yng Ngorllewin Casnewydd i bleidleisio i'r Tori, Mark Robinson, yn gynharach yn y flwyddyn. Yn awr roedd yn barod i lyncu ei eiriau gan fod yr AS newydd, Paul Flynn, yn well na'r disgwyl.

Parhaodd y papur wedyn i fod yn rhesymol a theg tuag ataf. Eithriad o beth yw hyn mewn papurau rhanbarthol. Gwn fod llawer o'm cydweithwyr yn y Senedd yn dioddef oherwydd sylwadau dilornus a gyhoeddir amdanyn nhw yn eu papurau lleol. Effeithia hyn yn arw ar eu gwaith fel AS. Nid yw'n hawdd dal ati pan ddehonglir popeth a wnewch yn y goleuni gwaethaf posibl. Wedyn, yn amlach na pheidio, does dim modd herio'r farn gyhoeddus na chael gwared o ragfarn ac anwybodaeth ynghylch achosion penodol. Gan ofni cael eu gwneud yn gyff gwawd, fe gyfyngir amryw i ddyfroedd bas gwleidyddiaeth. Ofnant fentro'n ddyfnach, gan gefnogi achosion saff yn unig.

Gofidiwn dros rai felly am eu bod yn gaeth, heb feiddio mynegi eu gwir farn. Ychydig a sylweddolwn i fod gadael i'r meddwl hepian ac atal y tafod yn baratoad gwych ar gyfer dyrchafiad. Penodwyd y rhan fwyaf ohonyn nhw'n weinidogion ym 1997.

Fe âi'n fwy anodd o hyd i Mark Robinson lenwi'r

golofn yn yr *Argus*. Mae bywyd yn gallu bod yn bur ddiflas i gyn-AS. Ar y gorau, prin fod ei erthyglau yn llenyddiaeth fawr ac erbyn hyn doeddent fawr gwell na swnian a chwyno. Yna mabwysiadwyd Mark yn ymgeisydd Torïaidd yn Frome, Gwlad yr Haf. Gadawodd Gasnewydd ac fe ddiflannodd y golofn. Daliais ati â f'un i a'i newid yn *'Commons Knowledge'*. Syniad Sam oedd y pennawd ac fe'i defnyddiais eto yn deitl llyfr ym 1997.

Yn lle cyfyngu'r maes i'r hyn a ddisgwylid gan AS Llafur, cymerais rwydd hynt yn awr i drafod pob math o bethau, yn cynnwys clecs ac anecdotau difyr a hefyd sylwadau ffraeth o enau Aelodau Seneddol Cymreig. Gan fy mod yn cael gwefr bob tro wrth gerdded i mewn i adeiladau godidog San Steffan, ceisiwn gyfleu i'r darllenwyr yr ymdeimlad o ryfeddod a chyffro yn ogystal â'r fraint o'u cynrychioli yn y Senedd.

Yr Eisteddfod

Dyna lwc! Casnewydd ym 1988 yn gartref i'r Eisteddfod Genedlaethol am y tro cyntaf yn y ganrif hon ac un o'i Haelodau Seneddol yn medru siarad Cymraeg. Ym 1987 bûm yn y Rhyl yn y seremoni i wahodd Prifwyl '88. Dyna'r dref lle y mwynheais fy ymweliad cyntaf â'r Genedlaethol 34 o flynyddoedd ynghynt. Mae anerchiad ffraeth Emlyn Williams yr adeg honno yn dal yn fyw yn fy nghof. Soniodd am un o'i gydfyfyrwyr ar ei ddiwrnod cyntaf yn y brifysgol yn tybio, oherwydd ei acen, mai brodor o Wlad Belg ydoedd. Pan dderbyniais wahoddiad i fod yn Llywydd y Dydd yng Nghasnewydd, teimlwn yn annigonol iawn, ond allwn i ddim gwrthod.

Yn thema, dewisais ddelwedd drawiadol o waith llenor o Hwngari, Istvan Schecheny: 'Yn ei hiaith y mae'r genedl yn byw'. Addas fyddai ymhyfrydu yn hanes hir y Gymraeg yng Ngwent a'i hadfywiad gwyrthiol heddiw. Yn ogystal â'r holl waith clodwiw yn yr ysgolion rhaid oedd cydnabod cyfraniad enfawr y cyfryngau yn hybu'r Gymraeg. Bûm yn gofidio'n arw ynghylch arddull fy anerchiad. Crybwyllais hyn wrth y darlledwr, Huw Edwards, a oedd ar y pryd yn ohebydd Cymraeg y BBC yn San Steffan. Bu'n diwtor amyneddgar. Ni chytunai â'r ymadrodd 'yn ei hiaith' ac anogodd fi i ddweud 'drwy ei hiaith'. Darllenais fy nhruth iddo fwy nag unwaith ar Deras Tŷ'r Cyffredin.

Fel gyda'r rhan fwyaf o achlysuron pwysig, wrth edrych yn ôl y ceir y pleser mwyaf. Roedd Rhodri Morgan yn bresennol yno yn y Brifwyl a bu'n gefn imi. Allan o'm clyw, fe esboniodd wrth Sam fy mod i mor bryderus oherwydd ofni camdreiglo. Cyn diwedd y diwrnod hwnnw roedd Sam wedi perswadio Awdurdod Datblygu Cymru (WDA) i werthu iddi, ar ôl yr Eisteddfod, ran o'i arddangosfa ar y maes, sef llun wedi'i baentio o Dŷ Tredegar a Chylch yr Orsedd.

Ar ôl imi ddod i lawr oddi ar y llwyfan daeth Gwenlyn Parry ataf a dweud, 'Rydach chi'n fwy o genedlaetholwr na Dafydd Wigley, myn coblyn i.' Wythnos yn ddiweddarach derbyniais lythyr deifiol gan gydweithiwr yn y Senedd yn mynegi ei syndod a'i ddicter am fy mod i wedi cymeradwyo *all the illegal activities of Cymdeithas yr Iaith and the Welsh Nationalists*. Cynddeiriogwyd ef yn waeth fyth am fy mod i wedi dweud mai bygythiad Gwynfor Evans i ymprydio, yn anad dim arall, a barodd i Margaret Thatcher ildio ar fater y bedwaredd sianel. I mi, cydnabod y gwirionedd oedd hyn, fel ffaith hanesyddol, a pheidio â chymryd eich twyllo gan stynt 'y tri gŵr doeth'.

Mae trigolion Casnewydd yn hynod falch fod yr Eisteddfod wedi anrhydeddu eu tref trwy ymweld â hi ac yn llawenhau yn ei llwyddiant. Fe adawodd argraff ddofn ar ei hôl. Mae'r dref a'r cyffiniau yn dal i elwa o hynny. Yn yr Wyddgrug ym 1991 daeth imi'r unig anrhydedd a chwenychais erioed — cael fy urddo yn aelod o'r Orsedd. Rwyf wrth fy modd â'm henw Gorseddol, Paul y Siartwr. Roedd yr Orsedd wedi ymgynnull mewn llecyn ar lethr bryn yng nghysgod coed tal. Golygfa drawiadol, liwgar oedd honno, a haul y bore yn tywynnu drwy'r dail. Anghofiaf i byth mo'r achlysur pryd y cefais fraint mor arbennig.

Nawdd Cymdeithasol

Buan y ciliodd ewfforia'r swydd newydd fel Gweinidog Nawdd Cymdeithasol yr Wrthblaid. Yn ei le, meddiannwyd fi gan ryw banic parhaus. Roedd yna ronyn o wirionedd yng ngeiriau Neil Kinnock *'just up your street'*. Gan imi fod yn ysgrifennydd cangen Casnewydd o'r *Child Poverty Action Group*, roedd gen i grap go dda ar rai o'r problemau. Ond roedd dehongli holl gymhlethdod eang y rheolau ynglŷn â nawdd cymdeithasol y tu hwnt i'm hymennydd pitw i.

Daeth Ron Davies i'r adwy a dweud mai dim ond mater o glandro ffigurau oedd y cyfan. Eglurodd nad oedd yr un Aelod yn llwyr ddeall pob manylyn a bod pawb weithiau'n gorfod troedio mor ofalus â iâr yn sengi ar farwor. Argyhoeddi oedd y gamp. Dysgu sut i lefaru'n ddigon awdurdodol i gelu'r ffaith fod eich gwybodaeth o'r pwnc wedi'i dihysbyddu ar ôl i chi orffen darllen y nodiadau ar y papur o'ch blaen. Mae hynny'n iawn mewn araith wedi'i pharatoi ymlaen llaw, hyd nes i ryw wrthwynebydd dorri ar draws a gofyn cwestiynau megis: 'Beth yn union mae hynna'n ei olygu?' neu 'Wnewch chi egluro'r pwynt yna mewn geiriau syml ar gyfer y dyn yn y stryd?' neu 'Beth wnaeth Llafur ynghylch hyn ym 1964?'

Unwaith eto, daeth cymorth ar ffurf angel gwarcheidiol. Rhyw fore gwelais ddyn diarth yn gwau ei ffordd tuag ataf rhwng y desgiau yn ein swyddfa orlawn yn Llundain. Edrychai fel un o broffwydi'r Hen Destament. Roedd yn denau a chanddo farf ddu, hir ac wyneb mor feinaidd â map o Israel. Cyflwynodd ei hun fel Tony Lynes a dweud ei fod yn gweithio i Margaret Beckett ac efallai y medrai fy helpu. Tony yw'r peth gorau a ddigwyddodd i mi yn ystod fy nghyfnod brith yn y Senedd. Mae ef yn un o arbenigwyr pennaf gwledydd Prydain ar nawdd cymdeithasol. Yn gyn-was sifil, fe adawodd er mwyn sefydlu'r *Child Poverty Action Group* a bu'n bennaeth arno am flynyddoedd cyn cyfnod Frank Field. Ysgrifennodd hefyd amryw o lyfrau yn ei faes. Ym mhopeth, ni chwenychodd erioed gyfoeth na statws iddo ef ei hun. Mae'n ddiwyro ei ymroddiad i wella safonau effeithlonrwydd a thegwch yn y system nawdd cymdeithasol. Dysgodd imi beth a olygir wrth 'enillion dros ben'. Ar un adeg roedd yn ennill mwy o arian nag oedd ei angen arno i fyw'n gyfforddus. Felly, fe sefydlodd gronfa ymddiriedolaeth i gadw'r arian fel y byddai ar gael i achosion da. Tony yw'r unig sant a gyfarfûm i erioed.

Margaret Beckett oedd y llefarydd ar Nawdd Cymdeithasol pan oedd y portffolio yn Iechyd a Nawdd Cymdeithasol. Arweinydd y tîm oedd Robin Cook. Croesawodd fi i'r swydd gan nodi'r un pryd fod amryw o enwau wedi cael eu 'cynnig' iddo. Dewisodd fi, meddai, am fy mod yn 'weithiwr caled' a fyddai'n siŵr 'o wneud yr ymchwil angenrheidiol'. Llyncais fy mhoer. Pa ymchwil? Roeddwn i eisoes yn gweithio mwy nag amser llawn ar y meinciau cefn. Y waredigaeth fu cyflogi Tony Lynes am yr un diwrnod yr wythnos nad oedd yn gweithio i Margaret Beckett. Buan y dois i edmygu gallu aruthrol Margaret, yn enwedig pan fyddai gwahanol fesurau yn mynd trwy bwyllgor. Roedd ganddi brofiad helaeth fel llefarydd Nawdd Cymdeithasol ac, wrth ddadlau, fe fyddai hi ben ac ysgwydd uwchlaw pawb arall. Er bod fy swydd ar fainc flaen yr Wrthblaid yn ymwneud ag ystod eang o bynciau, doedd dim mesurau gerbron ar y pryd.

Er teimlo fy mod mewn dyfroedd dyfnion cadwai Tony Lynes fy mhen uwchlaw'r tonnau trwy roi imi ffeithiau, ystadegau a chyfarwyddiadau y gallwn yn ddi-feth ddibynnu arnyn nhw. Pan fyddai hi'n adeg dadlau ynghylch y gwahanol gymalau mewn mesur gwelid timau o weision sifil yn heidio i mewn i gynghori'r gweinidog. Yn wir, fe allai cynifer â thrigain gwas sifil fod yn mynd a dod er mwyn atgyfnerthu'r gweinidog â'u gwybodaeth arbenigol. Ar Tony a neb arall y dibynnai Margaret a minnau ac ni wnaeth erioed ein siomi ni. Roedd gen i gymaint o ffydd ynddo fel y gallwn ddal fy nhir yn hyderus pan fyddai gweinidogion y Llywodraeth yn fy nghyhuddo o gyfeiliorni. Os byddai Tony yn nodio arnaf o ben draw'r ystafell bwyllgor mi wyddwn heb unrhyw amheuaeth fy mod yn dweud y gwir.

Roeddem ni, y rhai a ganolbwyntiai ar Nawdd Cymdeithasol, fel petaem wedi'n neilltuo mewn *purdah* Seneddol. Doedd fawr o neb arall yn cymryd diddordeb yn y gwaith. Gwneid penderfyniadau tyngedfennol a effeithiai ar filiynau o bobl ar incwm bychan iawn. Ceisiwch ddweud hynny wrth y cyhoedd drwy'r papurau newydd. Roedd gan newyddiadurwyr ddiddordeb mewn rhywbeth fel morgeisi ac yn malio beth a ddigwyddai am fod ganddyn nhw forgais eu hunain. Heb y profiad o fod ar Fudd-dâl Tai, a heb ddeall yr oblygiadau o orfod dibynnu ar Ategiad Incwm neu ar Lwfans Enillion Gostyngol ac ati, doedd eu hadroddiadau byth yn rhoi'r darlun cyflawn. Er bod miliynau'n fwy o bobl yn dibynnu ar fudd-daliadau nag a oedd yn talu morgais doedd dim dichon ennyn diddordeb y papurau newydd. Soniais droeon wrth ohebwyr am y newidiadau enbyd y bwriadai'r Llywodraeth Doriaidd eu gwneud ac y byddent yn lladrata arian oddi ar filiynau o bobl dlawd a diamddiffyn. Wrth glywed hyn byddai eu llygaid yn pylu'n ddiddeall fel petawn yn siarad am drigolion rhyw blaned arall.

Oni bai fod y wasg yn eu hysbysu, pa fodd oedd yna i'r cyhoedd gael gwybod bod y Llywodraeth yn dwyn arian o'u pocedi nhw? Yn ystod un o'r troeon cyntaf imi siarad yn y Ddadl ar y Mesur Nawdd Cymdeithasol, rhybuddiais y byddai llaweroedd o etholwyr yn cwyno wrth eu Haelodau Seneddol ynghylch yr anghyfiawnder o atal taliadau iawndal a oedd ar fin dod yn rhan o'r ddeddf.

Bedair blynedd yn ddiweddarach dechreuodd cyd-AS, Tony Worthington, ymgyrch yn erbyn adfeddiannu'r taliadau hyn. Beth oedd ef a phawb arall yn ei wneud pan oedd y mesur yn dod yn ddeddf? Mae'r holl broses ddeddfwriaethol ym maes Nawdd Cymdeithasol mor ofnadwy o ddyrys nes bod y penderfyniadau'n cael eu gwneud gan grŵp bychan dethol o wybodusion. Ni ragwelodd yr un AS holl ganlyniadau erchyll yr Asiantaeth Cynnal Plant (CSA) pan oedd y mesur ar ei daith drwy'r Senedd. Oherwydd y pethau annisgwyl sy'n digwydd yn dilyn rhai deddfau y mae hi'n hen bryd diwygio'r holl broses ddeddfu.

Lladd Dreigiau

Un arf newydd a grymus a ddaw'n eiddo i'r sawl a etholir i'r Senedd yw 'braint', boed yn hawl, yn fantais neu'n rhyddid. Bu'n rhaid imi roi'r arf hwn ar waith yn gynt na'r disgwyl. Cyn imi gael fy ethol, roedd rhyw si y gellid ailagor gorsaf bŵer Rogerstone yn yr etholaeth. Roedd y pwerdy trydan mewn llecyn gwael iawn ar waelod cwm, a rhesi o dai yn ymestyn ar hyd y llethrau. Y math hen ffasiwn, swnllyd a myglyd iawn ydoedd pan gâi ei redeg gan y Bwrdd Trydan. Erbyn deall, roedd pobl Rogerstone yn falch fod y lle wedi cau ac yn fy melltithio i am weld manteision o'i ailagor. Er imi newid fy meddwl a thynnu fy ngeiriau yn ôl, wnaeth pawb ddim maddau.

Yn ystod fy mlwyddyn gyntaf yn y Senedd mi ddois i adnabod Angelo Casfikis. Ef oedd yr *entrepreneur* a obeithiai ailagor yr orsaf drydan. Ar ei gais, cytunais i'w gyfarfod yn Nhŷ'r Cyffredin. Roedd yn ddyn dymunol dros ben ac yn llithrig ei dafod ond eglurais wrtho fy mod bellach yn hollol wrthwynebus i'r syniad. Bwrw ymlaen â'i gynlluniau a wnaeth ef, sut bynnag, a dechreuais innau ymgyrch yn erbyn y fenter. Yna daeth manna o'r nef. Derbyniais amlen frown ac ynddi ddogfennau yn cynnwys manylion am hanes rhyfeddol Mr Casfikis. Doedd dim awgrym o ble y daethai'r wybodaeth ond mae lle i gredu mai gweision sifil yn yr Adran Warantu Credyd Allforol *(Export Credit Guarantee Department)* oedd yn estyn cymorth.

Roedd Casfikis wedi ceisio cyflwyno delwedd ohono'i hun fel cymeriad parchus a chymeradwy trwy ganiatáu i erthygl amdano ymddangos yn *The Sunday Times*. Peth annoeth i rywun ag enw mor anghyffredin ag ef ei wneud. Bu gweld ei enw yn ddigon i gynhyrfu'r dyfroedd ac i rai o'i hen elynion ddod yn unswydd i gael sgwrs â mi. Cefais ragor o wybodaeth a honno fel deinameit. Dros gyfnod o flynyddoedd, roedd Casfikis wedi sefydlu dwsinau o gwmnïau a'r cyfan wedi methu ac wedi mynd i law'r derbynnydd. Bob tro, bu ef ei hun yn ddigon cyfrwys i drefnu llwybr ymwared iddo'i hun. Enwyd ef fel un a fu'n gyfrifol am fethdaliad o £11 miliwn yn Nigeria. Wedi gwneud ymholiadau datgelwyd bod ganddo ddyledion mewn llysoedd sirol ledled Prydain yn amrywio o £1,000 yn Epsom i £100,000 yn Yr Alban. Cadarnhaodd Undeb y Glowyr ei fod wedi pocedu'r cyfraniadau i'r Yswiriant Gwladol ac i'r Undeb a dynnwyd o gyflogau glowyr a weithiai iddo yng Nghwmllynfell a Godre'r Graig. Dywedodd y Gwasanaeth Methdalu wrthyf fod y glofeydd hynny mewn dyled o £80,000. Er gwaethaf popeth, roedd Casfikis wedi derbyn cefnogaeth gan Weinidogion Adran Ynni'r Llywodraeth a bu'n eu gweld o leiaf bump o weithiau. Ymffrostiai wrth bobl nad oedd raid iddo ef ond codi'r ffôn i allu gweld un o'r Gweinidogion hynny o fewn dwyawr. Mae hynny'n llawer iawn cynt nag a gymerai i AS.

Yn yr amser byr oedd ar gael yn y sesiwn gwestiynau yn y Senedd cyfeiriais at Casfikis fel *'a man of straw, a business untouchable to be shunned'*. Roedd y Llywodraeth, heb wybod ei hanes, yn ei gefnogi am eu bod yn gweld ynddo gyfle i gychwyn cenhedlaeth newydd o gwmnïau trydan wedi'u preifateiddio. Heb falio dim, daliai Casfikis yn heriol gyda'i gynlluniau i ailagor yr orsaf drydan. Gofynnais am amser yn y Senedd i ddatgelu'r manylion am ei fywyd o ddyledion di-ben-draw. Caniataodd y Llefarydd hanner awr imi yn y Siambr mewn dadl ohirio ryw ddydd Gwener. Cyn hynny, mi ffoniais Casfikis i'w rybuddio ac i roi cyfle iddo wrthbrofi unrhyw beth a ddywedwn wrth ei lusgo drwy'r baw. Gwrthododd siarad â mi ond fe ofynnodd y ferch a weithiai iddo a wnawn i grybwyll bod yna bobl eraill hefyd ynghlwm â'r digwyddiad pan gafodd ef ddirwy drom am dwyll troseddol. Addewais wneud hynny. Wyddwn i ddim byd o'r blaen am y drosedd benodol honno. Rhagor o fanna felly.

Adroddodd gohebwyr teledu a radio hanes y ddadl gydag afiaith. Diolch am y fath beth â 'braint Seneddol', ddyweda' i. Petai ef wedi cael ei ffordd ei hun fe fyddai'r pwerdy hen ffasiwn yn dal i boeni rhai miloedd o'm hetholwyr.

Cefais faddeuant am bechodau'r gorffennol yn Rogerstone. Roedd copïau o gofnodion *Hansard* ar gael yn nhafarnau a chlybiau'r ardal er mwyn i'r bobl allu darllen yr hanes i gyd. Codais innau o'r gwaelod isaf i fod yn bwt o arwr pan ymadawodd y dihiryn â Phrydain. Ymhen sbel, gwelwyd hen dyrau oeri'r pwerdy wedi eu dymchwel i'r llawr.

Grym y Bais

Er imi ei siomi hi'n ddiweddarach, doedd dim pall ar f'edmygedd o Margaret Beckett. Roedd hi'n hanu o gefndir Llafur traddodiadol, a'i theulu'n ymwybodol o'r anghyfiawnderau a roddodd fod i'r Blaid Lafur yn y lle cyntaf. Cafodd hi, fel minnau, ei magu gan fam weddw o gymeriad cryf. Ystyrid Margaret fel y fwyaf peniog o'r teulu dosbarth gweithiol hwnnw.

Bu'n bleser cydweithio â hi ac â Robin Cook hefyd. Oherwydd ad-drefnu sydyn ar weinidogion yr Wrthblaid, mi gollais gwmni'r ddau. Daeth Michael Meacher a Clare Short i gymryd eu lle. Er bod y berthynas rhwng Michael a minnau yn un ddigon cyfeillgar doedd hi ddim yn un agos. Tybiwn mai ei ail ddewis oeddwn i ac y byddai'n well ganddo ei hen gyfaill, Gavin Strang.

O ran personoliaeth mae Clare yn fwy cynnes a hoffus na Margaret ond heb fod mor fanwl fedrus â hi. Dirywiodd ansawdd ein gwaith fel tîm. Synhwyrwn fod yna ryw ddrwgdeimlad yn corddi Clare o hyd. Pan gâi ei thramgwyddo fe roddai'r argraff o fod yn wawdlyd a chwynfanus. Darlun anghywir yw hyn ohoni ac fe ddioddefodd hi o'i herwydd. Go arwynebol oedd ei gwybodaeth am Nawdd Cymdeithasol. Er hynny, fe gadwodd ei hawdurdod ac ennill parch o achos ei dyfeisgarwch a'i gallu cynhenid. Bu'n gydweithiwr teyrngar hefyd.

Fel y rhan fwyaf o ferched sy'n wleidyddion, roedd yn

gas gan Margaret a Clare yr elfen o wrthdaro heriol a welir yn aml yn y maes hwn. Ymhyfrydai fy nau gyn-bennaeth, Jack Cunningham ac Alan Williams, yn y rhyfela ymosodol sy'n digwydd yn y Senedd. Tra gwahanol fyddai Margaret a Clare: yn rhesymol a gwaraidd wrth ymwneud â'r ochr arall. Dim tactegau hurt fel 'Mi gadwn ni'r taclau ar eu traed tan y wawr'. Byddai'r merched yn cyd-drafod yr amserlen â'r Llywodraeth wrth i fesur fynd drwy'r Senedd ac yn cytuno ar yr amser y deuai pwyllgorau i ben. Caniatâi hynny i'r Llywodraeth amserlennu ei rhaglen. Yn gyfnewid, fe enillai'r Wrthblaid yr hawl i ddadlau eitemau anodd-eu-datrys ar adegau o'n dewis ni. Bu grym y merched gwaraidd ac ymarferol hyn yn fodd i aelodau'r pwyllgorau drefnu eu dyddiaduron yn synhwyrol a chall, gan roi cyfle hefyd i farn yr Wrthblaid gael ei chlywed yn llawnach.

Yr Ail Ddraig

Doedd dim dirgelwch ynghylch ffynhonnell y wybodaeth am yr ail ddraig y bu'n rhaid imi ymgodymu â hi. Am amser maith fe fu ymchwilwyr y rhaglen deledu 'Taro Naw' yn dilyn gyrfa hynod dyn busnes o'r enw Brian Walker. Anodd oedd hi i'r ASau gredu'r hanes wrth imi restru ei helyntion mewn *Early Day Motion* yn y Senedd.

Yng nghanol f'etholaeth bwriadai ef agor Hwyl-fan i Blant *(Children's Fundome)*. Gofynnais a oedd ei record diogelwch yn y gorffennol yn profi ei fod yn gymwys i fod â phlant yn ei ofal. Aethai naw cwmni blaenorol o'i eiddo i'r wal ac fe ddinistriwyd pedwar o'r adeiladau gan dân. Roedd ganddo ddyledion o fwy na £1,000,000 oherwydd mentrau cynharach a hefyd ddyledion o £50,000 i gwmnïau yn f'etholaeth.

Mewn fflat yn un o'r adeiladau a gâi eu haddasu ganddo roedd cwpl oedrannus yn byw. Honnai'r gŵr, a oedd bron yn ddall, fod y ddau wedi cael eu bwlio a'u bygwth gan Brian Walker er mwyn eu gyrru oddi yno. Ddwywaith fe addawodd Walker ddod i'w amddiffyn ei hun yn erbyn fy nghyhuddiadau mewn cynhadledd i'r wasg a drefnwyd ganddo ef. Fe ddaeth y wasg yno, a minnau, ond doedd dim sôn amdano ef. I bob golwg, roedd menter yr Hwyl-fan yn prysur fynd yn chwilfriw.

Cefais air o ddiolch o le annisgwyl. Roedd Maer Casnewydd i fod i agor yr Hwyl-fan yn swyddogol. Arbedwyd ef rhag yr embaras hwnnw. Unwaith yn unig y cyfarfûm i â Walker. Yn ystod ymgyrch Etholiad Cyffredinol 1992 fe gyhoeddodd daflen wallus ei hiaith yn fy meirniadu'n hallt. Tra oeddwn yn annerch yn Sgwâr John Frost fe ddaeth wyneb yn wyneb â mi dan chwifio'r daflen ac yn drewi o whisgi. Ar y pryd roedd gen i warchodwr personol, sef y cyn-focsiwr, Noel Trigg. Rhoddodd hwnnw daw ar Walker yn y fan a'r lle trwy ofyn iddo yng nghlyw pawb pam nad oedd wedi talu i'r bocswyr yn y lle-a'r-lle. Wyth mis yn ddiweddarach cyhoeddwyd ei fod yn fethdalwr a chafodd ei wahardd rhag rhedeg unrhyw fusnes am un mlynedd ar ddeg. Gadawodd Gasnewydd, a gwynt teg ar ei ôl.

Y Wasg yn Codi fy Ngwrychyn

Mewn parti a drefnwyd gan HTV Cymru yn un o Gynadleddau'r Blaid Lafur llwyddodd Ron Davies i gael pawb i chwerthin heblaw fi. O ran sylw gan y wasg, y mae ASau Cymru y mwyaf ffodus trwy wledydd Prydain. Ac mae'r Aelodau sy'n siarad Cymraeg yn fwy ffodus fyth. Mae gennym ni fwy o siawns o gael sylw ar y cyfryngau ac yn y papurau newydd nag unrhyw garfan arall o ASau.

Mae'r wasg Seneddol a'r Aelodau yn porthi ar ei gilydd. Does dim byd yn sicrach o ennyn cenfigen na'r gred fod cyd-Aelodau yn cael mwy na'u siâr o sylw. Eiddigedd, yn amlach na pheidio, yw'r iraid sy'n troi'r olwynion gwleidyddol.

Droeon fe ddioddefodd yr hac talentog a ffraeth, David Cornock, oherwydd cynddaredd 'Y Cylch Gwnïo'. O gael ei anwybyddu neu ei fychanu fe all ambell hynafgwr o AS droi'n anghenfil sarrug. Gwrthod cydweithredu yw'r unig arf sydd gan ASau pan fydd rhywun wedi pechu yn eu herbyn. Bydd y rhai hynny sydd eisoes yn dioddef o'r 'syndrom diffyg sylw' yn llechu'n dawel mewn ofn y byddai talu'n ôl yn golygu llai fyth o sylw.

Trwy lwc, fe fu'r berthynas rhyngof fi a'r wasg yn un dda iawn ar y cyfan. Ond doedd pethau ddim yn fêl i gyd drwy'r adeg. Cefais fy nghythruddo'n waeth gan *Wales on Sunday* na chan yr un papur arall. Roedd y papur yn chwilio am safbwynt newydd ar hanes Brian Walker. Aeth y gohebydd, Patrick Fletcher, i gael sgwrs â'r pâr oedrannus a gafodd eu gyrru allan o'u fflat gan Walker. Roedd y ddau wedi cytuno i'r papur dynnu llun ohonyn nhw. Y Sul dilynol fe ymddangosodd y ffotograff, yn llun lled tudalen, ac ar ei draws mewn llythrennau bras y gair 'LIARS'. Dyna ddisgrifiad Brian Walker o'r pâr priod. Am yr unig dro yn eu hoes, fe brofodd y ddau gyhoeddusrwydd, un annifyr iawn. Wedi rhoi eu ffydd yn y papur, dyna nhw'n cael eu cam-drin a'u sarhau ganddo. Am ddwy flynedd wedyn gwrthodais siarad yr un gair â *Wales on Sunday*.

Cefais achos i wylltio'n arw gyda HTV hefyd. Wedi imi wrthod rhoi cyfweliad i drafod fy mherthynas â Tony Blair beth wnaeth HTV ond dangos hen gyfweliad digon gwamal ei natur a wnes chwe mis ynghynt yn ystod Gŵyl y Gelli. Sgwrs fyrfyfyr oedd honno, a minnau ar ddiwrnod i ffwrdd o'r gwaith yn edrych fel bwgan brain. Roedd yr argraff yn ofnadwy o ddarlledu'r cyfweliad hwnnw allan o'i gyd-destun yn llwyr. Trwy dwyll, fe gafodd sefyllfa ddifrifol ei thrin yn ysgafn ac annheilwng. Tybiai'r BBC fy mod wedi cytuno i siarad â HTV ond nid gyda nhw ac, felly, mi dramgwyddais yn eu herbyn.

A dweud y gwir, chafodd y gwrthod siarad y nesaf peth i ddim effaith ar neb. Fe gofiwch imi sôn am Ron Davies ym mharti HTV yn cael pobl i chwerthin. Awgrymu a wnaeth mai'r unig AS Cymreig a welid ar eu rhaglenni nhw oeddwn i. Doedd neb wedi sylwi fy mod i heb ymddangos ar unrhyw raglen HTV ers deng mis! Mae mwy nag un cyfrwng ar gael i ASau Cymru fynegi eu barn ac mae mwy nag un AS ar gael i gyfryngau Cymru eu holi hefyd.

Cydymaith

Naw oed oeddwn i pan gwrddais ag ef gyntaf. Neidio allan o'r gwely a chwympo. Teimlo poen enbyd ond byr ei barhad. Weithiau cawn drafferth wrth gerdded. Yn y cyfnod hwnnw clywid tipyn o sôn am dwymyn y gwynegon *(rheumatic fever)* mewn plant ac fel y gallai effeithio ar y galon yn ddiweddarach. Tybid ar y dechrau fy mod innau'n dioddef o'r clefyd hwnnw ond nid dyna ydoedd. *Rheumatism*, oedd barn y meddyg a chefais botelaid o foddion pinc ganddo ond ni chafodd fawr o effaith.

Cawn fy mlino gan ryw wayw yn yr esgyrn bob hyn a hyn nes oeddwn yng nghanol fy nhri degau. Yna fe waethygodd, yn enwedig yn fy nwylo. Y diagnosis newydd oedd *rheumatoid arthritis*. Byddai'r poenau a'r lludded yn para am fis neu fwy ar y tro. Es ati i feddwl am ffordd i yrru'r car heb orfod dibynnu cymaint ar y dwylo. Byddwn yn agor drysau trwy bwyso f'ysgwydd yn eu herbyn nhw ac yn staplu papurau trwy wasgu â'r penelin. Doedd dim ffordd arall i wneud rhai gorchwylion — llawer o'r rheini yn rhan o'm gwaith yn Llan-wern.

Mynd a dod a wnâi'r clefyd, weithiau'n fwy trugarog, ac yn fileinig iawn dro arall. Rhyw ddechrau teimlo'n sinigaidd ynghylch gwerth unrhyw driniaeth feddygol yr oeddwn yr adeg honno. Cymerwn dabledi lladd poen os byddwn yn methu â chysgu. O ran symud o gwmpas, roedd fy nghyflwr yn gwaethygu a phroblemau'n awr yn

178

ymledu drwy fy nghorff i gyd — y dwylo, y traed, y pengliniau, y cluniau, y breichiau, yr ysgwyddau a'r gwddf. Roedd arnaf ofn mai mynd yn fwy methedig o hyd a wnawn i.

Ym 1974 roedd fy nwylo'n cau ac allwn i mo'u hagor nhw'n iawn. Sylwais fod nodylau arthritis i'w gweld ar gefnau fy nwylo ac ar fy mhenelinoedd. Roedd y meddyg ymgynghorol yn benderfynol o roi pigiadau steroid yn fy nwylo. Gan fod pigiad y nodwydd mor arteithiol roeddwn yn sgrechian fel mochyn. Trwy drugaredd, un llaw a wnaed y diwrnod hwnnw. Rhaid fod arno ofn i'r cleifion eraill yn yr ystafell aros ffoi petaent yn clywed rhagor o'm sgrechfeydd byddarol. Trefnodd y meddyg imi fynd yn ôl i wneud y llaw arall ymhen chwe mis. O fewn rhai wythnosau allwn i ddim cofio pa law a gawsai'r driniaeth gan nad oedd fawr o wahaniaeth rhwng y ddwy.

Wedi deall beth oedd sgîl-effeithiau steroidau, gwrthodais gymryd rhagor. Awgrymodd yr ymgynghorwr y gallwn fod mewn cadair olwyn ymhen chwe mis petawn yn dal i wrthod y pigiadau. Credai'n ddiysgog yn y driniaeth fodern o leddfu clefydau megis gwynegon. Flynyddoedd yn ôl, meddai, fe fyddai dwsinau o bobl mewn cadeiriau olwyn yn yr ystafell aros ond doedd yno'r un erbyn hyn.

Rhois y gorau i'r tabledi hefyd. Teimlwn fy mod yn gwella a bod y cyfnodau di-boen yn para'n hwy. Cyd-ddigwyddiad? Ie, mwy na thebyg. Heb unrhyw reswm na phatrwm amlwg, fe giliai'r poenau am fisoedd ar y tro ac yna dychwelyd. Yr aflwydd hwn a achosodd imi benderfynu ymddeol o'r gwaith dur. Serch hynny, oherwydd ei natur ysbeidiol, ni fu'n rhwystr imi gael fy newis yn ymgeisydd Seneddol. Ar ryw ystyr, fe drodd y clefyd yn fonws yn y Senedd. Manteisiodd fy staff arno i gael gwresogyddion a chadeiriau moethus yn fy swyddfa — er fy mwyn i, medden nhw.

Pan fydd y clefyd yn gafael mae fy holl osgo yn newid. Byddaf yn cloffi ac yn baglu ac weithiau'n cerdded yn igam-ogam o'r naill ochr i'r llall ar hyd coridor. Petai gen i'r mymryn lleiaf o aroglau alcohol ar f'anadl welwn i ddim bai ar bobl am feddwl fy mod i'n chwil ulw. Hawdd iawn fyddai imi gael yr enw o fod yn feddwyn. A phe digwyddai hynny, hyd yn oed ar gam, fe allai fod yn niweidiol dros ben a neb wedyn yn ei anghofio. Eglurais wrth gyfeillion a chydnabod pan gyrhaeddais y Senedd na fwriadwn yfed alcohol yno ac fe ddeallodd pawb y rheswm pam.

Y Praidd

Ymwneud â'r etholaeth yw'r rhan fwyaf o waith AS. Bydd amrywiaeth eang o broblemau dyn ac anifail yn dod i'w sylw. Daw'r haeddiannol, y barus, yr ynfyd a'r trist ato/ati i geisio cymorth. Gellir treulio peth wmbredd o amser ar achos unigol. Fe all galwad ffôn neu lythyr fod yn ddigon i ddatrys rhai problemau. Ond os bydd angen newid yn y ddeddf fe all olygu blynyddoedd lawer o waith.

Fe ddaw pobl go ryfedd i weld pob AS rywbryd neu'i gilydd. Daeth un i weld Margaret Beckett i gwyno ei fod yn cael trafferth gyda'r tonnau. Wrth iddi holi'n ddiniwed pa donnau oedd y rhain rhyfeddai'r dyn at ei hanwybodaeth hi. Tonnau o'r set deledu, siŵr iawn, a'r rheini'n treiddio i mewn i'w ben ac yn troi ei ymennydd yn jeli. Cafodd Margaret weledigaeth sydyn a gofyn iddo a feddyliodd erioed am wisgo welingtons. Naddo. Eglurodd hithau, *'It's an established scientific fact that if you wear wellington boots while watching television, the waves cannot reach you.'* Rhaid bod y cyngor wedi gweithio, gan na ddaeth y dyn hwnnw i'w gweld hi byth wedyn.

Cafodd Gareth Wardell afael ar syniad gwych i ddatrys y cwynion hynny nad oes ateb iddyn nhw. Wedi gwneud ei orau glas i helpu fe fyddai'n anfon y manylion i Balas Buckingham gyda nodyn: *'Your Majesty, I would like you to exercise your Royal Prerogative in ensuring that Mrs Jones' gate is repaired/that Mr Davies' dustbin is emptied twice a week . . .'*

Ymhen chwe mis fe gyrhaeddai ateb o'r Palas yn esbonio bod Ei Mawrhydi wedi dwys ystyried y materion dan sylw ac wedi dod i'r casgliad anorfod na allai hi arfer ei brenhinfraint yn hyn o beth. Er na lwyddai Gareth fe blesiai'r etholwr trwy fynd â'r gŵyn i'r top uchaf un.

Ymhlith yr etholwyr mwyaf atgas gen i y mae'r rheini sy'n rhygnu ymlaen â'r un hen gwynion afresymol am flynyddoedd. Mae rhai wedi bod ar fy llyfrau ers y diwrnod cyntaf yr es i San Steffan.

Anodd iawn yw rhoi ar ddeall i rai etholwyr mai'r lle olaf i ddod â'r gwyn yw'r AS, ac nid y lle cyntaf. Ysgrifennodd rhywun ataf i ddweud ei fod wedi prynu pedwar teiar ar gyfer ei gar a bod un ohonyn nhw wedi treulio o flaen y lleill. Beth oedd y Senedd yn mynd i'w wneud ynghylch hyn? Ddeng mlynedd yn ddiweddarach, mae'r un etholwr wedi anfon gair i gwyno am y sŵn a wneir gan arian rhydd ym mhocedi pobl sy'n aros am fws y tu allan i'w dŷ. Gofynnodd imi hefyd gysylltu â'r Ombwdsman ynglŷn ag enghraifft honedig o gam-weinyddu yng Nghyngor Casnewydd am eu bod yn methu â dod o hyd i lythyr a anfonasai ef atyn nhw 35 mlynedd ynghynt.

Bydd miloedd o achosion yn ymwneud â'r etholwyr yn mynd drwy swyddfa AS bob blwyddyn. Dyna brif orchwyl yr Aelod a'i staff. Yn fynych, fe fydd y ddwy lythyren AS yn cael effaith ryfeddol ac yn agor drysau a fu ar glo am hir i'r etholwyr. Llwyddo trwy roi'r cymorth hwn yw un o'r pethau sy'n fy moddhau fwyaf yn y swydd. Ond does dim modd helpu bob tro. Mewn llawer o achosion, rhoi cyngor yw'r peth gorau y gellir ei wneud. Sut bynnag, credaf ei bod hi'n bwysig gwrando a thrafod er mwyn i bobl gael gwyntyllu'r hyn sy'n eu poeni nhw.

Ymddiswyddo

Roeddwn fel aderyn wedi'i gau i mewn, a'i gawell yn lleihau o hyd. Yn feinciwr blaen ar Nawdd Cymdeithasol roeddwn wedi fy nal mewn pwnc sy'n faes i garfan fechan o arbenigwyr a selogion. Cenfigennwn wrth rai o'm cyd-Aelodau yn cael ymwneud â meysydd cyffrous, megis iechyd, materion cartref, yr amgylchedd, amddiffyn, a thai — y rhain oll yn bynciau yr ymddiddorwn yn fawr ynddyn nhw ac y gwyddwn rywbeth amdanyn nhw. I bob golwg, ychydig oedd yn awyddus i gael y swydd Nawdd Cymdeithasol. Roedd yr Aelodau eraill yn falch fod rhywun yn ei gwneud hi ac yn fodlon cymryd y cyfrifoldeb — rhywun heblaw nhw eu hunain. Ond fe ddigwyddodd rhai pethau calonogol.

Ym 1989 roeddwn yn ymladd ymgyrch ffyrnig i ddatgelu'r twyll gyda phensiynau personol. Cefais gyfle i holi'r Prif Weinidog ar lawr y Tŷ ynghylch y busnes gwerthu pensiynau a'r camweithredu a fu. Gorfu imi ddwyn sylw'r Gymdeithas Safonau Hysbysebu (*Advertising Standards Association*) at ddulliau 'anonest' Banc Barclays a Banc y Midland o hysbysebu eu pensiynau. Wnaeth hynny ddim cynhyrfu'r newyddiadurwyr. Yn eu tyb nhw 'gormodiaith gan yr asgell chwith' oedd y cyfan. Dywedodd Thatcher wrthyf ryw dro fy mod i *'simply against choice'*. Aeth o leiaf bum mlynedd heibio cyn i wir faint y sgandal ddod i'r amlwg. Roedd pensiynau wedi eu 'camwerthu' i oddeutu dwy filiwn o bobl. Yn yr adeg pan oedd hynny'n digwydd, ychydig iawn o sylw a gafodd, hyd yn oed wrth inni weiddi yn ei gylch o uchelfannau'r fainc flaen.

Trwy hap yn unig y cafodd un o'm hymdrechion sylw ledled Prydain. Fel yr Wrthblaid, roeddem wedi trefnu dadl ar daliadau tywydd oer yn Ionawr 1989, gan obeithio y byddai rhew ac eira yn gwneud y pwnc yn un amserol. Fel y digwyddodd hi, dyna'r mis Ionawr cynhesaf ers degawdau. Doedd gan neb ddiddordeb nes i un o Weinidogion y Llywodraeth, Peter Lloyd, ateb cwestiwn difyfyr gan Alice Mahon. Gwadai ef fod angen taliadau ychwanegol oherwydd oerfel. Credai ef y dylai hen bobl brynu dillad cynhesach a dywedodd fod yna fargeinion i'w cael mewn ffeiriau sborion. Gan ei bod hi'n hanner nos pan wnaeth Peter y sylw treiddgar hwn roedd pob gohebydd wedi mynd adref.

Wnes i erioed well defnydd o'r peiriant ffacs. Trwy oriau mân y bore fe drosglwyddai'r neges hwn: *'Atrocious, patronising — but revealing Tory jumble sale answer to hypothermia'*. Fe gafodd y mater gymaint o sylw yn y papurau tabloid â'r helynt arall hwnnw pan awgrymodd Edwina Curry y dylai hen bobl weu *bobble hats* iddyn nhw'u hunain.

Flwyddyn yn ddiweddarach, fe gyflwynodd y Torïaid system newydd o daliadau tywydd oer, sef y math o beth a argymhellwn y noson honno. Roedd hyn yn unol ag adwaith draddodiadol Llywodraethau i syniadau newydd. Yn gyntaf, eu hanwybyddu nhw, yna dweud eu bod yn anymarferol, ac wedyn yn rhy ddrud. Yn y diwedd, eu cyflwyno gan honni mai syniadau gwreiddiol y Llywodraeth oedden nhw. Bu'n demtasiwn gref imi glochdar mai fi a ofynnodd am y cynllun newydd a manwl mewn *Early Day Motion*. Gwrthsefyll hynny fu raid a bodloni ar chwarae rhan yr Wrthblaid. Pan gewch chi'r hyn y buoch yn brwydro amdano y peth i'w wneud yw cwyno nad yw'n ddigon. Gêm annymunol fel yna yw gwleidyddiaeth.

Roedd Tony Lynes yn dal i fod yn ysbrydoliaeth ac yn ffynhonnell gwybodaeth. Er hynny, sylweddolwn fwyfwy o hyd nad oedd gweithio gyda Michael Meacher a Clare Short mor ddifyr a chyffrous â gyda Robin Cook a Margaret Beckett. Baich trwm ar ben popeth arall oedd y mesurau Seneddol bob blwyddyn.

Cefais bwl drwg iawn o'r gwynegon. Mae disgwyl bob amser i'r meincwyr blaen deithio i nifer o gyfarfodydd ar hyd a lled Prydain. Bu'n rhaid imi wrthod mynd i'r rhan fwyaf. Wedi bod mewn cyfarfod yn Newcastle dois yn ôl wedi blino'n lân. Teimlwn hefyd fod y Blaid Lafur yn benderfynol o droi ei chefn ar ei gorffennol clodwiw ym maes y wladwriaeth les. Ai hyn fyddai fy nyfodol i? Camu o fod yn llefarydd yn yr Wrthblaid i fod yn Weinidog Nawdd Cymdeithasol yn y Llywodraeth nesaf? Ynghlwm am gyfnod hir wrth y gwaith beichus ac undonog hwn a esgorai ar gyn lleied o welliannau a dim boddhad personol?

Er i Sam a Tony grefu arnaf i beidio, penderfynais ymddiswyddo. Yn niwedd mis Hydref 1990 tra oedd Neil Kinnock yn paratoi ei dîm ar gyfer y flwyddyn newydd ysgrifennais ato i ofyn iddo beidio ag ystyried fy enw. Dywedais fy mod yn ddiolchgar am y cyfle a gawswn i weithio gyda rhai o Seneddwyr galluocaf fy nghenhedlaeth, a'm bod yn awr yn dymuno canolbwyntio, oddi ar y meinciau cefn, ar f'amryfal ddiddordebau eraill.

Derbyniais ateb gan Neil. *'I completely understand the*

*reasons for your decision, although Michael and I will be very
sorry to lose you from the Front Bench team where your
experience, ideas and hard work have been greatly valued.'*

Gwerthfawrogwn y geiriau caredig gan Neil. Oeddwn
i'n gwneud camgymeriad? Mwy na thebyg fy mod i, ond
doedd dim troi'n ôl i fod. Ar y meinciau cefn y byddai
fy nyfodol fel gwleidydd o hyn ymlaen. Dyna'r
penderfyniad doethaf ar y pryd oherwydd cyflwr fy iechyd.
Teimlwn pan oedd y gwayw ar ei waethaf na allwn
ymdopi â'r holl gyfrifoldebau. Yna derbyniais lythyr a
gododd gywilydd mawr arnaf. Dyma ran ohono: *'I gather
that you chose to leave the front bench. I was very impressed
by the original research you did this summer and whilst I
understand very well the frustration of rarely being able to
speak, yet being expected to do the drudgery, I am very sorry
that you are no longer there. I do hope things work out for you'.*

Wrth ateb llythyrau cyfeillgar eraill, roeddwn wedi
dadlennu wrth gyd-Aelodau fod fy mhroblemau iechyd
yn golygu na allwn ddal ati ar y fainc flaen. Sut y gallwn
i gwyno ynghylch f'anhwylder wrth ateb llythyr David
Blunkett?

Casnewydd

Mae Casnewydd wedi ennill fy nghalon yn llwyr. Roeddwn yn hoff iawn o Gaerdydd, dinas fy mebyd, a fyddwn i ddim wedi symud oddi yno oni bai imi gael swydd yn Llan-wern. Byddai wedi bod yn anodd iawn gwrthod codiad cyflog o 30% bryd hynny a minnau newydd briodi.

O'r ffoli cynnar ar Gasnewydd mi ddois yn fwy hoff o'r dref o hyd gyda'r blynyddoedd. Wedi'r cwbl, roedd hi'n debyg iawn i Gaerdydd. Ymfalchïai Pillgwenlly yn ei dosbarth gweithiol di-lol fel y gwnâi Grangetown, ac fe chwaraeid pêl fas yn y ddau le. Ar wahanol adegau rwyf wedi bod yn byw mewn tair ward yn y dref — Lliswerry, Victoria ac Allt-yr-ynn, ac wedi cynrychioli tair ward arall ar y cynghorau — Malpas, Ringland ac Alway.

Er bod gen i le cynnes o hyd yn fy nghalon i Gaerdydd, erbyn 1989 roeddwn wedi bod yn byw am gyfnod hwy yng Nghasnewydd nag yn y brifddinas. Ac o rannu fflat gydag Alun Michael, un o ASau Caerdydd, teimlwn wrth sgwrsio nad oedd fy serchiadau at y ddinas mor ddwfn ag o'r blaen.

Bydd Cynghorydd ac AS yn gwarchod eu tiriogaeth yn ffyrnig. Er bod Roy Hughes yn meddu ar yr un reddf, allwn i ddim cytuno ag ef o ran tacteg. Yn fy ngholofn *'Commons Knowledge'* byddwn wrthi'n ddi-baid yn canu clodydd Casnewydd. Anfonodd rhywun, yn ddienw, gopi o un golofn at fy mhennaeth ar y pryd, Alan Williams.

Roedd yr anfonwr yn gynddeiriog am fy mod i wedi sôn am *'Newport nouveau, the town with a glittering future'*. Ac yntau'n gennad gwae, fe dybiai ef mai'r ffordd orau i gael gwared o'r Llywodraeth Dorïaidd fyddai i'r bobl orymdeithio drwy'r dref yn eu carpiau dan wylofain.

Fel un o frodorion Casnewydd, anghytuno â mi a wna Sam pan ddywedaf fod y dref yn ddiffygiol o ran hunan falchder. Cofiaf imi sôn pan oeddwn ar y cyngor am yr atyniadau twristaidd gwych a amgylchynai'r dref — Caerllion, Coed Gwent, Cwm-carn, Dyffryn Gwy. Dyna gynghorydd genedigol o'r dref ar ei draed a lladd y brwdfrydedd yn y fan a'r lle: *'Newport is a grubby industrial town and will never be anything else.'* Na fydd byth os caiff y math yna ei ffordd.

Mae dau fater pwysig wedi bod yn rhan o gynlluniau Casnewydd at y dyfodol. Fe lwyddodd un ond methu a wnaeth y llall. Byddai codi argae ar draws Afon Wysg wedi gweddnewid y dref. Ar adeg penllanw mae'r afon yn edrych yn hardd ond bob adeg arall mae yna hafn o laid diolwg yn rhannu'r dref. Soniodd y bardd, Gillian Clarke, fod yna harddwch yn y llaid — *'resculptured at every tide'*. Yr un oedd barn arolygydd o'r Swyddfa Gymreig ynghylch amrediad llanw'r afon. Dyfarnodd ef yn erbyn codi argae ond roedd ffactorau eraill yn dylanwadu arno.

Bu 'Triongl Cwangocratiaeth y Fenni' yn nyfroedd uchaf yr afon, lle y mae'r pysgota am eogiaid, yn lobïo'n drwm yn erbyn yr argae. Mae amheuaeth o hyd yn y dref fod lleisiau croch pobl blaenau Wysg trwy weiddi yn y mannau iawn wedi difetha buddiannau pobl Casnewydd.

Mae ardaloedd trefol Casnewydd wedi ymestyn tuag allan fel donyt gan adael twll yn y canol ar dir sydd bron yn ddiffaith. Byddai'r argae wedi adfywio'r llecynnau ar hyd glannau'r afon. Gellid codi tai newydd neu ffatrïoedd technolegol yno ar lan llyn enfawr o ddŵr croyw. Gwaetha'r modd, fe gollwyd cyfle da ac mae Casnewydd yn dal i ymledu gan feddiannu rhagor o dir glas o hyd.

Yr ardal harddaf yn etholaeth Gorllewin Casnewydd yw'r corstir rhwng y dref a Chaerdydd. Yn is na lefel penllanw ac yng nghysgod y morglawdd, y mae coed helyg a chyfoeth o fywyd gwyllt. Trwy gydol fy ngyrfa wleidyddol rwyf wedi bod yn dadlau yn erbyn i Gaerdydd ymestyn i'n cyfeiriad ni. Petai Cynghorau Casnewydd a Gwent wedi caniatáu cynifer o ddatblygiadau ag a wnaeth Caerdydd fe fyddai'r ddwy dref wedi ymdoddi yn un fegalopolis. Yna gallai rhywun gerdded bob cam o Ganolfan Ddinesig Casnewydd i Neuadd y Ddinas, Caerdydd heb weld cae glas na llwyn o goed. Rwyf drwy'r adeg wedi gwrthwynebu pob datblygiad anaddas, boed adeilad neu draffordd, a fyddai'n hagru a chreithio'r tirwedd.

Daeth llwyddiant gyda'r ail fater o bwys mawr, sef pan gafodd Casnewydd gynnig chwe mil o swyddi uwchdechnolegol na allem fforddio eu gwrthod. Mae LG wedi cymryd anferth o ddarn o dir a llyncu'n llwyr bentref Coedcernyw. Ffolineb anfaddeuol fyddai inni wrthod y cyfle hwn i weddnewid y dref er mwyn iddi allu cefnu ar ddiwydiannau trwm a brwnt y gorffennol. Fe all hi'n awr edrych ymlaen at ddyfodol disglair ym myd yr uwchdechnoleg fodern.

Mae adeiladau anferthol LG yn gorchuddio ardal yr wyf yn hoff iawn ohoni. Ers blynyddoedd, bûm yn ceisio cofnodi ei harddwch ar ffilm. Bu'n rhaid cwympo rhai cannoedd o goed hynafol, coed a oedd wedi cyrraedd eu llawn dwf cyn geni ein teidiau a'n neiniau ni. Ac mae caeau a fu â'u patrwm yn ddigyfnewid er oes y Rhufeiniaid yn awr o'r golwg dan goncrit llathen o drwch. Wrth groesawu LG â breichiau agored er mwyn y swyddi bu'n rhaid imi gau fy ngheg am fy ngofid ynghylch y tirwedd. Doedd gen i ddim dewis.

Teithio'r Byd

Rwyf wedi profi ofn, cyffro, hwyl a syndod wrth ymweld â gwledydd tramor fel cynrychiolydd ar ran y Senedd. Fe all yr ymweliadau hyn fod o fudd mawr i'r Aelodau Seneddol yn ogystal ag i'r gwledydd hynny. Trist gorfod cydnabod, serch hynny, mai hunan-les sy'n dod flaenaf gan rai sy'n camddefnyddio ymweliadau o'r fath. Buan y daw gwendid felly i'r amlwg ac y daw pawb i wybod pwy sy'n eiddgar i deithio ar yr esgus lleiaf. Fe gewch bob amser rywrai sy'n barod i aberthu eu hamser ac i esgeuluso eu dyletswyddau er mwyn hedfan i rywle hyfryd yn yr haul gan honni'n dalog fod yr ymweliad er budd eu hetholwyr ac yn creu cytgord rhwng gwledydd.

Cafodd un AS Llafur ei wrthod fel ymgeisydd yn yr Etholiad dilynol am mai anaml y byddai'r etholwyr yn ei weld. Cwynodd yntau wrth y *Guardian* fod hynny'n hollol annheg a pheri i'r papur edliw iddo mai o'i westy yn Katmandu yr oedd yn siarad â nhw y funud honno.

Oherwydd fy hoffter o gwmnïa â phobl, fy chwilfrydedd di-ben-draw a'm diddordeb mewn ieithoedd, y mae ymweld â gwlad ddieithr yn brofiad pleserus iawn. Gan nad wyf byth yn dyheu am fyw'n fras mewn lle heulog, llawn o dwristiaid, mae'n well gen i fynd i wledydd oer ac yn y gaeaf fel arfer, cyn i chwyldro ddigwydd neu'n syth wedyn. Mae dwy fantais i hyn. Mewn chwyldro, mae talp o hanes wedi'i grynhoi mewn modd mor drawiadol. Oherwydd y tywydd oer a'r bygythiad o dywallt gwaed does ar fy nghyd-Aelodau fawr o awydd ymweld â'r mannau hyn. Felly, does dim cymaint yn cystadlu am le ar y daith.

Pan es i yno gyntaf roedd Hwngari yn dal i fod dan iau Rwsia. Ar y pryd, roedd protestio mawr yn Budapest yn erbyn y dioddef yng ngwlad gyfagos Rwmania. Roedd Ceaucescu wrthi'n cael gwared o bentrefi hynafol trwy eu dymchwel ac yn codi blociau erchyll o fflatiau yn eu lle, a'r rheini heb doiledau dan do.

Wrth drefnu'r ddirprwyaeth Seneddol i fynd i wlad dramor rhaid ymorol am gydbwysedd rhwng y pleidiau. Coeliwch fi, mae treulio wythnos fel un o *ghetto* o siaradwyr Saesneg mewn gwledydd estron yn gorfodi ASau i ymwneud â'i gilydd mewn amgylchiadau eithaf clawstroffobaidd. O ganlyniad, fe ddônt yn gyfeillion neu'n elynion o hynny ymlaen.

Erbyn diwedd yr ymweliad â Hwngari prin fod fy nghyd-AS Llafur, John Hume-Robertson a minnau yn siarad o gwbl â'r ddau Dori oedd yn y ddirprwyaeth. Roedd y ddau wedi bod yn codi'n gwrychyn ni byth a beunydd. Mewn cynhadledd i'r wasg fe ddywedodd un o'r Torïaid hyn: *'What a wonderful Parliament you have. So well behaved . . . No. No. We have no views on Ceaucescu. An internal matter you know.'* Roeddwn wedi fy nghythruddo mor ofnadwy gan ei eiriau gwag nes imi roi i'r gohebwyr yr union beth a ddymunent: *'Ceaucescu? . . . A mediaeval tyrant oppressing his own people and a linguistic minority. The Hungarian Parliament? . . . This is a dead Parliament. You have just approved a Chernobyl type nuclear power station and no one has complained.'* Roedd yr orsaf deledu wrth ei bodd yn darlledu sylwadau fel y rhain. Ar ôl yr eitem derbyniais lythyrau gan Hwngariaid a bûm mewn cysylltiad â rhai ohonyn nhw droeon wedyn.

Ofnwn mai'r un problemau a gawn ar y daith i'r gwladwriaethau Baltig ym 1990 gyda David Owen a'r AS Torïaidd, Mark Wolfson. Cefais fy rhybuddio y gallai David fod yn ddigon annymunol a chroendenau. Ond fe fu'n hynaws tu hwnt drwy'r adeg. Treuliodd gryn dipyn o amser yn ceisio fy nghael i ddarbwyllo Neil Kinnock i beidio â rhoi ymgeiswyr Llafur i sefyll yn Etholiad Cyffredinol 1992 yn erbyn y ddau AS o'r Democratiaid Cymdeithasol (SDP) oedd ganddo ar ôl, ond i ddim pwrpas. Does gan yr un Arweinydd Llafur yr awdurdod i ddweud wrth ei blaid yn lleol am dynnu ymgeiswyr yn ôl. Dangosai ei gais nad oedd Owen erioed wedi deall y Blaid Lafur.

I Gymro, y mae'r sefyllfa ieithyddol yng Ngwledydd y Baltig yn un ddiddorol — tair iaith wahanol yn ymdrechu i fyw mor agos at y cymydog cryf sy'n siarad iaith fydeang. Mae poblogaeth Latfia yn llai nag un Yr Alban, ac un Estonia yn llai nag un Cymru. Cawsant eu gwladychu ac yna eu goresgyn deirgwaith. Nhw oedd y 'gwledydd tramor' agosaf at yr Undeb Sofietaidd. Ychydig fisoedd cyn inni fynd yno roedd Lithwania wedi cyhoeddi'n betrus ddatganiad annibyniaeth. Roedd y tair gwladwriaeth yn bryderus iawn ynghylch y dyfodol. Ym mis Ionawr 1991 fe saethwyd at brotestwyr yn Vilnius ac yn Riga. Gwelodd pobl ar draws y byd ar eu setiau teledu y lluniau hynny a dynnwyd gan y Latfiad a'r gwneuthurwr ffilmiau, Podnieks.

Yn y Senedd gofynnais i John Major anfon Aelodau Seneddol Prydeinig i sefyll ochr yn ochr â'n cymheiriaid yn eu Senedd-dai a oedd dan warchae. Fe ffoniodd yr

Arlywydd Landsbergis fy swyddfa yn y Senedd i ofyn a allai'r BBC *World Service* ddarlledu rhagor o raglenni mewn Lithwaneg. Am fod y Sofietiaid wedi rhoi taw ar y cyfryngau yn eu gwlad ni wyddai llawer o'r Lithwaniaid beth oedd yn digwydd.

Ar y pryd doedd dim cysylltiad rhwng Seneddau Gwledydd y Baltig a San Steffan. Â'r Senedd Sofietaidd ym Moscow yr oedd y ddolen gyswllt. Fe haeddodd John Major fy niolch am y tro cyntaf, ond nid y tro olaf. Daeth o hyd i gronfa ariannol i yrru tri ohonom i Wledydd y Baltig — *'The Unconventional Diplomacy Fund'*. Chwrddais i ddim â neb a wyddai amdani o'r blaen, nac wedyn o ran hynny.

Bu'r Swyddfa Dramor yn ein briffio cyn inni gychwyn a chawsom orchymyn i adrodd yn ôl i'r Ysgrifennydd Tramor, Douglas Hurd, ar ôl dod adref. Fy nau gydymaith oedd Margaret Ewing, Plaid Genedlaethol yr Alban (SNP), a'r Tori, Quentin Davies, sy'n medru siarad Rwseg.

Roedd y tri senedd-dŷ wedi eu baricedio a dynion ifainc yn eu hamddiffyn â reifflau hela. Bythefnos ynghynt fe laddwyd dwsin o bobl yn yr orsaf deledu yn Vilnius ac fe saethwyd dau o ddynion camera Podnieks yn Riga. Roedd yno ansicrwydd ac ofn dirfawr. Petai milwyr Rwsia yn ymosod, o fewn munudau fe fyddent wedi dymchwel y baricêd a lladd yr amddiffynwyr.

Yn Vilnius ym 1991 roeddwn yn dyst i'r weithred ddewraf a welais erioed. Cerddodd ein cydymaith, Quentin Davies, dros y llinell a ddywedai 'Cadwch Draw' mewn Rwseg a Lithwaneg. Yna dilynodd Margaret Ewing a minnau ef yn llywaeth, ac yn ein gwylio'n anghrediniol roedd torf o Lithwaniaid. Yn yr union lecyn hwnnw bythefnos ynghynt y lladdodd y Rwsiaid chwech o brotestwyr. Siaradodd Quentin â dau filwr a ofalai am gerbyd arfog a oedd wedi'i osod ar draws y fynedfa i'r orsaf radio. 'Pam nad ewch chi adref?' gofynnodd mewn Rwseg i filwr y Fyddin Goch. Atebodd y llanc yr hoffai hynny'n arw iawn, gan ychwanegu 'Pwy sydd eisiau bod yma yn Vilnius ym mis Ionawr?' Yna eglurodd bod rhaid iddo warchod yr orsaf rhag lladron. 'Na. Na. Chi yw'r lladron,' meddai Quentin wrtho. A dyna'r milwr yn chwifio ei *Kalashnikov* arnom ac awgrymu mai tuag adref y dylem ninnau fynd. Doedd fiw dadlau rhagor.

Bu'r digwyddiad yn fodd i godi mymryn ar galonnau'r Lithwaniaid a'i gwelodd. Ar ddau ymweliad diweddarach rwyf wedi sylwi ar y cynnydd a wnaed mewn cyfnod byr yn nhair gwladwriaeth y Baltig. Er nad yw eu holl ofnau wedi cilio mae annibyniaeth wedi gwreiddio'n gadarn yno o'r diwedd. Mae ansawdd bywyd hefyd wedi gwella a hunanhyder y bobl wedi dychwelyd.

Un tro bûm yn ddigon ffodus i allu cyfuno taith swyddogol â gwyliau. Taith ddeuddydd i ddarbwyllo Ynys yr Iâ i beidio ag ailddechrau hela morfilod oedd hi i fod, ond fe drodd i fod y gwyliau gorau a gefais erioed. Penderfynodd Rhodri Morgan a minnau fod hwn yn gyfle rhy dda i'w golli. Felly, daeth Sam a Julie Morgan gyda ni, a dyna gyplysu wythnos o wyliau â'r ymweliad swyddogol dan nawdd Cyngor Ewrop.

Buom yn crwydro Ynys yr Iâ mewn cerbyd pedwar gyriant. Mis Awst oedd hi, y tywydd yn oer a chafwyd eira. Dyna wlad ryfeddol o olygfeydd gwyllt, dramatig. Mae llawer ohoni yn ddiffeithdir o lafa ac yn lagynau rhewlifol heb unrhyw olion o wareiddiad dynol. Buom wrthi'n ceisio argyhoeddi'r Ynyswyr y byddai dal i hela morfilod yn wrthgynhyrchiol. Gallent golli mwy nag a enillent. Roedd hi'n ddigon posib y byddai rhai cwsmeriaid, am resymau lles anifeiliaid, yn boicotio eu cynhyrchion pysgod eraill. Efallai inni lwyddo. Pwy a ŵyr? Ddaru nhw ddim ailddechrau, beth bynnag.

Syndod inni oedd deall mai gwerthu'r cig morfil i'r Siapaneaid a wnâi Ynyswyr yr Iâ ac nid ei fwyta eu hunain. Maent yn bwyta llawer math annisgwyl arall o *fruits de mer*. Enghraifft o fwyd traddodiadol yw'r *hartfisch*. Does dim blas arno a gwnâi imi feddwl am dorion ewinedd ac am hen groen neidr wedi'i fwrw ymaith. Byddant yn gweini morgath *(skate)* yn y dull cyffredin yno gyda thoddion cig oen. Bydd yr Ynyswyr yn claddu'r pysgodyn hwn yn y ddaear am bedair wythnos i'w 'berffeithio' cyn ei fwyta. Mi ysgrifennais yn afieithus hanes y daith honno yn fy ngholofn *'Commons Knowledge'* yn yr *Argus*. Fe achosodd un eitem fach fwy o gyffro na'r holl bethau pwysig y bûm yn sôn amdanyn nhw drwy'r blynyddoedd. A hynny oedd y ffaith fod peint o gwrw yn Ynys yr Iâ yn costio cymaint â £7.16!

Yn aml, fe fydd digwyddiadau o bwys byd-eang yn cael llai na'u haeddiant o sylw oherwydd amserlen y Senedd. Digwyddodd drama fawr cwymp Ceaucescu yr un pryd â phan oedd y Senedd ar fin cau dros gyfnod y Nadolig. Fi oedd yr unig un a siaradodd ar y mater yn y Siambr, a hynny am 1.15 y bore ar 20 Rhagfyr 1989. Dyfynnais eiriau Ceaucescu yn dweud y cyflwynai ef newidiadau yn Rwmania pan welai 'afalau ar goed ffawydd a blodau'r lili ar yr hesg'. Wrth ateb, diolchodd y gweinidog, William Waldergrave, imi am fy nghymorth yn tynnu sylw at y sefyllfa. Dywedodd iddo fynd i weld John Tusa o'r BBC *World Service* a bod rhagor o ddarllediadau yn awr yn yr iaith Rwmaneg. Yn anffodus, ni allaf hawlio unrhyw glod am effaith hynny ar y chwyldro gan mai wythnos yn unig cyn cwymp Ceaucescu y dechreuodd y darlledu!

Ymhen pythefnos roeddwn yn hedfan i Bucharest yng nghwmni arweinydd Plaid y Gwerinwyr, sef y miliwnydd alltud, Ion Ratziu. Roedd wedi llogi awyren i fynd â newyddiadurwyr i brifddinas Rwmania. I roi cefnogaeth wleidyddol, fe wahoddwyd Tad y Tŷ, Bernard Braine, a minnau i fynd ar y daith. Gobeithiai Ratziu gael ei ethol yn arlywydd y wlad fel arwydd o ddiolchgarwch am ei waith yn Llundain gyda'r mudiad *Free Romanians Abroad* yn ystod y blynyddoedd maith o dan y Comiwnyddion.

Profiad cynhyrfus a bythgofiadwy oedd bod yn Bucharest. Roedd ei strydoedd rhewllyd yn orlawn o brotestwyr brwd er gwaetha'r si fod y Securitate wedi dechrau saethu eto. Gosododd Bernard a minnau flodau ar y tair cysegrfan a godwyd lle y lladdwyd nifer o fyfyrwyr bythefnos ynghynt. Ar frys mawr, mi ddysgais frawddeg o Rwmaneg. Wrth feddwl beth i'w ddweud mi gofiais am y geiriau Cymraeg ar gofeb y milwyr yng Nghasnewydd: 'I'n dewrion. Eu henwau'n perarogli sydd'. Gyda chymorth Rwmaniad, fe gyfieithwyd y rhain drwy'r Saesneg i'r Rwmaneg: *'Bravilor nostri eroi, dulce va fi memoria nomenlor lor'*.

Yn yr etholiad nesaf, ei wrthod fel arlywydd a gafodd Ratziu. Doedd y bobl ddim yn hoffi ei acen Seisnig a'i dici-bo. Dywedodd rhyw ddyn wrthyf na phleidleisiodd iddo am na fu'n 'sleisio salami' gyda'r werin. Cyfeirio'r oedd at y gymysgedd o gigach, gwael ei ansawdd, a fwytâi'r Rwmaniaid o dan Ceaucescu, tra oedd Ratziu yn byw'n fras ym Mhrydain.

Gwlad sydd heb lwyr gefnu ar ei gorffennol

Comiwnyddol yw Bwlgaria. Ymwelais â hi fel un o'r sylwedyddion cydwladol ar adeg yr etholiad rhydd cyntaf yno. Mae Bwlgaria yn wlad brydferth ond yn un dlawd eithriadol. Y peth rhyfeddaf ynglŷn â'r etholiad oedd y diffyg awydd i ennill ymhlith y pleidiau. Trwy ennill, fe etifeddid sefyllfa economaidd ddifrifol. Y dewis oedd rhwng y blaid goch, sef y cyn-Gomiwnyddion, a'r glymblaid las, sef cymysgedd yn cynnwys ecolegwyr a ffasgwyr. At ei gilydd, fe bleidleisiai trigolion y trefi a'r bobl ifainc i'r glas, ac yna'r fyddin a gwerinwyr cefn gwlad yn cefnogi'r coch. Eglurodd rhyw hen wraig sut y gwnaeth hi ddewis: 'Does arnon ni ddim eisiau'r glas, y rhai barfog o Sofia sydd am ollwng y troseddwyr allan o'r carchar. Rydyn ni'n cofio sut roedd pethau pan oedden nhw'n llywodraethu o'r blaen.' O holi'n fanylach deallwyd mai'r tri degau a olygid wrth 'o'r blaen'. 'Doedden nhw'n dda i ddim bryd hynny, a doedd gynnon ni ddim ffyrdd iawn na pheiriant golchi . . .'

Fel sylwedyddion cydwybodol, byddem yn holi llawer o bobl ond roedd un peth yn ddirgelwch. Yn wahanol i'r arfer, fe fydd y Bwlgariaid yn nodio'u pennau i ddweud 'na' ac yn eu hysgwyd yn egnïol o ochr i ochr i ddweud 'ie'. O ganlyniad, roedd hi'n anodd cysoni'r cyfieithiad a glywem â'r hyn a welem.

Cynhaliwyd yr etholiad yn hollol deg. Yn wir, fe fyddai mabwysiadu rhai o reolau newydd Bwlgaria ynglŷn ag etholiadau yn gwella'r system bresennol ym Mhrydain. Mewn cyfarfod o'r cannoedd sylwedyddion y farn unfrydol bron oedd fod popeth wedi'i wneud yn ôl y rheolau. Anodd gwybod ai cellwair neu beidio yr oedd un grŵp o Americanwyr wrth honni i'r cochion gael mantais annheg ar y gleision am fod rhywun wedi gosod blodau coch ar y byrddau yn y gorsafoedd pleidleisio. Cyfeiriodd rhywun arall at Varna. 'Yn fanno, uwchben pob gorsaf bleidleisio trwy gydol y dydd roedd yr awyr yn las!'

Dim Llawdriniaeth

'For Chrissake! Don't do it. We're doctors, we kill people.'

Geiriau anhygoel o enau llawfeddyg yn Harley Street wrth inni'n dau yfed te ar Deras Tŷ'r Cyffredin. Roedd wedi dod draw i roi cyngor imi ynglŷn â llawdriniaeth cymal y glun ar gyfer dadl ohirio ym Mehefin 1993. Oherwydd fy niddordeb personol yn y pwnc mi ddois ar draws sefyllfa gywilyddus.

Roedd y llawfeddyg hwn yn dal y swydd uchaf mewn sefydliad Prydeinig yr anfonais ato i gael gwybodaeth a chyngor erbyn y ddadl. Fe sylwodd ar fy ngherddediad simsan a throdd y sgwrs at fy mhroblem bersonol. Ymhen ychydig wythnosau roeddwn i fod i gael cymal clun newydd yn Ysbyty Frenhinol Gwent, Casnewydd, ac yna ben-glin arall chwe mis wedyn. Ar ôl cyfnod hir o ddioddef poenau ac o fynd yn fwy musgrell o hyd roeddwn wedi derbyn nad oedd modd osgoi'r triniaethau hyn.

Ysgwyd ei ben yn drist a wnaeth yr ymwelydd pan grybwyllais fy mwriad wrtho. Yna gofynnodd a oeddwn i'n ddigon da fy iechyd i wneud fy ngwaith fel AS. Oherwydd y gwynegon, mwy na thebyg, roeddwn wedi ymdrechu'n galetach i brofi rhywbeth ac wedi cymryd baich trwm o waith Seneddol. Eglurais fod sefyll yn yr unfan am ddeng munud yn lladdfa ond nad oedd raid mynd i bob achlysur lle y digwyddai hynny.

'Then cancel the operation,' meddai. *'You're too young*

at fifty-eight.' Ei gyngor oedd y dylai rhywun gael y llawdriniaeth ddeng mlynedd cyn y byddai'n debygol o farw. Ffoniais Sam, ac yna'r ysbyty i ganslo'r cyfan. Doedd Sam ddim yn hapus o gwbl gan ei bod wedi edrych ymlaen imi gael gwellhad. Sut bynnag, dyna'r penderfyniad doethaf a wnes i erioed.

Fel un a fu'n gemegydd mewn diwydiant mi wn ryw gymaint am gyffuriau meddygol. Rwy'n credu bod yna'n fras ddau fath o gyffuriau. Y cyntaf yw'r rhai y gwyddom eu bod â sgîl-effeithiau niweidiol. A'r ail fath yw'r rhai na wyddom hyd yn hyn beth fydd eu sgîl-effeithiau. Am y rheswm hwn yr ymdrechais am flynyddoedd i ymwrthod â chyffuriau meddygol.

Un o glefydau mwyaf ein cymdeithas ni heddiw yw'r gred fod yna gyffur ar gyfer pob poen, galar, diflastod a braw a ddaw i'n rhan ni. Rydym wedi cael ein cyflyru i fod yn ddibynnol ar gyffuriau. Fe all poen gilio os cymerwn dabledi ond y gwir yn aml yw y gallai gilio'r un mor fuan heb inni lyncu unrhyw gyffur. Mae gan ein cyrff ni'r adnoddau gwyrthiol i greu eu poenladdwyr eu hunain. Yn ddiweddar iawn y daethom i wybod bod ein hymennydd yn cynhyrchu cemegyn sydd bron yr un ffunud â'r un mewn cannabis.

Rwy'n argyhoeddedig fod lleddfu poen yn fwy uniongyrchol gysylltiedig â dull mewnol y corff i'w wella ei hun nag â'r effeithiau o gymryd cyffur. Ar ben hynny, peth goddrychol yw poen ac nid yw'r un fath i bawb o bell ffordd. Ar hyd y canrifoedd y mae'r ddynoliaeth wedi ymdopi â phoen heb gyffuriau modern na llawdriniaeth. Trwy wrthod y ddau beth hyn rwyf wedi osgoi defnyddio *Opren* ac *Eraldin*. Profwyd bod y cyffuriau hyn yn achosi sgîl-effeithiau difrifol, a bellach maent wedi eu gwahardd.

Dylid chwilio pob ffordd arall yn gyntaf cyn penderfynu cymryd cyffur.

Tipyn o arwr yn fy ngolwg yw'r dyn hwnnw a gafodd lawdriniaeth fasectomi heb anesthetig a heb ddioddef poen. Ddeng munud yn ddiweddarach fe fu'n siarad mewn cynhadledd i'r wasg cyn brysio'n ôl i'r gwaith. Nid stoiciaeth na dewrder yw hyn. Dim ond techneg y gallai pawb ei defnyddio trwy chwarae triciau â'r meddwl. Does dim angen i bobl ffwdanu cymaint ynghylch poen arwynebol neu gymedrol. Yng nghadair y deintydd, trwy ganolbwyntio ar lunio araith yn fy mhen y byddaf yn tawelu fy meddwl. Os bydd poen yn fy nghadw ar ddihun yn y nos, dim ond dychmygu fy mod yn gwrando ar John Major yn areithio sydd raid imi a byddaf yn siŵr o gysgu.

Wedi imi ganslo'r ddwy lawdriniaeth mi es i weld y llawfeddyg yn broffesiynol i gael ail farn yn ôl y drefn dan yr NHS. Eglurodd fod yna elfen o risg gyda phob llawdriniaeth, er enghraifft, emboledd yn yr ysgyfaint, a'r posibilrwydd o heintiad. Defnyddiodd y gair 'amaturiaid' i ddisgrifio rhai o'r llawfeddygon sydd heb arbenigo yn y maes neilltuol hwn ond eto'n gwneud y gwaith er mwyn cyrraedd targedau'r Gwasanaeth Iechyd. Dichon fod hyn yn egluro pam mae nifer cynyddol o gleifion yn gorfod mynd yn ôl i'r ysbyty i'r gwaith gael ei ail-wneud. Fe ddigwydd hyn i gynifer ag un claf ym mhob deg.

Amcan y ddadl Seneddol oedd tynnu sylw at y ffaith fod yr NHS wedi magu obsesiwn ynghylch ffigurau, ar draul ansawdd. Does dim modd i ni'r defnyddwyr ddarganfod beth yw 'llwyddiant' a beth yw 'methiant' ymhlith llawfeddygon. Allwn ni ddim ychwaith gael gwybod pa nifer o gleifion a heintiwyd yn y theatr na nifer y cymalau newydd aflwyddiannus.

Yn Sweden cedwir cofnodion llawn o bob triniaeth i gymal y glun ac o bob prosthesis a ddefnyddiwyd yno erioed. Fe osodwyd un math o brosthesis mewn pum mil o gleifion. O fewn pedair blynedd roedd ar bob un o'r rhain angen llawdriniaeth arall. Penderfynodd y Swediaid roi'r gorau i ddefnyddio'r *Christiansen hip*. Efallai fod yr un drafferth yn union wedi digwydd ym Mhrydain. Does dim modd inni wybod. Defnyddir trigain o wahanol fathau o brosthesis yma. Pan gyflwynais y sylwadau hyn i'r Gweinidog Iechyd, Tom Sackville, yn y ddadl, roedd ei ateb mor amherthnasol i'r pwyntiau a godais nes imi ofyn iddo ymddiswyddo. Cwynais hefyd wrth y Prif Weinidog. Derbyniais ymddiheuriad ac ateb mwy rhesymol mewn llythyr gan Sackville.

Tua diwedd 1995 a heb unrhyw reswm, hyd y gwelaf, fe wellodd y gwynegon yn arw. Doedd y gwayw ddim wedi bod cynddrwg am ryw ddwy flynedd. Llwyddais i redeg am y tro cyntaf ers pymtheng mlynedd. Mi wn mor sicr â thro'r tymhorau mai mynd a dod y bydd y poenau. Rhyw ddiwrnod, mae'n bur debyg y bydd rhaid imi droi at gyffuriau neu gael llawdriniaeth. Yn y cyfamser, fy nghyngor i gyd-ddioddefwyr yw 'Peidiwch â llyncu'r tabledi yna a dywedwch "dim diolch" wrth ddynion y cyllyll'.

Rhyddid Gwybodaeth

Fel gwladwriaeth, y mae Prydain yn niwrotig o gyfrinachgar. Un o brif ddyletswyddau Aelodau Seneddol yw tynnu ymaith yr haenau o gyfrinachedd sy'n celu rhagrith, aneffeithlonrwydd ac anwiredd y Llywodraeth. Rwyf wedi gosod gerbron y Tŷ nifer mawr o gwestiynau Seneddol er mwyn datgelu'r gwirionedd.

Nid tasg hawdd yw treiddio trwy amddiffyniadau'r Llywodraeth. Yn fy llyfr ar gyfer Aelodau'r meinciau cefn, rhoddais gynghorion ar sut i ofyn cwestiynau a sut i ymateb i atebion. Anaml y bydd yr ateb cyntaf i gwestiwn yn rhoi llawer o wybodaeth ond fe ddengys y gogwydd ar gyfer cyfeirio'r cwestiynau ychwanegol.

Caiff is-weinidogion, sy'n ateb cwestiynau, eu llethu'n fwriadol â gwaith gan eu gweision sifil. Bydd eu dyddiaduron yn llawn o ddigwyddiadau cymdeithasol sy'n mynd ag amser, yn agor adeilad neu'n cyfarfod â rhywun pwysig.

Gweision sifil sy'n paratoi'r atebion amddiffynnol i'r Cwestiynau Seneddol ac yn eu cyflwyno i'r gweinidogion i'w llofnodi, yn aml ar derfyn diwrnod blinedig. Os bydd y gweinidog yn anfodlon ar yr ateb ac yn ei anfon yn ôl fe fydd pentwr y cwestiynau heb eu hateb yn cynyddu. Dilyn y llwybr rhwyddaf a wna'r rhan fwyaf o weinidogion a derbyn yr hyn a ddywed y gweision sifil. Dyna'r ffordd i rywun allu gadael y swyddfa ar amser call a mynd i fwynhau peint neu ddau. Mae ennill Etholiad Cyffredinol ym Mhrydain yn llawer haws na chipio'r grym o ddwylo ein llywodraethwyr parhaol, sef y gweision sifil.

Gwers a ddysgais yn fuan wedi mynd i San Steffan oedd fod rhaid gofyn cwestiynau yn y llefydd rhyfeddaf er mwyn cael gwybod beth oedd yn digwydd yng Nghasnewydd. Roeddwn wedi gofyn dwsin o gwestiynau i geisio gwybodaeth ynghylch damweiniau yn ymwneud â ffrwydron rhyfel. Cefais fy syfrdanu gan un o'r atebion. Y cwestiwn oedd, *'When was the last time a lorry carrying ammunition caught fire on a British motorway?'* Y bwriad oedd ceisio cadarnhad ynglŷn â thân yn Reading dair blynedd ynghynt. Cefais lawer mwy na'r disgwyl. Dyma'r ateb gan y Weinyddiaeth Amddiffyn: *'It was a few weeks ago at 6.00 a.m. at High Cross in the Newport West constituency.'* Doedd neb wedi sôn yr un gair wrthyf am y peth.

Dyna'r ail dân ar yr M4 yn ymwneud â ffrwydron rhyfel. Roedd fy nghwestiynau hefyd yn holi ynghylch y safonau diogelwch yn sgîl digwyddiad neilltuol yng Ngwent. Dyfarnwyd yn euog yrrwr lori a fethodd y prawf anadl ar ei ffordd i nôl llond ei lori o ffrwydron yn y ganolfan Americanaidd yng Ngwent. Er imi fynnu cael y manylion am union natur llwyth y lori, chefais i ddim gwybodaeth. Dyma'r ateb: *'It is not our practice to provide details of the storage or movement of ammunition.'*

Wedi dod i ben fy nhennyn, mi anfonais yr un cwestiwn at Christopher Shays, Cyngreswr Americanaidd. Roeddwn wedi rhannu'r un ymchwilydd ag ef ar un adeg. Dan eu Deddf Rhyddid Gwybodaeth nhw yn America, fe gafodd ef wybod: *'United States Army munitions stored at Caerwent are typically class 1.1 and class 1.2 artillery projectives and propellants.'* Cefais wybod hyn gan y

Gweithgor Iechyd a Diogelwch: *'Class 1.1 corresponds to the hazard which is potentially the most severe. A mass explosion is one which affects virtually the entire load of explosives . . . such explosives have detonated en masse in a fraction of a second and have killed hundreds (and once thousands) of people in the vicinity. This potential puts them in a class of their own.'*

Dyma'r disgrifiad o'r math arall:

'Class 1.2 . . . a projection hazard, designed to kill by fragments capable of travelling hundreds of metres at high speed.'

Gwrthododd yr awdurdodau ddatgelu'r ffeithiau brawychus hyn i mi ond roeddent ar gael yn rhwydd i bawb yn UDA.

Aeth lori ar dân mewn ceunant ar draffordd yr M4 yng Nghasnewydd mewn ardal boblog iawn. Roedd hi'n cludo llwyth o fomiau cawod *(cluster bombs)* a allai danio a lladd pobl f'etholaeth i. Serch hynny, doedd gen i na neb o'r etholwyr yr hawl i gael gwybod hynny. Rhaid ystyried diogelwch y cyhoedd wrth benderfynu pa gludiant sydd orau — lorïau ynteu rheilffyrdd. Dim ond un o'r peryglon ar y ffordd fawr yw tân. Ymhlith eraill, y mae damweiniau a therfysgaeth *(terrorism)*. Hyd yn oed pan oeddwn yn gadeirydd Pwyllgor Cludiant y sir fe gedwid oddi wrthyf ffeithiau hanfodol ar gyfer gwneud penderfyniadau doeth. Heb Ddeddf Rhyddid Gwybodaeth welwn ni byth mo'r holl welliannau angenrheidiol.

Bu Tony Lynes a minnau'n brwydro'n hir yn erbyn penderfyniad *'denial of information'* gan Lywodraeth Thatcher. Tra oeddwn i'n llefarydd Llafur ar Nawdd Cymdeithasol y sefydlwyd yr Asiantaeth Fudd-daliadau. Roedd yn un o'r cant (bellach) asiantaeth *next steps* sy'n awr yn cyflogi tri chwarter y gweision sifil o fewn hyd braich at Weinidogion y Llywodraeth. Cafodd creu asiantaeth 'camau nesaf' yr Adran Nawdd Cymdeithasol sgîl-effaith ryfedd. Doedd yr atebion i gwestiynau'r ASau i'r Gweinidog ar y mater ddim yn ymddangos mwyach yn *Hansard* fel ag o'r blaen. Er bod y cwestiynau ar gael i'r cyhoedd, dim ond at yr ASau a Llyfrgell Tŷ'r Cyffredin yr anfonid yr atebion.

Derbyniais lythyrau gan lawer o fudiadau a ddibynnai ar *Hansard* am wybodaeth yn gofyn am gopïau o'r atebion. Roeddent wedi gweld y cwestiynau yn *Hansard* ac yn methu â deall pam nad oedd yr atebion yno hefyd. Ar y dechrau, bûm yn eu ffotogopïo a'u postio atyn nhw ond yn fuan roeddwn yn methu dod i ben â hyn oherwydd nifer mawr y ceisiadau. Gyda chymorth gwerthfawr Tony Lynes a grant o'r *Rowntree Foundation* aethom ati i argraffu cyhoeddiad misol, *Open Lines*. Ynddo roedd yr atebion nad oedd ar gael fel arall, ac anfonwyd copïau at bob AS ac at nifer o grwpiau tu allan i'r Senedd. Er bod y gwaith ychwanegol yn dipyn o drafferth roedd yn rhan bwysig o'r ymgyrch gyson trwy gwestiynau ac areithiau i geisio cael y Llywodraeth i newid eu polisi.

Ar ôl deunaw mis fe orfodwyd y Llywodraeth, o gywilydd, i ildio. Mewn ffordd, bu'n rhaid iddyn nhw 'wladoli' menter breifat AS Llafur. O hynny ymlaen mae'r holl atebion gan yr 'asiantaethau cam nesaf' wedi'u hargraffu yn *Hansard*. Er mawr lawenydd i'r ddau ohonom fe gyflwynodd yr Ymgyrch dros Ryddid Gwybodaeth eu gwobr Seneddol ym 1991 i Tony a minnau am ein gwaith. Buddugoliaeth fechan oedd honno mewn rhyfel sydd, i bob diben, yn ddiddiwedd. Ymddengys fod yna fyrdd o resymau dros 'flocio' cwestiynau Seneddol. Ni dderbynnir cwestiynau am ddoe gan eu bod yn 'hanesyddol' *(historic)*, nac am heddiw gan eu bod yn 'gynamserol' *(premature)*, nac am yfory gan eu bod yn 'dybiedig' *(hypothetical)*.

Diolchodd yr *Independent* imi am fod y cyntaf i gadarnhau lleoliad adeilad MI6 yn Vauxhall Cross, Llundain. Trwy gyflwyno cwestiynau i bob un o Adrannau'r Llywodraeth y llwyddwyd i gael y gwir yn y diwedd. O'r Adran sy'n rhedeg y Gwasanaeth Cudd y daeth yr unig ateb oedd heb fod yn negyddol.

Datgelwyd pa mor wrthun yw dulliau'r Gwasanaeth hwn pan gyfaddefodd yr asiant MI5, Cathy Massiter, ar raglen deledu iddi fod yn gwrando ar alwadau ffôn John Cox, y Comiwnydd a'r ymgyrchwr heddwch o Went. Roedd llawer o'r galwadau hynny oddi wrth Joan Ruddock a minnau. Bu clustfeinio hefyd ar sgyrsiau ffôn amryw o Undebwyr Llafur blaenllaw. Er adeg Rhyfel 1939-45 mae'r Gwasanaethau Cudd wedi gwario ffortiwn yn cadw golwg ar aelodau'r Blaid Gomiwnyddol ond heb ddod o hyd i'r un ysbïwr. Serch hynny, trwy gydol y cyfnod hwnnw roedd MI5, MI6 a'r SIS, o'r bôn i'r brig, yn llawn o ysbïwyr yn derbyn tâl gan yr Undeb Sofietaidd. Tipyn gwell bargen fyddai bod wedi cyflogi aelodau'r Blaid Gomiwnyddol i glustfeinio ar sgyrsiau ffôn y Gwasanaethau Cudd.

Achosodd profiad braidd yn rhyfedd imi gredu bod ysbïo yn dal mewn bodolaeth o dan Lywodraeth Lafur. Ym mis Medi 1997 cefais alwad gan newyddiadurwyr ar ddau o bapurau'r Sul. Roedd y ddau wedi cael copïau o'm bil ffôn diweddaraf. Darllenwyd y manylion imi. Cawn fy nghyhuddo gan y dyn sy'n ysgrifennu'r golofn *'Black Dog'* yn *The Mail on Sunday* o fod wedi defnyddio fy ffôn i wneud llu o alwadau i arolwg ar *Ceefax* ym mis Gorffennaf 1997 ar fater y Datganoli. Yn y byd drygionus hwn prin fod hynny'n bechod enfawr. Sut bynnag, teimlwn yn ddig am fod rhywun a oedd mewn sefyllfa i ddefnyddio un o fy ffonau i yn credu bod arolygon ffôn o unrhyw bwys. Does dim byd i rwystro pob ochr i unrhyw bwnc llosg sydd dan sylw ddefnyddio'r ffôn i'w dibenion eu hunain.

Yr hyn a'm brawychodd oedd y ffaith fod rhywun wedi cael gafael ar restr o'r galwadau a wnaed o ffôn breifat yn fy nghartref. Rai blynyddoedd yn ôl fe achoswyd llawer o ofid i un o'm hetholwyr trwy i rywun ddatgelu bod yna alwadau i 'linellau rhyw' ar ei fil ffôn. Mewn o leiaf un achos tebyg arall fe arweiniodd y math hwn o boen at hunanladdiad. Hawdd dychmygu hefyd y gallai blacmel ddeillio o sefyllfa felly.

Yr esboniad mwyaf tebygol yw fod rhyw grŵp arbennig yr oeddwn i'n ymgyrchu yn erbyn eu gweithredoedd twyllodrus wedi 'prynu'r' bil gan un o weithwyr BT. Fe ddigwyddodd yr un peth yn union i ymgyrchwr arall yn erbyn yr un grŵp. Dywedodd ymchwilydd teledu wrthyf fod modd prynu'n anghyfreithlon filiau eitemedig am £600 yr un. Yn yr achos arall, trwy'r bil ffôn roedd modd adnabod yr anffodusion a syrthiodd i ddwylo *loan sharks* ac a gysylltodd â'r llinell gymorth. O ganlyniad, cawsant ymweliad gan y cwmni ariannol ynghyd â phropaganda yn pardduo'r grŵp cymorth.

Os mai'r bwriad oedd fy mhoenydio i, fe fethodd. Yr hyn a wnaeth yr ymyrraeth yn fy mywyd personol oedd fy ngwneud yn fwy penderfynol nag erioed i ddod o hyd i'r troseddwyr. Dichon fod rhywrai eraill wedi bod yn chwilio fy mhac am fy mod i'n ddraenen yn eu hystlys. Mae'n rhyddhad gwybod mai gormodedd o sêl wrth ymgyrchu oedd yr unig 'faw' y llwyddodd y rheini i'w daflu ataf fi a'm staff.

Dan Fygythiad

Pan oedd Sam ar y ffôn yn trefnu digwyddiadau'r penwythnosau ar gyfer 1991 fe soniodd wrthyf fod yr heddlu am fy ngweld a bod rhyw blismon wedi dweud nad oedd angen poeni. Dyna beth rhyfedd — doeddwn i ddim i boeni. Fydda i byth yn poeni'n ormodol. Rhaid bod yna ryw reswm, felly, ac mi ddechreuais hel meddyliau.

Y dydd Sadwrn dilynol daeth plismon cydnerth a rhadlon, yn ei ddillad ei hun, i'm gweld yn y tŷ. *'I have been told to tell you, first of all, that you're not to worry.'* Gwenais arno i ddangos fy mod yn eithaf hapus. *'Mind you,'* meddai, *'I'd be worried if my name was on one of these lists.'*

'My name is on a hit list?' gwaeddais arno'n syn.

'Well, it might not be a hit list. It could be just a research list. But we can't take any chances after the Nessan Quinlivan list.'

Atgoffodd fi fod y pum person cyntaf ar y rhestr honno wedi cael eu lladd erbyn i'r heddlu gael gafael ynddi. Roedd y Garda, mae'n debyg, wedi dod o hyd i'r rhestr newydd yn nhŷ gweriniaethwyr yn Limerick. Roedd fy enw arni yn hollol blaen ond dim sôn am unrhyw AS arall.

Roeddwn wedi addo'n bendant wrth Sam y cadwn draw oddi wrth helyntion Iwerddon. Un o'r ychydig droeon imi siarad ar y pwnc oedd y diwrnod pryd y taniwyd y *'spud missiles'* i mewn i ardd 10 Downing Street.

Digwyddwn fod wrth ymyl a chefais fy holi gan Deledu Sky. Mi ddywedais yr ystrydebau arferol. *'Parliament will not be intimidated. It's work as usual. The committee meetings are continuing . . .'*

Prin fod hynna'n ddigon i rywun fygwth fy lladd, os dyna ydoedd. Pam fi? Anodd oedd cymryd y peth o ddifri. Wedi mynd i'r Senedd doeddwn i ddim yn awyddus i bawb wybod cyfeiriad ein cartref ni. Yn bennaf rhag i rai o'r etholwyr ddod i guro ar y drws bob awr o'r dydd a'r nos. Cysurwn fy hun fod rhyw gamgymeriad gyda'r rhestr. Y drwg oedd mai rhai angheuol oedd llawer o gamgymeriadau'r IRA.

Tra oeddwn i, ynghyd â'm cyd-Aelodau yn cael ein gwarchod yn dda yn y Senedd, roedd Sam a'r plant yn ddiamddiffyn. Bu Adran Arbennig Heddlu Gwent yn feddylgar iawn a chynigiwyd 'botwm braw' i Sam. Byddai hwnnw'n achosi i larwm ganu yng ngorsaf yr heddlu. Cafwyd cyngor ymarferol hefyd ar sut i ddiogelu'r tŷ yn well. Wrth gwrs, fe ŵyr pawb nad oes modd yn y byd amddiffyn neb gant y cant rhag ymwelydd penderfynol yn chwifio dryll. Ddywedson ni'r un gair wrth y plant, er inni roi gwybod i bennaeth yr ysgol.

Ar y dechrau, byddwn yn archwilio'r car yn aml iawn. Gan nad oedd yr holl beth yn gwneud synnwyr roeddwn yn bendant na châi amharu ar batrwm arferol ein bywydau. Yn y man, daethom i gynefino â'r sefyllfa ac yna aeth y cyfan yn angof.

Sur-felys

Dechrau pur ofidus i'w ymgyrch a gafodd fy ngwrthwynebydd Torïaidd yn Etholiad Cyffredinol 1992. Yn enedigol o Lynebwy, roedd Andrew Taylor yn fargyfreithiwr lleol. Cawsai grasfa go arw mewn etholiadau yng Nglynebwy ac yn y sedd Ewropeaidd leol. Wedi i'r Torïaid ei fabwysiadu i sefyll ym 1992 fe ddywedodd ei fod yn edrych ymlaen at gynrychioli Gorllewin Casnewydd ymhell i'r ganrif nesaf.

Y peth cyntaf a wnaeth wedyn oedd anfon llythyr ataf yn gofyn imi gondemnio cyd-AS, Ron Brown, a gafwyd yn euog o 'ddifrod troseddol'. Roedd Brown eisoes wedi'i ddisgyblu gan y Grŵp Llafur ar ôl ymddwyn braidd yn wirion. Adroddwyd yn yr *Argus* fod ysgrifenyddes Mr Flynn wedi ateb y llythyr gan ddweud ei fod ef yn eithriadol o brysur ar y pryd gyda materion y fainc flaen ond y câi'r llythyr sylw maes o law. Ychwanegodd y byddai'r AS yn dra siomedig fod Mr Taylor yn anfon ei lythyr cyntaf ato er mwyn pigo mân feiau ar fater nad oedd a wnelo ddim oll â phobl Casnewydd. Y pennawd yn y papur oedd *'Tory accused of nit-picking'*. Fe gaeodd ei geg am hir wedyn.

Gyda'r tîm rhagorol o dan arweiniad David Mayer a Sam, roedd fy ail ymgyrch yng Ngorllewin Casnewydd yr un ffunud â'r gyntaf ond heb y tyndra a'r pryder fel y tro o'r blaen. Rhaid bod yr ymgyrch, fel pob un arall, yn llawn o ffraeo ac o wneud camgymeriadau ac o anobeithio ar adegau. Ni allaf gofio hynny, dim ond y sicrwydd tawel fod Llafur yn mynd i gadw'r sedd. Yn wir, roeddwn mor hyderus nes imi fynd i Stroud y diwrnod cyn y pleidleisio i siarad dros yr ymgeisydd Llafur, David Drew. Yn Neuadd y Dref yr oedd y cyfarfod. Wrth fynd i mewn mi sylwais ar un o gefnogwyr Llafur yn tywallt halen ar draws y fynedfa. Arwydd o lwc dda, efallai? Nage. Roedd gan y Torïaid hefyd gyfarfod yn yr un adeilad, i fyny'r grisiau, a'r siaradwr yno oedd Kenneth Baker. Ar ei gyfer ef yr oedd yr halen. Os cofiwch, fel malwoden y câi ei bortreadu ar *Spitting Image*.

Ar y diwrnod mawr credwn fel llawer eraill fod gan Lafur siawns go dda i ennill drwy Brydain, gyda mwyafrif bychan, neu y byddai yna senedd grog. Enillais gyda mwyafrif o saith mil, sef bron deirgwaith mwy na'r tro cynt. Siaradodd Andrew Taylor yn bigog a heriol gan ymhyfrydu fod y Blaid Lafur wedi'i threchu am y bedwaredd waith yn olynol. Noson sur-felys oedd honno.

Gweddnewidiad

Wrth ymgynnull ar gyfer agor Senedd 1992-97, wedi inni ddioddef y bedwaredd grasfa, roedd y Blaid Lafur mewn anobaith dwfn. Fe barhaodd y galar am fisoedd. Sut yn y byd y cawsom ni'n curo gan Major? Ac ar ôl treth y pen? Roedd Neil Kinnock wedi gwneud y peth call trwy ymddiswyddo. Petai wedi aros fe fyddai'r edliw personol wedi bod yn annioddefol iddo.

Doedd dim modd osgoi'r ffaith ein bod wedi'n gorchfygu. Y gofid a'n hwynebai unwaith eto oedd bod yn Wrthblaid a gâi ei threchu'n barhaus am bum mlynedd arall. Tybed a fyddai unrhyw un o hen werthoedd Llafur yn goroesi? Oedd colli bedair gwaith yn olynol wedi difa pob gronyn o ffydd a hyder y gallem ni ennill ryw ddydd yn y dyfodol?

Yr unig gysur oedd fod John Smith, cymeriad cadarn a dibynadwy, am gymryd yr awenau. Dechreuodd gobaith a balchder lifo'n ôl. Yn ddyn hoffus iawn gan bawb roedd John yn llawn afiaith ac yn rhadlon ei natur. Roedd ganddo stôr o hanesion a storïau doniol. Mewn dadl, ei arf mwyaf treiddgar oedd ei ffraethineb. Eto i gyd, i'r cyhoedd yn gyffredinol roedd ynddo ddidwylledd a sadrwydd barn.

Yn wahanol i Neil Kinnock a Tony Blair, fe fyddai'n galw i mewn i ystafelloedd te a chinio yr Aelodau. Er pan wyf yn Nhŷ'r Cyffredin does yr un Arweinydd Llafur arall wedi dod at gadair wag wrth fwrdd bwyd a gofyn '*Do you mind if I join you?'* Ac yntau'n Arweinydd, roedd John yn dal i gymysgu ar yr un lefel â'i gyd-Aelodau.

Ar 12 Mai 1994 y torrodd y newydd syfrdanol. Ar y pryd wnes i ddim sylweddoli mai dyna ddiwedd yr hen Blaid Lafur a gerais drwy gydol fy oes. Roeddwn yn fy swyddfa, wrthi'n paratoi araith o gryn bwys, pan ddaeth cyd-Aelod, John Garrett, i mewn a dweud fod John Smith wedi marw. Ymhen llai na hanner awr roedd rhaid imi groesawu grŵp o blant o Ysgol Malpas ar ymweliad â Thŷ'r Cyffredin. Mi glywn fy llais fy hun yn torri wrth ddweud wrthyn nhw eu bod wedi cyrraedd ar ddiwrnod a gofir gan bawb. Ac er eu bod yn ifanc mi wyddwn ar eu hwynebau eu bod yn deall fy nheimladau.

Bu hon yn brofedigaeth lem i'r Blaid Lafur ac yn un y gellid ei chymharu â marwolaeth annhymig Aneurin Bevan. O dan arweiniad John roedd y Blaid yn cael ei hadfer a'i haduno. Gofynnodd yr *Argus* imi lunio teyrnged iddo. Bu ufuddhau i'r cais yn rhyw fath o therapi imi y diwrnod trallodus hwnnw. Cofiais fod rhywun wedi dweud am John, 'Petai Duw ar fin cyhoeddi'r Armagedon, ond ddim am ddychryn gormod ar y bobl, John Smith a ddewisai yn negesydd drosto.'

Mae'r gwasanaeth angladdol yn atgof i'w drysori, yn enwedig y datganiad hyfryd o salm yn yr iaith Aeleg. Anghofiaf i byth mo John — ei gynghorion hael, ei eiriau caredig o anogaeth, ei gwmnïaeth a'i gyfeillgarwch.

Blairiaeth

Doedd neb wedi breuddwydio y byddai angen Arweinydd newydd mor fuan. Ond o fewn ychydig oriau ar ôl marwolaeth John Smith yr enw a glywid ar wefusau pawb oedd un Tony Blair. Er mai Margaret Beckett oedd y Dirprwy Arweinydd ni chafodd ei hystyried o gwbl am ei bod yn ymddangos yn oeraidd a heb lawer o apêl ar deledu. Robin Cook oedd y dadleuwr mwyaf galluog ond fe fyddai ei bryd a gwedd yn peri i'r cyfryngau wneud hwyl am ei ben. Er bod llawer yn hoffi John Prescott ac yn ymddiried ynddo roedd hi'n rhy hwyr i ddysgu iddo sut i siarad Saesneg yn fwy rhesymegol. Roedd Blair yn meddu ar fwy o apêl gyffredinol ac yn fwy tebygol o ennill yn yr Etholiad nesaf. Gwir fod ei ddaliadau asgell dde yn annerbyniol gan nifer ohonom. Ar y pryd credem y byddai sylfeini traddodiadol Llafur yn ei gadw rhag gogwyddo'n rhy bell i'r dde. Nid felly y bu hi.

Roedd Alun Michael yn ymgyrchu dros Blair. Addewais innau fy nghefnogaeth. Doedd hi ddim yn hawdd imi egluro wrth Clare Short na fyddwn i'n pleidleisio i Margaret Beckett. Ar gyfer unrhyw swydd arall, heblaw'r arweinyddiaeth, mi fyddwn wedi pleidleisio i Margaret. Oherwydd yr holl gymorth a gefais ganddi yn y gorffennol mi fyddwn wedi deall yn iawn petai hi'n dal dig yn f'erbyn i. Welais i ddim arwydd o gwbl o hynny. Bu dewis Blair yn Arweinydd yn hwb sylweddol i Lafur yn y polau piniwn hyd at yr Etholiad Cyffredinol. Yn sydyn, roedd y Blaid Lafur yn newydd, yn ifanc, yn atyniadol ac yn boblogaidd tu hwnt.

Serch hynny, roedd anobaith ac amheuon yn dal i'n gofidio. Nid rhesymeg oer sy'n llywio tynged pleidiau gwleidyddol. Mae emosiynau hefyd yn chwarae rhan fawr wrth wneud penderfyniadau. Roeddem wedi dyheu am fuddugoliaeth ac wedi colli bedair gwaith. Pan oeddem yn barod i yfed o'r cwpan fe'i cipiwyd oddi arnom. Fel cŵn Pavlov gynt, cawsom ein cyflyru i ymateb fel-a'r-fel. Yn ein hachos ni, i ddisgwyl siom. Er gwaethaf tystiolaeth yr arolygon bob wythnos ein bod ar y blaen o ddigon roedd amheuon yn dal i'n gwangalonni fel plaid.

O'r dyddiad y daeth Blair yn Arweinydd hyd at ddiwrnod yr Etholiad roeddwn yn sicr y byddem yn ennill. Er na fyddaf, fel arfer, yn gamblo, mentrais roi bet o ganpunt dri mis cyn yr Etholiad gyda Peter Oborne o'r *Sunday Express* y byddai Llafur yn ennill gyda mwyafrif o fwy na 120. Gan fod sŵn buddugoliaeth yn y gwynt, roedd yna'n awr lai o gwyno am y gogwydd i'r dde. Er imi gael fy nisgrifio droeon fel 'asgell chwith' wnes i erioed ymuno â'r Grŵp Ymgyrchu nac ychwaith sefyll yn erbyn cael gwared o Gymal Pedwar. Rhaid cydnabod mai methiant fu'r hen ddull o wladoli. Fel un a dreuliodd ran helaethaf ei oes waith mewn diwydiant gwladoledig, mi welais nad oedd dim byd sylweddol wedi cymryd lle 'gwneud elw' fel sbardun i effeithlonrwydd. Mater gwahanol yw diogelu trysorau ein treftadaeth Lafur. Achoswyd rhwyg rhyngof fi a Blairiaeth gan eitem o newyddion a ddarllenais.

Honnai'r *Daily Mail* fod Blair yn gwrthod anfon ei fab i un o ysgolion yr Awdurdod Addysg Lleol ac wedi dewis 'Ysgol a Gynorthwyir' *(Grant Maintained School)* yn lle hynny. Ysgrifennais at Tony a chefais air â'i Ysgrifennydd Seneddol Preifat, Bruce Groucott. Roedd arnaf eisiau sicrwydd nad oedd Tony wedi manteisio ar ei safle arbennig i gael addysg freintiedig i'w fab yn yr Oratory School. Dilynais y ffordd arferol i Aelodau'r meinciau cefn leisio cwyn.

Roedd fy llythyr yn un digon cyfeillgar: *'Possibly untrue reports in today's . . . but if accurate would undermine our Party's educational ideals of non-privileged education . . . The Oratory has sought status for itself at the expense of other schools.'*

Derbyniais ateb ar 11 Ionawr 1995 ond roedd hi'n amlwg na ddeallodd y pwynt. Meddai: *'The Oratory is one of a number of very good state comprehensives my son could attend. We chose it because we believe it will be the right school for him. Labour policy has not changed . . .'*

Anaml yr awn i sesiynau'r Blaid Lafur Seneddol — y PLP. Bob bore Mercher y cynhelid y cyfarfodydd, yr un pryd ag y disgwylid imi fynd i Bwyllgor Sefydlog Ewropeaidd B. Yn ystod fy neng mlynedd yn y Senedd, rhyw ddeg ar hugain, ar y mwyaf, o sesiynau'r PLP a fynychais. Fe ddigwyddai Blair fod yn siarad am addysg ryw fore Mercher pan nad oedd y Pwyllgor Ewropeaidd yn cyfarfod. Doedd dim arlliw o ymddiheuriad yn ei araith. Mewn côd, fel petai, fe ymosododd Roy Hattersley ar Blair. Heb baratoi ymlaen llaw, beirniadais innau ef, a hynny'n ddiflewyn ar dafod. Er mwyn bod yn deg mi ddechreuais trwy dalu teyrnged ddiffuant iddo am ddenu â'i bersonoliaeth ac â'i bolisïau fwy nag erioed o bobl i ymaelodi â'r Blaid Lafur yng Ngorllewin Casnewydd. Disgrifiais fy hun fel 'teyrngarwr' i'r holl Arweinyddion Llafur o ddyddiau Attlee. Gan ei gyfarch wrth ei enw, dywedais wrtho'n blwmp ac yn blaen fod ei benderfyniad ar addysg ei fab yn un anesboniadwy ac anfaddeuol a'i fod wedi bradychu delfrydau ein plaid ac wedi tanseilio hygrededd Llafur trwy Brydain. Allwn ni ddim pregethu yn erbyn rhagorfraint ac yna'r funud nesaf fynnu cael yr union beth hwnnw i'n teuluoedd ni'n hunain. Edrychodd Tony Blair arnaf yn hollol syfrdan. A dyna ddiwedd ar y berthynas gyfeillgar a fu drwy'r adeg rhyngddo ef a minnau.

Teimlwn yn hapusach ar ôl rhoi mynegiant i'r hyn oedd yn fy nghorddi. Doeddwn i ddim yn bwriadu gollwng y stori i'r wasg. Am weddill y dydd bûm yn brysur iawn gyda gwahanol gyfarfodydd. Gwthiais ddigwyddiad y bore i gefn fy meddwl gan obeithio y byddai Blair yn ailystyried y mater. Dywedodd cyfaill wrthyf fod rhai o'm sylwadau i'w gweld ar *Ceefax*. Adroddiad cynnil am y cyfarfod oedd hynny, wedi'i roi allan gan y sbinddoctoriaid. Soniwyd am gyfraniad Blair, dim gair am Hattersley, ac yna dywedwyd fy mod i'n anesmwyth — *'expressed unease'* — ynghylch penderfyniad Blair wrth ddewis The Oratory.

Nid yw'r gair *unease* yn rhan o'm geirfa i. Byddaf yn siarad yn llawer mwy diamwys ac uniongyrchol na hynny. Daeth Nicholas Jones, newyddiadurwr gyda'r BBC, i'm gweld. Dywedais wrtho mai cyfarfod preifat oedd yr un dan sylw. Atebodd yntau ei fod yn ddyn gonest a theg ac y byddai'n parchu unrhyw amodau a roddwn wrth wneud datganiad. Pwysleisiais eto mai mewn cyfarfod preifat y gwnes fy sylwadau ac imi ddefnyddio geiriau mwy lliwgar a phlaen nag *unease*. Wrth adael y Siambr yn hwyrach yn y prynhawn heidiodd oddeutu ugain o ohebwyr o'm cwmpas yn Lobi'r Aelodau. Pob un â'i lyfr nodiadau yn barod yn ei law ac yn awchu am stori am rwyg yn rhengoedd Llafur. Ailadroddais yn uchel a phendant mai cyfarfod preifat oedd un y bore.

Ofer oedd fy ngeiriau. Mae gan newyddiadurwyr ffyrdd eraill i lunio stori. Roedd gan amryw o Aelodau Seneddol tafodrydd gof cliriach na mi o'r union eiriau a lefarwyd. Wedi clywed yr un pethau o enau dau neu dri o'r rhai oedd yn bresennol dyna'r gohebwyr yn mynd ati i adrodd yr hanes. Yn hwyrach y noson honno cyfaddefais wrth fy ffrind, David Cornock, fod fersiwn y papurau newydd yn gywir. Gan fod y *Western Mail* yn hwyr yn mynd i'r wasg, ei adroddiad ef oedd yr unig un gyda dyfynodau.

Trodd yr helynt yn eitem fawr yn y newyddion. Roedd rhai papurau wedi rhoi dychymyg ar waith wrth ddisgrifio'r olwg syn ar wyneb Blair. Dyfynnodd y *Guardian* eiriau cryfion Don Dixon, un o Chwipiaid Llafur, wrth iddo ddweud nad oedd modd i Blair beidio â deall ei fod wedi tramgwyddo. Cyfeiriwyd at sylwadau amryw o Aelodau Llafur eraill, heb eu henwi, ar y llinellau: 'Roedd hi'n hen bryd i rywun agor ei geg ond rwy'n falch nad fi a wnaeth.'

Bore drannoeth rhaid oedd imi ymwroli a mynd i mewn i'r ystafell de. Wnes i ddim synhwyro unrhyw ddrwgdeimlad yno. Daeth y Prif Chwip, Derek Foster, ataf i'm canmol gan ddweud hefyd pa mor anodd yw hi bob amser i rywun ymosod ar yr Arweinydd. Safodd un arall o'r Chwipiaid wrth ymyl fy mwrdd, edrych yn slei i'r dde ac i'r chwith ac yna rhoi ei fraich amdanaf. Bu eraill yn ysgwyd fy llaw, yn gwenu neu'n wincio arnaf, i ddangos eu cefnogaeth. Yn eu plith, roedd rhai o Gabinet yr Wrthblaid. Roedd mantell 'cydwybod y Blaid Lafur' wedi disgyn ar f'ysgwyddau i. Bu'n rhaid imi ei gwisgo am gyfnod maith.

Harriet

Gorfu i Tony Blair ddioddef gwawd didostur y Torïaid a chael ei gyhuddo 'o ddweud un peth a gwneud y llall'. Doedd ei ymdrechion i'w amddiffyn ei hun ddim yn argyhoeddi o gwbl. Gwaethygu wnaeth pethau wrth i Harriet Harman gyflawni pechod marwol, un llawer mwy difrifol na'i bechod ef. Bwriadai anfon ei mab i Ysgol Ramadeg. Roedd Blair wedi sôn am beidio â phlygu dan bwysau 'cywirdeb gwleidyddol'. Cyfeiriodd Harriet at ddeddf ddiymwad bod yn rhiant, sef ceisio'r gorau posib i'ch plant. Ni ddatgelwyd i'r wasg yr hyn a ddywedais yn y PLP nesaf. Darllenais ddarn o lythyr a ysgrifennwyd gan rywun 77 mlwydd oed o'm hetholaeth at Harriet Harman: *'Surely you should know that getting special privileges for your son was a gift to the Tory camp. Why are the hopes and aspirations of millions of ordinary folk secondary to the short term advantages of your family?'*

Awgrymais innau i Harriet mai un o ddeddfau diymwad Llafur oedd peidio â sicrhau'r gorau i'ch plant eich hun ar draul plant pobl eraill. Yna dywedais wrth Tony ei bod yn hollol gyfiawn peidio â phlygu os mai chi sy'n iawn, ond ystyfnigrwydd mulaidd fyddai peidio os byddwch chi ar fai. Gofynnais i'r ddau a oeddent gymaint allan ohoni nes ffurfio rhyw gylch dethol ar wahân i bobl gyffredin a thu hwnt i feirniadaeth. Wrth ateb, dywedodd Blair y byddai'n ei chefnogi hi. Y gwir oedd na allai ei sacio hi heb dynnu rhagor o sylw at wendid ei sefyllfa ef ei hun. Fe ddylai Harriet fod wedi ymddiswyddo.

Am fy mod i'n teimlo mor rhwystredig ynghylch yr hyn oedd yn digwydd mi ysgrifennais lythyr i'r *Guardian* mewn côd annealladwy i'r rhan fwyaf o bobl. Fe'i cyhoeddwyd yn y papur dan y pennawd *'Midwitch Socialists: I have a nightmare. If beings from another planet wished to take over a country, they could grow alien creatures in veal crates in public schools, feed them a special diet that made them beautiful and ambitious but stunted their idealism. They then would be placed as an incubus inside a political Party who would love and reward them with applause and high office. Sometimes the deception would falter, on an issue such as school choice, and the Party may suspect that these beings are aliens — in the Party, but not of the Party. Too late, the Midwitch Socialists would get so strong that they would destroy their host Party. But it's only a nightmare, isn't it?"*

Roedd rhyw ellylles, rhyw *succubus* Thatcheraidd yn prysur feddiannu'r Blaid Lafur.

Ym mis Medi fe wnaeth Kim Howells y cyntaf o ddau ddatganiad niweidiol ofnadwy. Dywedodd nad oedd yn credu yn y 'Balkanisation of Britain' nac mewn talu rhagor o drethi o ganlyniad i ddatganoli. Gwaeth fyth oedd ei sylw y byddai brwdfrydedd y Blaid Lafur ynghylch datganoli yn siŵr o bylu petaem ni'n ennill yn yr Etholiad Cyffredinol gyda mwyafrif da. Y rhain oedd dadleuon mwyaf andwyol y Torïaid a ninnau'n awr yn eu clywed o enau llefarydd Llafur ar y cyfansoddiad. Ym mis Medi 1995 ysgrifennais at Tony Blair i dynnu ei sylw at y ffaith nad oedd yr un o'r Aelodau Seneddol Cymreig wedi mynd ar gyfeiliorn ar ôl iddo ef alw am undod, nes inni

223

glywed geiriau Kim. Dyma ran o'm llythyr: *'Kim has done virtually nothing to promote our policy. But he now undermines it by echoing Tory propaganda. As I resigned from the front bench partly because of restrictions it placed on me, I believe Kim should take the same step. The choice is to be inside or outside the tent. Kim chose the best of both worlds and claims his right to pee on our policies from inside the tent.'*

Chefais i byth ateb. Gadawyd i Kim frygowthan a chodi helynt. Roedd yn parhau â'i hen rôl fel cludwr y faner. Mae yna bob amser rywun sy'n ymwthio i flaen yr orymdaith er mwyn cael ei weld yn dal y faner.

Pan oedd yn fyfyriwr bu Kim yn dipyn o chwyldroadwr. Wedi'i benodi'n swyddog gyda'r NUM, fe ddilynodd y ffasiwn trwy ymaelodi â'r Blaid Gomiwnyddol. Roedd gan Llew Smith atgof chwerw o rannu llwyfan gyda Kim yn ystod streic y glowyr. Cyfraniad Kim i'r cyfarfod hwnnw oedd beirniadu'r Blaid Lafur yn hirwyntog a hallt. Eto, wnaeth hynny mo'i rwystro rhag ymuno â'r blaid honno pan brociwyd ef gan uchelgais Seneddol. Fel un o ddilynwyr ailanedig Llafur Newydd fe aeth yn fwy 'newydd' na neb arall.

Daeth Tony Blair o dan gyfaredd Kim, a'i gefnogi i'r carn pan ddywedodd na ddylai'r Blaid Lafur mwyach ddefnyddio'r gair 'Sosialaidd'. Mwy o broblem i'w gyfeillion oedd fod Kim, o bawb, yn awr yn arddel 'gwerthoedd Cristnogol'. Nid troedigaeth arferol mo hon, yn eu tyb nhw, ond lobotomi llwyr a hollol.

Roedd amryw, ac yn enwedig yr Albanwyr, wedi eu cythruddo'n arw gan eiriau ymfflamychol Kim. Cefais ar ddeall na fyddai'n cael ei sacio ar unwaith rhag i'r wasg wneud môr a mynydd o'r peth. Ymhen ychydig fisoedd fe'i symudwyd o'r neilltu.

Gan fod Harriet yn gwrthod newid ei meddwl ceisiais roi cyfle i'r Blaid ei gwthio o'i swydd heb i hynny fod yn sacio fel y cyfryw. A minnau heb fod yn gwybod pa bryd y byddai'r Etholiad Cyffredinol, roedd hi'n bosib yn gynnar ym 1996 na fyddai Cabinet yr Wrthblaid ar y pryd yn gorfod ennill pleidleisiau eu cyd-Aelodau eto. Petai John Major yn galw etholiad yn hydref 1996, fe gâi Harriet ei harbed. Rhoddais gynnig gerbron y PLP y dylid cynnal etholiadau Cabinet yr Wrthblaid ym mis Gorffennaf 1996. Clywais wedyn o ddau le fod Blair wedi dweud wrth Gabinet yr Wrthblaid, *'I am not shifting the date just because Paul Flynn wants it.'* Digwyddodd pethau rhyfedd ac ofnadwy wedyn.

Roedd yna resymau cryf dros gael yr etholiadau allan o'r ffordd cyn seibiant yr haf a chyn tymor y cynadledda. Yn y ddadl, gwnes fy ngorau i lunio'r achos ar y sail y byddai hynny'n fanteisiol i'r Blaid Lafur. Roedd y cyfarfod wedi'i rigio gan y Chwipiaid a drefnodd fod yna dyrfa'n bresennol. Yn union cyn pleidleisio ar y cynnig gyrrwyd y Chwipiaid i dynnu'r Blairiaid allan o'u pwyllgorau, ond gan adael ar ôl Jean Corston a Chris Mullin. Byddai'r ddau wedi fy nghefnogi fi. Colli'r dydd a wnaethom ni, a doedd hynny ddim syndod, ond nid dyna ddiwedd y stori.

Rhyw fore Mercher tua diwedd mis Mehefin y daeth y daranfollt. Bu rhai papurau newydd yn darogan bod Blair ar fin cyhoeddi refferenda ar ddatganoli. Y noson cynt fe gafwyd cyfarfod o'r Aelodau Seneddol Cymreig. Gadawodd Ron yn gynnar i fynd i weld Blair. Y diwrnod cynt roedd Ron wedi gwadu ar deledu y byddai yna refferendwm. Tua deg o'r gloch bore Mercher anfonais neges ffacs at Tony Blair yn dweud os oedd hyn yn wir y byddai fy nheyrngarwch iddo ef ac i Lafur Newydd yn darfod. Cyhuddais ef o *'naked hypocrisy and opportunism'*. Am hanner awr wedi un ar ddeg roedd yna gyfarfod o'r PLP gyda Blair yn annerch. Mewn cwestiwn yn y fan honno, gwnes yr un pwynt eto gan fynnu cael ateb. Os oedd yr *Independent* yn gwybod am hyn pam nad oedd y PLP? Gwrthododd Blair roi ateb a dweud y rhoddai gyhoeddiad yn hwyrach yn y dydd drwy'r Cadeirydd, Doug Hoyle.

Treuliodd Ron Davies y min nos yn gwneud campau o flaen y camerâu teledu wrth ymdrechu i argyhoeddi'r newyddiadurwyr mai ei syniad ef oedd y peth. Hawdd deall eu gwawd. Dyna un o ergydion caletaf fy ngyrfa wleidyddol. Fel y dwsin arall o gefnogwyr 'Senedd i Gymru' ymhlith yr Aelodau Seneddol Llafur Cymreig, teimlwn fy mod wedi fy mradychu'n bersonol. Roeddem wedi cytuno ar gyfaddawd am y rheswm y byddai datganoli heb refferendwm yn rhan o faniffesto Llafur. Ac yn awr, heb unrhyw drafodaeth gyda'r meincwyr blaen Cymreig, yr ASau na'r Grwpiau, roedd y polisi yn chwilfriw. Oherwydd y loes wedi methiant ymgyrch 1979 roeddwn yn argyhoeddedig y byddai pleidleisio ar fater datganoli yn achosi clwyfau dwfn a pharhaol i'r Blaid Lafur yng Nghymru. Peth hawdd iawn yw lladd ar unrhyw newid cyfansoddiadol. Dyma gyfle'n dod eto felly i Gymru gael ei rhwygo gan y rheini sydd byth a hefyd yn chwarae ar bob gwahaniaeth ieithyddol a daearyddol o fewn y wlad. 'Rhannu a rheoli' unwaith eto, fel ym 1979, fyddai hi.

Ers canrif a mwy, roedd gobeithion Cymru wedi eu tanseilio gan wleidyddion Lloegr, gan ein gwleidyddion Cymreig ni'n hunain a drodd eu cefn yn San Steffan ar fuddiannau Cymru, neu gan y rhwygiadau yn ein plith. Pwy oedd wedi bod wrthi'r tro hwn tybed? Ai'r dyrnaid o wrth-ddatganolwyr o blith yr ASau agosaf at Blair? Pwy bynnag fu'n gyfrifol, y wers oedd fod Blair yn dirmygu'r rhan fwyaf o Aelodau Seneddol Cymru a'r Alban a'n harweinyddion. Daeth yn hen bryd i rywun brotestio. Penderfynodd John MacAllion, un o oreuon mainc flaen Yr Alban, ymddiswyddo. Petai Ron Davies yn gwneud yr un fath, pwy a geid yn ei le? Yn wir, gan mor anghymreig oedd crebwyll Blair, synnwn i ddim na fyddai wedi penodi'r ymgeisydd o uffern — Kim Howells.

Gofynnais am gyfarfod â'r Prif Chwip, Donald Dewar, i drafod fy mwriad i beidio ag ufuddhau i'r Chwipiaid. Dyna'r brotest eithaf. Fe fyddai'n fy rhoi tu allan i'r Grŵp Llafur yn Nhŷ'r Cyffredin. Cyn penderfynu, roedd arnaf eisiau barn y ffyddloniaid yng Ngorllewin Casnewydd. Bu Donald yn gwrtais a charedig wrthyf a deallai fy safbwynt. Crefodd arnaf, beth bynnag a wnawn, i beidio â niweidio'r Blaid Lafur.

Credwn mai'r peth doethaf oedd peidio â gwneud unrhyw benderfyniad ar y mater am wythnos. Cytunais i roi dau gyfweliad â newyddiadurwyr yr oedd gen i barch iddyn nhw. Gyda Patrick Wintour o'r *Observer* a gyda thîm rhaglen *'Today'*, Radio Pedwar, y bu hynny. Cyhoeddodd yr *Observer* yr erthygl ar y ddalen flaen gan fy nyfynnu: *'The Labour Party has now travelled to the right of the Liberal Democrats. If we carry on in this direction for a year or two, we will be to the right of the Tories. I am totally hostile to the concept of New Labour, but I must first discuss it with my constituency Party.'*

Ychwanegwyd fy mod wedi dweud nad oedd Blair

mwyach yn ymddwyn *'like the leader of a democratic party. He is autocratic and arrogant.'*

Fy nghyfweliad gyda James Naughtie oedd yr eitem gyntaf ar raglen bore Llun ar ôl newyddion saith o'r gloch. Telais deyrnged i Blair am amryw o rinweddau ac am wneud Llafur yn etholadwy trwy gael gwared â'r 'ofn Llafur' o feddyliau pobl. Adroddwyd hefyd imi ddweud ein bod yn cynhyrchu dogfennau polisi diniwed a di-ddim a bod y rhain yn adlewyrchu rhagfarnau'r Blaid Dorïaidd, yn lle bod yn radicalaidd. Crybwyllais eto fod Tony Blair yn ymddwyn fel petai'n hollalluog.

Darlledwyd fy sylwadau fel yr eitem gyntaf ar bob bwletin radio a theledu drwy'r dydd Llun hwnnw. Wedi rhoi'r strategaeth yn ei lle, arhosais yn fy swyddfa a gwrthod rhoi rhagor o gyfweliadau. Er i'r criwiau teledu ymbil arnaf ddod allan o'r adeilad er mwyn iddyn nhw gael llun ohonof yn cerdded, gwrthod wnes i.

Yn gennad dros Blair, fe ddaeth Ron Davies draw i'm gweld yn fy swyddfa a dweud na welsai Blair mor ddig ers tro byd. Eglurais wrtho fy mod wedi gwneud y cyfan a fwriadwn ac na fyddwn yn dweud rhagor wrth y wasg a'r cyfryngau. Doeddwn i ddim am i'r Blaid dreulio'i hegni ar y broses o'm diarddel. Roeddwn eisoes wedi ysgrifennu f'ymddiswyddiad o'r PLP a gofynnais i Ron ei drosglwyddo i'r Prif Chwip. Serch hynny, bwriadwn sefyll yn yr Etholiad Cyffredinol nesaf o dan ryw faner neu'i gilydd.

Dywedodd Ron nad oedd raid i bethau fynd cyn belled â'm diarddel. Does dim modd rheoli cyhoeddusrwydd. Mae'n dibynnu pa newyddion eraill a ddaw'n boeth o'r ffwrn ar y pryd. Roedd y dydd Llun hwnnw yn un prin ei newyddion. Doeddwn i ddim yn chwilio am gyhoeddusrwydd fel y cyfryw, a gofidiwn y gallwn i niweidio'r Blaid Lafur. Wedi i'r *genie* ddod allan o'r botel fe dyfodd yn anghenfil anferthol ei faint ac afreolus ei natur. Daliwn i obeithio y dôi rhyw ddaioni o'r helynt ac y gwnâi i Blair ymbwyllo tipyn.

Prysurodd 'peiriant Llafur' i ddinistrio fy naliadau. Dywedodd Ron Davies mai celwydd noeth oedd fy honiad ei fod ef wedi cael yr opsiwn o dderbyn neu ymddiswyddo. Honnai ei fod yn gwybod ymlaen llaw am y penderfyniad. Yr unig amddiffyniad oedd gen i i'r cyhuddiad o fod yn gelwyddgi fyddai lluchio hyn yn ôl i wyneb Ron. Fe fyddai hynny wedi ymestyn y ffrae a dyfnhau'r dolur. Sut bynnag, roeddwn i wedi addo cau fy ngheg.

Roedd ymchwilydd i un o'm cyd-Aelodau Llafur Cymreig yn digwydd treulio'r diwrnod hwnnw ym Mhencadlys y Blaid Lafur yn Llundain. Fe ddywedodd hi wrthyf mai'r prif weithgarwch yno oedd anfon negeseuon ffôn at gefnogwyr Blair ym mhob cwr o Brydain yn eu hannog i ysgrifennu llythyrau i'r papurau newydd er mwyn fy nghondemnio fi. Drannoeth mi dderbyniais i ddeg llythyr i un yn fy nghefnogi, ac wedyn yn y papurau newydd roedd hi'n bump i un o blaid Tony Blair. Cafwyd eitem ar y mater yn *'Newsnight'*. Yn y lobi dywedodd rhai o'r ddwy ochr wrthyf fod John Griffiths, cadeirydd f'etholaeth, wedi fy nghefnogi i'r carn ar y rhaglen.

Yr unig ffordd y gwn i amdani i fyw trwy wewyr diwrnod o'r fath yw ymgolli mewn gwaith. Dyma sylwadau Matthew Parris yn y *Times* amdanaf yn mynd i mewn i'r Siambr: *'His arrival triggered strange and ambiguous body language in colleagues, some shifting uneasily, others attempting frightened little pats to his shoulder or half-snuggles-up in his direction. Anthropologists studying such behaviour among baboons would note this tangle of admiration and anxiety, concluding that we were witnessing tentative early approaches to a junior ape who had dared challenge an unpopular but feared senior.'*

Galwodd Tony Blair gyfarfod o'r ASau Llafur Cymreig wythnos union wedi iddo gyhoeddi ei benderfyniad — y penderfyniad a gymerodd yn hollol annemocrataidd. Profiad annifyr iawn oedd bod yn bresennol. Fe siaradodd rhai â Blair fel cydweithiwr. Ymhlith y rhain roedd Denzil Davies, Ann Clwyd a Ted Rowlands. Cyfarchai'r mwyafrif ef fel petai'n dduw bach. Dyna'r unig dro oddi ar Refferendwm 1979 imi deimlo cywilydd o fod yn Gymro.

Pwy oedd y bobl dra gostyngedig a thawedog hyn? Fy nghyd-Aelodau Seneddol Cymreig, a minnau wedi meddwl amdanyn nhw fel cymeriadau gwydn a dyfeisgar. Roedd pob un wedi brwydro'i ffordd i'r Senedd. Ond dyma nhw'n awr dan ryw gyfaredd, yn ddiymadferth hollol ac mor ymgreiniol. Roedd cynrychiolwyr etholedig pobl Cymru wedi cael eu sarhau'n gywilyddus, wedi colli pob mymryn o ffrwt a heb ddim asgwrn cefn o gwbl. Gallwn eu dychmygu nhw'n dweud: 'Rwyt ti newydd gerdded drosom ni, Tony. Hidia befo! Fyddet ti'n hoffi inni orwedd ar lawr iti gael gwneud hynny eto?'

Corff allweddol y Blaid Lafur ym mhob etholaeth yw'r Pwyllgor Rheoli Cyffredinol *(General Management Committee).* Bydd GMC Gorllewin Casnewydd yn cyfarfod bob pythefnos, ac mae hynny'n amlach nag unrhyw un arall yn y 650 etholaeth ym Mhrydain. Trwy hyn, cefais gyfle i sôn wrth y Pwyllgor am y dadrithiad graddol a deimlwn ynglŷn â Llafur Newydd ac am y dirywiad yn y berthynas rhwng Tony Blair a minnau. Mae gan bob aelod hawl i fynychu'r cyfarfodydd, a'r nos Wener honno roedd oddeutu cant yn bresennol. Teimlwn yn hynod anesmwyth gan fod gen i rywbeth pwysig iawn i'w ddweud wrthyn nhw. Wedi eu hatgoffa imi addo na fyddwn byth yn eu twyllo eglurais fy mod yn credu y byddem ni'n ennill yr Etholiad ond yn colli'r Blaid Lafur. Roedd rhai aelodau wedi dod yno i'm claddu ac un, o leiaf, wedi bod yn canfasio cefnogwyr iddo'i hun i gymryd fy lle. Serch hynny, roeddwn yn falch fod y mwyafrif o ddigon yn cyd-fynd â mi. Gwerthfawrogwn yn arw y ffaith ein bod yn gallu trafod yn agored a bod yno hefyd gynhesrwydd a dealltwriaeth.

Er i'r cynnig a rois gerbron y PLP gael ei wrthod — yr un i gynnal etholiadau Cabinet yr Wrthblaid ym mis Gorffennaf — fe fu newid meddwl yn yr wythnosau dilynol ac fe'u cynhaliwyd nhw. Yn rhannol, oherwydd i Tony Blair sylweddoli'r manteision. Roedd hefyd yn dechrau pryderu wedi iddo gael achlust fod y meincwyr cefn yn paratoi gwrthryfel o dan arweiniad Andrew MacKinlay. Gwastraffwyd llawer iawn o amser ac egni yn osgoi'r etholiadau ac er mwyn sicrhau bod Blair yn cael ei ffordd ei hun ac yn gwastrodi'r meincwyr cefn. Ond roedd yna is-blot i'r stori. Gwnaeth yr Arweinydd hi'n berffaith glir mai'r unig gymhwyster ar gyfer sefyll yn yr etholiadau i Gabinet yr Wrthblaid oedd bod yn aelod eisoes o'r corff hwnnw! O, mor debyg i Ddwyrain Ewrop! Fe gâi unrhyw AS arall a feiddiai sefyll ei gyhuddo o fod yn annheyrngar ac o godi cynnen a ninnau mor agos at Etholiad Cyffredinol. Doedd gen i ddim dewis. Gan nad oedd diben o gwbl cynnal etholiadau i eneinio'r aelodau presennol mi benderfynais am y tro cyntaf erioed gyflwyno f'enw i sefyll.

Digwyddais daro ar Blair ar y Teras. *'Ask him to vote for you,'* meddai Ron Davies wrthyf. Gwnes innau hynny, gan ei atgoffa'r un pryd fy mod wedi'i gefnogi ef am yr arweinyddiaeth. *'What are you standing for?'* gofynnodd imi mewn penbleth. Dyna'r tro cyntaf iddo glywed bod rhywun am ddifetha'i gynllun. Mae Teras Tŷ'r Cyffredin yn yr haf yn lle cyhoeddus iawn a buan yr ymledodd storïau am ein cyfarfyddiad.

Yna cyflwynwyd enwau eraill. Wythnos cyn y pleidleisio siaredais yn erbyn codi cyflogau ASau. Gyda Chris Mullin ac Alan Simpson, cynigiais y dylai cyflog ASau fod yn gysylltiedig â lefel y pensiwn sylfaenol. Petai pensiynwyr yn cael 1%, yr un swm ddylai'r codiad fod i ASau hefyd. Petai ASau yn cael 28%, felly hefyd y pensiynwyr. Byddai hyn yn siŵr o wneud i'r Aelodau Seneddol gadw mewn cof werth gostyngol y pensiwn gwladol. Syniad gwych ond nid un i ennill pleidleisiau imi gan fy nghyd-Aelodau yn etholiadau Cabinet yr Wrthblaid. Wedi ceisio gostwng y cyflogau a herio penderfyniad Blair doeddwn i ddim yn ffyddiog ynghylch nifer y pleidleisiau a gawn.

Dywedodd Sam, fy ngwraig, wrthyf am fod yn barod am bleidlais a fyddai rywle rhwng *'humiliation and total humiliation'*. Gwnes ddatganiad i'r wasg yn egluro pam fy mod i'n sefyll ac yn dweud y byddwn uwchben fy nigon pe cawn fwy na dwy bleidlais. Roedd y canlyniad yn gryn ollyngdod — yn fuddugoliaeth, a dweud y gwir, gyda 61 o bleidleisiau. Bu bron i Ann Clwyd gael ei hethol gyda 90 o bleidleisiau, ond oddeutu 30 neu 40 a sgoriodd y rhan fwyaf o'm cydymgeiswyr 'heriol'. Rhybuddiodd fy nghyfaill agos, Nick Ainger, fi rhag tynnu gwarth ar fy mhen fy hun trwy sefyll. Cytunai wedyn fod y canlyniad yn golygu bod y sgôr yn gyfartal yn awr yn y frwydr rhwng Blair a minnau.

Ymgyrchoedd

Mae gwahanol ymgyrchoedd wedi chwarae rhan amlwg iawn yn fy ngwaith yn Nhŷ'r Cyffredin. Ar hyd y blynyddoedd, mae clod yn ddyledus i Aelodau'r meinciau cefn am ymgyrchu i sicrhau gwelliannau o bob math. Wrth i bolisïau Llafur a Thori ymdoddi'n un fe ddaw cyfleoedd newydd eto i'r meincwyr cefn. Oherwydd pŵer a rhagfarn y wasg go brin y bydd Llywodraethau, o ba liw bynnag, yn mabwysiadu polisïau sy'n annerbyniol gan y wasg boblogaidd, sef y papurau tabloid.

Ble mae Sidney Silverman a Leo Abse ein dyddiau ni? Dyna ddau a heriodd anghyfiawnderau'r oes. Rhaid oedd bod yn ddewr iawn i wrthwynebu'r gosb eithaf yn y pedwar degau neu homoffobia yn y chwe degau. Y meincwyr cefn fydd yn pleidio diwygiadau'r dyfodol hefyd.

Yn fy llyfr ar gyfer ASau newydd rwyf yn nodi pedair nodwedd a ddylai berthyn i bwnc i'w wneud yn un gwerth ymgyrchu drosto.

- ★ Ei fod yn un y gall y Senedd ei ddatrys yn ymarferol
- ★ Ei fod yn debygol o ennyn cydymdeimlad y cyhoedd.
- ★ Y bydd yn datgelu twyll neu'n helpu'r anghenus.
- ★ Y bydd yn hybu diogelwch neu lawenydd ymhlith y ddynoliaeth.

O fewn dyddiau wedi cyrraedd y Senedd mi ddechreuais ar fy ymgyrch gyntaf yno gydag *Early Day*

Motion. Cynigiais y dylid defnyddio'r Gymraeg yn yr Uwchbwyllgor Cymreig *(Welsh Grand Committee)*. Cefais gefnogaeth gan ryw hanner cant o ASau, yn cynnwys amryw o Saeson, megis Keith Vas a Ken Livingstone.

Er imi bwysleisio'r angen am offer cyfieithu o'r radd flaenaf fe godwyd gwrychyn rhai o'r Aelodau Cymreig yn o arw. Y diweddar Donald Coleman, AS Castell-nedd, oedd cadeirydd yr Uwchbwyllgor ar y pryd. Anaml y byddai'n siarad yn y Tŷ. Yn ôl y sôn, fe fyddai ef yn gwneud y peth hollol groes i fwyafrif yr Aelodau, sy'n colli'r weddi agoriadol ond yn mynychu'r dadleuon. Fe fyddai Donald yno bob amser i'r weddi ac yna'n diflannu tan amser y bleidlais derfynol.

Mewn pwynt o drefn, fe gollfarnodd ef fy nghynnig gan ddweud na fyddai etholwyr Saesneg eu hiaith yn ne Cymru yn gwybod am beth y byddai eu Haelodau Seneddol yn siarad. O leiaf unwaith y flwyddyn ar ôl hynny rwyf wedi cychwyn traddodi araith yn Gymraeg nes i'r Llefarydd weiddi *'Order! Order!'*

Rhyw ddiwrnod arall penderfynais ar dacteg wahanol. Doeddwn i ddim wedi bwriadu protestio ond fe'm cythruddwyd gymaint gan AS Torïaidd Caer, Gyles Brandreth. Wrth imi adael y Siambr fe'i clywais yn cyflwyno mesur Rheol Deng Munud â'r geiriau hyn, *'English is the mother tongue of all members of this House and has been for two thousand years . . .'* Gwaeddais nerth esgyrn fy mhen, *'Rubbish!'*

Cododd y Llefarydd ei bys arnaf i fynd at ei chadair. *'Do you want to oppose this?'* sibrydodd Betty Boothroyd. Eglurais wrthi yr hoffwn gael ychydig o funudau i brofi pwynt, a chrefu'r un pryd arni i beidio â gwrando ar fy mrawddegau cyntaf. Galwodd hithau f'enw a dechreuais siarad: *'When that Aprille with his schoures soote, the droughte of March yperced to the roote.'*

'Order! Order!' meddai Betty ar fy nhraws. *'The honourable gentleman knows that the only language allowed in this House is English.'*

'Thank you, Madam Speaker,' meddwn yn gynffonllyd, *'but the language I am speaking is the language of Chaucer and it is English.'*

Y pwynt y ceisiwn ei wneud oedd fod yna ganiatâd i siarad iaith sy'n annealladwy i bron bob un o Aelodau'r Tŷ, ond bod y Gymraeg, iaith fyw cenedl y Cymry ers canrifoedd maith, yn waharddedig yn yr unig Senedd sydd gan Gymru.

Penderfynais fentro. Ym mis Chwefror 1996 roedd gen i ddadl ohirio ar ddiogelwch y llongau fferi ar y Sianel. Mi gofiais o'm dyddiau ysgol i Iwl Cesar adrodd ei hanes yn croesi'r Sianel i oresgyn Prydain yn y flwyddyn 55 Cyn Crist. Gwnaeth bedair siwrnai ôl a blaen gydag wyth cant o gychod a heb golli'r un ohonyn nhw. Ddwy fil o flynyddoedd yn ôl roedd ganddo well record nag un P &O heddiw. Yn y ddadl, dyfynnais rai o eiriau Cesar: *'Uti ex tanto navium numero tot navigationibus neque ut neque superiore anno ullo omnini navis . . .'*

Syllai'r Dirprwy Lefarydd, Harold Walker, yn syth o'i flaen. Daliais innau ati gan ddisgwyl iddo roi taw arnaf unrhyw eiliad er mwyn imi gael gwneud fy mhwynt ynghylch y Gymraeg. Ni ddywedodd yr un gair i'm hatal a doedd gen i ddim rhagor o ddyfyniadau. Er i *Hansard* gofnodi'r Lladin yn fanwl, doedd y Dirprwy Lefarydd ddim yn gwrando arnaf ar y pryd.

Yn y diwedd fe ddaeth llwyddiant o le annisgwyl. Pan oedd William Hague yn Ysgrifennydd Gwladol fe gytunodd i gynnal cyfarfodydd o'r Uwchbwyllgor Cymreig yng Nghymru. Credai fod y Blaid Geidwadol wedi cael mantais wleidyddol yn Yr Alban wrth i'r Uwchbwyllgor Albanaidd ymweld â threfi na fyddai peiriant propaganda arferol y Toriaid yn eu cyrraedd.

Heb oedi, mi ddywedais mai gwarth o beth fyddai mynd â phwyllgor uniaith Saesneg i Gymru — yn enwedig i'r Gymru Gymraeg.

'In this Chamber,' meddwn, *'Welsh has the status of riotous behaviour or spitting on the floor — members are expelled for doing it. We cannot extend the language phobia of this House to Wales.'*

Cydnabu Hague fod grym yn y ddadl, er i lawer o'm cyd-Aelodau Llafur anghytuno. Mewn cyfarfod o'r Blaid Lafur Seneddol Gymreig fe drafodwyd y trefniadau ac mi soniais eto pa mor bwysig oedd dwyieithrwydd.

Roedd awdurdodau Tŷ'r Cyffredin yn bur gyndyn. Ni chredent y byddai hi'n bosibl i rywun ofyn cwestiwn yn y naill iaith a chael ateb yn y llall. Bu Ron Davies, Ysgrifennydd Gwladol yr Wrthblaid, mor garedig â gadael imi osod gerbron rai gwelliannau. Penderfynodd y Tŷ ganiatáu iaith arall heblaw'r Saesneg yn Senedd Prydain am y tro cyntaf ers canrifoedd.

Nid fi yn unig a gychwynnodd yr ymgyrch hon. Roedd Dafydd Wigley wedi bod wrthi cyn imi fynd i'r Senedd. Yng Nghyfarfod yr Uwchbwyllgor Cymreig yn yr Wyddgrug ym mis Mehefin 1997 hyfryd oedd clywed yr ASau newydd, Betty Williams a Gareth Thomas, yn siarad y Gymraeg mor naturiol, yn ogystal â phedwar AS

Plaid Cymru. Diolch i gyfieithwyr medrus Cyngor Gwynedd, roedd y broses yn un hynod ddidrafferth, er mawr syndod i staff Tŷ'r Cyffredin. Roedd yn brofiad cofiadwy.

Bariau Pen Blaen (Bull Bars)

Mae'r achos yn erbyn *bull bars* wedi bod yn un tra amlwg i mi. Dylid dylunio cerbydau fel eu bod yn gwneud cyn lleied â phosib o ddifrod pan ddigwydd gwrthdrawiad. Pan gafodd pen blaen cerbydau eu llunio er mwyn i'r cerbyd ei hun gymryd grym y trawiad ac nid y peth neu'r truan a drewid, roedd hynny'n ddatblygiad i'w groesawu. Effaith hollol groes i hynny a gaiff y bariau. Maent yn achosi i rym eithaf y gwrthdrawiad ddigwydd ar lefel y pen neu'r organau hanfodol pan fo plentyn mewn damwain. Does dim pwrpas ymarferol i'r bariau ar ffyrdd cyhoeddus. Y cwbl ydynt yw rhyw fath o ffasiwn *macho*.

Ym 1994 y dechreuais ar yr ymgyrch hon ac fe ddaeth â mwy o sylw imi ar lefel Brydeinig na dim arall hyd nes y daeth 'dadgriminaleiddio' rhai cyffuriau yn bwnc llosg. Roedd y neges yn un bwerus. Yn ogystal â thynnu sylw'r sawl oedd â bariau ar eu cerbydau at y peryglon, defnyddiais bob arf a allwn i hyrwyddo'r ymgyrch, gan gynnwys chwifio amdo.

Bu farw merch un ar ddeg mlwydd oed yn Wiltshire ar ôl cael ei tharo gan un o'r bariau hyn. Torrodd y braced a ddaliai'r bar yn ei le. Bu'r eneth fyw am bedwar diwrnod cyn marw o'r niweidiau a achoswyd gan y bar metel. Dyna enghraifft o achos lle'r oedd y bar yn gyfrifol am y gwahaniaeth rhwng byw a marw. Cysylltais â'r teulu ac fe dystiodd y fam yn effeithiol yn erbyn y bariau anfad hyn. Cafodd yr ymgyrch sylw ledled Prydain. Bu eitem hefyd ar y rhaglen deledu i blant *Newsround*, gydag anogaeth ar i blant berswadio'u rhieni i dynnu'r bariau oddi ar eu cerbydau er mwyn arbed bywyd.

Llwyddais i gael dadl bedair awr ar gyfer y mesur ryw fore Gwener. Cafwyd cefnogaeth gref gan amryw o ASau annhebygol, yn cynnwys yr arch-Dori, Olga Maitland. Siaradodd y Gweinidog, Steve Norris, hefyd o'i blaid. Yna fe laddodd y mesur trwy falu awyr.

Roedd f'ymchwilydd ar y pryd, Monisha Bhaumik, wedi gweithio'n ddiflino i sicrhau cymorth gan gwmnïau ceir, ffyrmiau yswiriant, grwpiau diogelwch ac unigolion. Roedd y gefnogaeth y tu hwnt i bob disgwyl. Gwelwyd arwyddion o newid. Daeth y bariau i gael eu hystyried yn bethau *naff* ac anffasiynol ar gerbydau jîp. Er hynny, fe lwyddodd gwneuthurwyr y bariau i berswadio gyrwyr rhai faniau y byddent mewn perygl heb y bariau i'w diogelu.

Bûm yn teimlo'n siomedig iawn oherwydd 'methiant' yr ymgyrch. Calonogol, serch hynny, oedd derbyn datganiad gan Keith Lockwood, un o reolwyr Vauxhall, ym mis Chwefror 1997: *'It would be true to say that whilst Vauxhall acted quicker than most, the whole automobile sector has now moved to tackle the problem without a single new law being passed. Media opinion has also turned against the use of these products. Advertising too! The backbencher took a lead. Industry followed.'*

Er methu â sicrhau deddfwriaeth fe gafwyd rhyw gymaint o lwyddiant o safbwynt diogelwch, trwy'r dulliau Seneddol o greu cyhoeddusrwydd.

Twyll y Streipen Fain

Wnaeth Tony Lynes erioed adael imi anghofio'r modd yr esgeulusir y rhai sy'n llwyr ddibynnol ar y pensiwn gwladol sylfaenol. Soniai'n aml hefyd am y twyll ynglŷn â phensiynau personol preifat. Dylid cosbi'n llym bob amser y rhai sy'n elwa'n annheg ar anwybodaeth pobl ddiamddiffyn. Mae gen i atgofion chwerw am y *tallymen* a'r *credit drapers* a arferai werthu dillad gwael eu gwneuthuriad ar gyfraddau llog cwbl warthus i deuluoedd cyffredin yn Grangetown pan oeddwn i'n blentyn.

Trwy brynu ar goel gan y 'dilledyddion credyd', gwaethygu a wnâi'r tlodi yn y cartref. Ym 1996 mi ddois ar draws fersiwn fodern o barasitiaid tebyg. Cwynai rhai o'm hetholwyr ynghylch trafferthion gyda'u morgais. Roedd yna gwmnïau yn chwilio am gwsmeriaid a gâi anhawster i gael morgais gan fanciau a chymdeithasau adeiladu'r Stryd Fawr. Fel arfer, mae rhesymau da i gyfiawnhau gwrthod.

Roedd y cwmnïau 'distatws' yn cynnig benthyciad ar gyfradd o 2% yn uwch na'r gyfradd gyfredol. Os byddai'r taliad yn hwyr, fe ddyblid y llog i 18%. Derbyniai'r broceriaid a drefnai'r cytundeb ffi o 10%. Am ryw ddwyawr yn unig o waith ar forgais gwerth £50,000, fe fyddai'r ffi yn £5,000. Ar ben hyn, roedd yna ad-daliadau anferthol pan geisiai'r cwsmer dynnu'n ôl. Yr wythnos wedi iddo gychwyn fe gostiai oddeutu £65,000 i ad-dalu morgais o £50,000.

Dyna beth yw raced gwneud elw — yn gyntaf trwy daliadau llog uchel, ac yn ail trwy adfeddiannu a gwerthu'r eiddo. Cythreuliaid mewn croen yw'r fath bobl, yn gwneud arian trwy achosi i'w cwsmeriaid fynd yn fethdalwyr. Ar fainc flaen yr Wrthblaid bu Nigel Griffiths yn arwain yr ymgyrch yn erbyn y dihirod hyn, a daliodd ati wedyn fel Gweinidog yn y Llywodraeth.

Mwy na thebyg mai'r un rhai ag a fu'n gwerthu pensiynau personol yn yr wyth degau yw'r rhai hyn sy'n gwerthu morgeisi twyllodrus yn y naw degau. Dim ond unigolyn hollol groengaled a allai werthu i fod dynol arall, wyneb yn wyneb, y math o delerau sy'n gallu achosi distryw ariannol, weithiau am oes. Lladron mewn siwtiau streipen fain yw'r taclau hyn.

Yn yr wyth degau roedd gwerthu pensiynau personol yn fusnes proffidiol dros ben. Cafodd o leiaf ddwy filiwn o bobl eu camgynghori i dynnu allan o'r cynlluniau pensiwn galwedigaethol neu SERPS, gan beryglu eu pensiynau. Wyth mlynedd wedi'r gwerthiant cyntaf rhyw ddyrnaid yn unig a dderbyniodd iawndal. Mae yna ragor wedi marw. Gwerthwyd rhai o'r pensiynau hynny dros y ffôn mewn chwarter awr. Rhyfedd fel yr oedd cwmnïau a allai weithredu fel mellten o'r blaen yn llusgo'u traed mor ddifrifol yn awr.

Wedi blynyddoedd lawer o gondemnio'r raced heb fawr o lwyddiant gwirioneddol llawenydd yn wir oedd bod yn bresennol wrth i'r Gweinidog, Helen Lidell, droi'r tu min ar y cwmnïau dieflig hyn yn wythnosau cyntaf Llywodraeth Lafur 1997.

Gadael Gofal

Aelodau fy staff sy'n ysgogi rhai ymgyrchoedd. Monisha Bhaumik, f'ymchwilydd o 1994 tan 1996, a dynnodd fy sylw at sefyllfa anffodus nifer o bobl ifainc wrth iddyn nhw adael gofal. Mae Monisha yn enedigol o Glasgow, ei thad yn Indiad a'i mam yn Albanes. Yn ferch sy'n meddu ar argyhoeddiadau gwleidyddol cryfion, fe ofidiai ynghylch beth oedd yn digwydd i'r ieuenctid.

Roeddwn wedi trefnu dadl ohirio ym mis Rhagfyr 1995 ac fe anfonwyd copïau at grwpiau allanol, yn cynnwys y Dywysoges Diana a oedd wedi dangos diddordeb yn y broblem o'r blaen. Anfonodd Diana ei dymuniadau da a chymeradwyo'n neilltuol rai o'r sylwadau a wnaed. Doedd dim gair yn y llythyr i nodi y dylid ei drin yn gyfrinachol. Un bore fe'i rhoddais i'r wasg er mwyn sionci'r ymgyrch. Bychan fu'r ymateb nes i Reuters yn hwyrach yn y dydd gyhoeddi eu fersiwn nhw o'r hanes. *'Princess backs Labour MP in attack on Government.'* Yna fe ffrwydrodd y stori.

Roedd Reuters wedi camddeall. Yn fy holl ymgyrchoedd rwyf wedi sicrhau cefnogaeth gan ASau o bob plaid. Dyna'r unig ffordd i lwyddo. Bu'r Tori, Roger Sims, a'r Democrat Rhyddfrydol, Diana Maddox, yn gefnogol iawn. Roedd hi'n anffodus fod rhywrai wedi camddehongli cefnogaeth werthfawr y dywysoges. Ond fe fu'r miri yn fodd i dynnu milwaith mwy o sylw at y broblem.

Fel gweriniaethwr, rwyf bob amser wedi bod yn eithaf sinigaidd ynghylch aelodau'r teulu brenhinol yn closio at wahanol elusennau. Wedi'r holl ymdrechion ofer i gyfiawnhau eu bodolaeth maent yn ceisio ennill poblogrwydd trwy gael eu gweld yn noddi achosion da. Roedd Diana yn hynod boblogaidd am ei bod hi'n fodlon cefnogi achosion anffasiynol a ofalai am y dirmygedig a'r anghofiedig. Adeg ei hangladd fe brofwyd bod pobl wedi gwerthfawrogi'r hyn a wnaethai hi a'i fod cymaint gwell na gweithgareddau gwag amrryw o'r lleill.

Cyffuriau Anghyfreithlon

Un o'r penderfyniadau mwyaf anodd i wleidyddion orfod eu cymryd yw pa mor bell y gall eu polisïau fod oddi wrth y farn gyhoeddus. Ychydig o drafferth a gaiff y gwleidydd sy'n berffaith fodlon dilyn barn y bobl fel y'i gwelir yn y polau piniwn. Yn UDA mae cronfa arian ar gael i Aelodau'r Gyngres ar gyfer asesu barn eu hetholwyr ar bynciau o bwys. Gallant wedyn ddilyn yn ufudd bob mympwy, anoddefgarwch a rhagfarn sy'n ffasiynol ymhlith eu hetholwyr ac, o beidio â thramgwyddo, aros yn eu swydd am byth. Mae llawer o wleidyddion Prydain yn ymfalchïo yn y ffaith honedig eu bod yn deall dymuniadau'r 'dyn yn y ciw' ac mai brwydro am hynny yw eu nod a'u dyletswydd. Yn bersonol, credaf fod cyfrifiadur yn well na gwleidydd am gofnodi data.

Rôl amgen sydd i wleidyddion, sef rhoi arweiniad. Dylem, o leiaf, ddangos y ffordd tua chyfeiriadau newydd. Yr anhawster yw bod rhaid camu fymryn ar y blaen i'r farn gyhoeddus, ond nid gormod rhag ofn i bobl amau rhyw benwendid neu orffwylledd. Yn y dyddiau cynnar, roedd fy nadleuon o blaid polisi o 'ddadgriminaleiddio'r' defnydd o rai cyffuriau ymhell ar y blaen i'r farn gyhoeddus. Cefais fy nghamddehongli'n ddybryd. Credai llawer fy mod am hwyluso'r ffordd i werthu cyffuriau niweidiol, fel gwerthu losin yn siop y gornel.

Anodd oedd rhoi ar ddeall i bobl fy mod i yn erbyn pob cyffur ac na wnes i erioed gymryd cyffur anghyfreithlon. Pan fyddai'r *Guardian* yn adrodd fy mod i o blaid cyfreithloni cannabis i bwrpas meddyginiaethol, fe gynhwysid y geiriau *'Paul Flynn, who suffers from severe arthritis . . . '*

Yr awgrym pendant a hollol anghywir oedd fy mod i'n ysu am gymryd cyffuriau, a minnau wedi gwrthod cymryd, hyd yn oed y cyffuriau cyfreithlon, ers blynyddoedd lawer.

Rwy'n credu nad oes unman yn y byd lle y mae polisi o wahardd cyffur y mae galw amdano wedi gweithio, ac yn enwedig mewn mannau lle y mae'r cyffur ar gael yn rhwydd a modd gwneud elw enfawr. Mae'r fasnach gyffuriau fel anghenfil a chanddo aml i ben. Os torrir un pen fe fydd dau arall yn tyfu. Cynyddir y defnydd o gyffuriau am fod rhywrai'n gallu gwneud elw mor anhygoel. Yn UDA bu dileu'r gwaharddiad ar alcohol yn y tri degau yn fodd i ostwng nifer y marwolaethau o achos diodydd meddwol, yn ogystal ag i amddifadu'r *gangsters* o'u helw mawr.

Mae gwahardd cyffuriau ym Mhrydain wedi creu ymerodraeth o droseddwyr arfog. Bob blwyddyn y mae'r ystadegau'n dangos bod nifer y rhai sy'n marw oherwydd cyffuriau yn cynyddu, a hefyd nifer y rhai sy'n ddibynnol ar gyffuriau. Y siawns orau i leihau'r camddefnydd o gyffuriau fyddai dymchwel y farchnad ddu bresennol, marchnad anghyfrifol ac anghyfreithlon sy'n llawn peryglon, a chael marchnad gyfreithlon yn ei lle, un y gellid ei phlismona a'i rheoli'n llym.

Pam na wnawn ni gydnabod ein bod wedi colli'r frwydr ym Mhrydain? Mae'r rhan fwyaf o'n pobl ifainc yn defnyddio cyffuriau anghyfreithlon. Dyna eu dewis nhw o gyffuriau. Mi allwn ni dantro faint a fynnom ac erfyn

246

arnyn nhw i beidio, ond i ddim pwrpas. Eu hateb nhw yw fod y cyffuriau a gymerir gan bobl ganol oed yn rhai caethiwus ac angheuol hefyd. Bydd ASau yn pregethu'n aml wrth bobl ifainc 'Peidiwch â chyffwrdd cyffuriau', ac yn meiddio gwneud hynny o un o'r un ar bymtheg o fariau sydd yn Nhŷ'r Cyffredin. Bydd amryw ohonyn nhw â sigarét yn un llaw a gwydraid o whisgi yn y llall, a thabledi parasetamol yn eu pocedi.

Methu a wnaeth y polisïau caled i gyd. Mae UDA wedi bod yn brwydro ers ugain mlynedd yn erbyn cyffuriau. Yno fe wariwyd y swm aruthrol o 85 biliwn o ddoleri ar y gwaith a bu lluoedd arfog y wlad yn gollwng bomiau i ddifa'r cnydau. Caiff rhai defnyddwyr cyffuriau ddedfryd hwy o garchar nag a gaiff llofruddion. Penodwyd tri tsar cyffuriau. A'r canlyniad? Mae'r camddefnyddio, y troseddu a'r marwolaethau oherwydd cyffuriau yn waeth nag erioed.

Fyddai 'dadgriminaleiddio' ddim yn golygu ysbleddach o gyffuriau a phawb â hawl i wneud fel y mynno. Byddai'n rhaid cael trwydded i werthu cyffuriau ac fe gâi pob busnes a ddeliai â rhai o dan oed ei gau. Dyna'r ffordd i ladd y fasnach gyffuriau gwbl warthus bresennol. Fyddai cyffuriau wedyn ddim yn mynd i ddwylo plant, fel sy'n digwydd ar hyn o bryd. Mae gennym ni ddewis. Mi allwn naill ai adael ein plant ar drugaredd y gwerthwyr anghyfrifol a chythreulig presennol neu mi allwn eu diogelu nhw rhag y fath ormes trwy gael marchnad gyfreithlon.

Mewn dadl ym 1994 tybiai fy nghyfaill, Alun Michael, y byddai polisi newydd, chwyldroadol yn niweidio'r Blaid Lafur. Mynegodd ei farn yn chwyrn yn erbyn cynnig a roddwyd gerbron yn enwau Tony Banks, Diane Abbott a minnau. Doedd Tony Blair, ei bennaeth ar y pryd yn nhîm Materion Cartref yr Wrthblaid, ddim mor ffyrnig. Yn fwriadol, wnaethom ni ddim pwyso am bleidlais ar ein cynnig. Dywedodd pob un ohonom yn ei araith nad oedd hyn yn bolisi swyddogol Llafur, rhag ofn gwneud drwg mewn etholiad i Blaid Lafur enbyd o lwfr.

Bu'r ddadl yn un unigryw yn fy mhrofiad i. Newidiwyd barn pobl. Dywedodd dau AS o ogledd Lloegr ac un o'r Alban eu bod wedi newid eu meddwl ar y pwnc i'n cyfeiriad ni yn ystod y dadlau. Ym 1997 cafwyd tystiolaeth fod y neges o'r diwedd yn dechrau treiddio drwodd. Mae pobl yn sylweddoli'n awr mai marchnad gyffuriau gyfrifol a chyfreithlon yw'r unig ateb i'r broblem enfawr a dyrys hon.

Ymhlith nifer o ymgyrchoedd eraill roedd un i arbed goleuni dydd er mwyn i'r oriau golau gyd-fynd â'r adegau pan fydd y rhan fwyaf o bobl yn effro. Methu a wnaeth, yn bennaf oherwydd i rywrai leisio buddiannau gweithwyr penodol, megis postmyn.

Cafodd yr ymgyrch i wneud Dydd Gŵyl Ddewi yn Ŵyl y Banc gefnogaeth gan yr holl hen Gynghorau Sir yng Nghymru wedi imi anfon atyn nhw ym 1996. Gwrthod a wnaeth John Major gan roi ateb o un gair. Dywedodd Ron Davies ym mis Gorffennaf 1997 nad oedd y mater yn rhan o gynlluniau'r Llywodraeth ar y pryd ond y byddai'n ei gefnogi yn y dyfodol.

Ymgyrchais i wella'r gwasanaeth 999 wedi i flerwch ddigwydd yn dilyn aildrefnu er mwyn arbed arian, pryd yr anfonwyd injan dân i Gasnewydd *(Newport)*, Gwent yn lle i Drefdraeth, Sir Benfro *(Newport, Pembs)*, ac fel arall. Mi gofiaf yr helynt yn dda oherwydd imi weld enghraifft go ryfedd o gysylltiadau cyhoeddus *(PR)* ar deledu. Roeddwn yn disgwyl cael fy holi yn Llundain pan glywais reolwr BT, Roy Cull, yn dweud wrth yr holwr *'Get stuffed!'* cyn cerdded allan o'r stiwdio.

Thema gyson arall fu gorddefnyddio a chamddefnyddio cyffuriau meddyginiaethol. Rwyf yn argyhoeddedig fod meddygon yn rhoi llawer gormod o dabledi i'w cleifion. Rydym wedi'n cyflyru i dybio na fydd poen yn cilio heb dabledi. Dichon y bydd rhai yn fy nghyhuddo o euogrwydd ynghylch marwolaeth Rachel pan fyddaf yn sôn am barasetamol. Ni allaf gytuno, ond fe wnaeth y profiad fi'n fwy ymwybodol o'r peryglon i eraill gyflawni hunanladdiad yn y dull hwn.

Arfer drwg mewn rhai cartrefi henoed yw gorddefnyddio cyffuriau gwrth-seicotig i gadw hen bobl yn dawel. Felly hefyd ymdrechion cynhyrchwyr *Prozac* i wneud iselder yn salwch cyffredin a 'phoblogaidd' er mwyn hybu'r gwerthiant. Yn dilyn ymgyrch yn UDA i argyhoeddi rhieni fod eu plant yn dioddef o *Attention Deficit Syndrome*, fe roddwyd dos reolaidd o amffetaminau i ryw bum can mil o blant. Dyna enghraifft arall o wthio cyffuriau mewn ffordd hollol anfoesol. Mae styntiau o'r fath o du'r cwmnïau cyffuriau yn chwarae ar y syniad mai salwch yw pob anhapusrwydd. Y gwir yw, wrth reswm, petaem ni byth yn teimlo'n drist neu'n isel na fyddem ychwaith yn teimlo'n llawen. Mae epil pob rhywogaeth yn dioddef rywbryd neu'i gilydd o ddiffyg sylw. Nodwedd naturiol sy'n rhan o fabandod a phlentyndod yw peth felly, nid salwch.

Un o'r cyfrifoldebau rhyfeddaf i'w rhoi ar ysgwyddau ASau, ac yn enwedig ar rai Cymreig, yw cadw golwg ar Eglwys Loegr. Tasg annerbyniol yw hon o gofio i ni, fel cenedl, frwydro i ddatgysylltu'r Eglwys yng Nghymru.

Tony Banks a minnau yw'r ddau sy'n gorfod holi'r AS a chanddo'r awdurdod i ateb ar ran Comisiynwyr yr Eglwys. Fy themâu i yw hela anifeiliaid ar dir yr Eglwys a buddsoddiadau yn y fasnach arfau.

Rwyf droeon wedi lluchio adnodau o Lyfr Eseia a Llyfr Hosea at yr AS anffodus hwnnw gan ofyn pam fod yr Eglwys yn pregethu cariad at un rhywogaeth yn unig. Ynglŷn â'r fasnach arfau, mae gan yr Eglwys ganllawiau hollol hurt sy'n caniatáu iddi fuddsoddi mewn unrhyw gwmni, cyn belled nad yw mwy na 30% o'i gynnyrch yn arfau. Felly, mae hi'n iawn buddsoddi yn GEC sy'n cynhyrchu gwerth miliynau o bunnoedd o arfau dieflig yn sgîl gwneud pethau eraill. Ond ni ellir buddsoddi ceiniog mewn cwmni bychan sy'n gwneud dim byd ond gwerth £10,000 o binnau ar gyfer bomiau llaw. Ar sail hyn, cyflwynais ddatganiad ffug i'r wasg i barodïo Archesgob Caer-gaint ynghylch '30% fel trothwy pechu'.

Fe ysgrifennais i, *'As a practical, attainable religion for our times, Christians would in future be allowed to sin for 30% of the time as long as they were virtuous at other times. No longer need anyone strive to do the impossible and obey the full Ten Commandments. Seven would be enough and three could be ignored. Free choice would be given in the selection.'*

Trwy lwc, fe sylwodd un o'n hawduron cyfoes mwyaf gwreiddiol, Dr Dorothy Rowe, ar y stori a'i defnyddio yn ei llyfr rhagorol *The Real Meaning of Money* a gyhoeddwyd ym 1997. Dangosir yn eglur ynddo mai cymharol, ac nid absoliwt, yw moesoldeb yn y rhan fwyaf o grefyddau'r byd.

A minnau'n cynrychioli etholaeth lle y bu'r ymdrech arfog ddiwethaf i sefydlu gweriniaeth ym Mhrydain, rwyf drwy'r adeg wedi beirniadu'r teulu brenhinol. Mae hi'n bosib cymryd y llw fel AS dan unrhyw amodau. *'As a convinced Republican and under protest . . .'* Dyna fy ngeiriau i. Gellir gwneud achos cryf o blaid cael arlywydd etholedig. Mae'r tentaclau brenhinol yn ymledu hyd yn oed i mewn i bwerau ASau i gael gwared ohonyn nhw. Ni allai fy mesur i gael refferendwm i ddewis rhwng brenhiniaeth a gweriniaeth fynd yn ei flaen i'r ail ddarlleniad heb gael Caniatâd y Frenhines. Fe'i cafwyd, wrth gwrs. Byddai wedi bod yn ddifyr petai hi wedi gwrthod.

Argyfwng yr Argus

Daeth y berthynas hapus a fu rhwng yr *Argus* a minnau ers wyth mlynedd i ben yn gynnar ym 1994. Er gwaethaf pob storm, fe barhaodd fy nghyfeillgarwch â'r golygydd, Steve Hoselitz. Pobl eraill, ac nid ef, a ddatgelodd imi fod safon y papur ar fin gostwng.

Roedd y perchnogion newydd yn bwriadu apelio at ben isaf y farchnad — ei yrru *down-market* fel y dywedir. Clywais fod y papur wedi dyfeisio teulu dychmygol yng Ngwent, ac fe gloriannwyd rhifynnau dymi o'r papur yn ôl safonau'r teulu hwnnw. Sut rai oedd *'Family Gwent'* tybed? Rhai didoreth, diog ac anwadal oedd y rhan fwyaf, yn gorweddian drwy'r dydd, yn yfed lager ac yn gwylio fideos pornograffig, neu allan yn troseddu.

Roedd Hoselitz yn wastad wedi bod ag amcanion aruchel i'r *Argus*, ac yn y lobi yn San Steffan roedd gan bawb air da i'r papur. Bu un o'r golygyddion yn trefnu tudalen y celfyddydau bob dydd Gwener ac erthyglau ar hanes lleol. Gresynai Hoselitz orfod cyfaddef nad o ganlyniad i safonau newyddiadurol uchel y cafwyd y rhifyn mwyaf poblogaidd erioed yn hanes y papur. Bu'r gwerthiant mwyaf y diwrnod y gwelwyd y pennawd hwn: *'Newport Queen Mum's Priest in gay sex storm'*.

Roedd y staff o dan straen cynyddol wrth weld iselhau hen safonau'r papur. Cefais wybod yn gyfrinachol fod gorchymyn wedi dod oddi uchod i baratoi rhifyn dymi er mwyn gweld pa mor isel y gellid mynd cyn tramgwyddo

'Teulu Gwent'. Ar y ddalen flaen roedd rhes o luniau enwogion lleol i fod ac yna res o benolau noeth, a'r darllenwyr i fod i ddweud pwy oedd biau pa un. Roedd y papur wedi rhagweld y caent dipyn bach o drafferth i berswadio pwysigion Gwent i ddinoethi eu tinau i ffotograffydd yr *Argus*. Yn y diwedd, bu'n rhaid i rai o staff y papur 'helpu'. Ymgasglodd gwirfoddolwyr ynghyd â ffotograffydd yn nhoiled y dynion a bu'r camera yn fflachio.

Dyna'i diwedd hi. Ymddiswyddodd y golygydd. Yn ei le, fe benodwyd Gerry Keighley, un o gyn-olygyddion y *Gwent Gazette*. Tan hynny, byddai fy ngholofn *'Commons Knowledge'* yn llenwi hanner dalen lydan ac yn cynnwys ffotograffau bob tro. Dywedodd Keighley wrthyf fod arno eisiau llai o wleidyddiaeth a mwy o hiwmor yn y golofn. Cefais yr argraff nad oedd erioed wedi darllen fy nghyfraniad. Doedd neb o'r blaen wedi cwyno bod y cynnwys yn sych. Byddwn yn fwriadol yn ceisio taro nodyn ysgafn, ac allwn i ddim newid i sôn am arddio neu weu. Gwleidyddiaeth yw byd AS.

Penderfynodd Keighley roi seibiant imi am rai wythnosau. Ar y pryd roedd y *South Wales Echo* yn ceisio cynyddu ei gylchrediad yng Ngwent. Cynigiai delerau hysbysebu rhad er mwyn gwneud drwg i'r *Argus*. Cefais wahoddiad i gyfrannu colofn. Er mai fy mwriad oedd ysgrifennu i'r ddau bapur, troi'n gas a wnaeth Keighley a dyna ben ar *'Commons Knowledge'*. Oni bai am hynny, mwy na thebyg na fyddwn wedi ysgrifennu fy llyfr sy'n dwyn yr un teitl.

Bu'r *Echo* yn groesawus ond tybient mai doethach fyddai cael pennawd newydd i'r golofn. Awgrymais *'House Red'* i ddechrau. Doedd hynny ddim yn dderbyniol a phenderfynwyd ar *'First Reading'* am dipyn. Newidiwyd yn ddiweddarach i *'Flynn on Friday'*. Er nad yw'r rhan fwyaf o'm hetholwyr yn darllen yr *Echo* dyma'r papur sydd â'r cylchrediad mwyaf o'r papurau Cymreig, a'r un a welir ar aelwyd pawb sy'n *'Cairdiff bred'*.

Gan aros yn ddalen lydan o ran ei ffurf, fe drodd yr *Argus* yn dabloid o ran ei gymeriad. Yr unig dro imi gyfarfod ei olygydd newydd fe ddangosodd imi â balchder ei lun cyntaf 'i herio'r darllenwyr' — llun o fenyw feichiog a'i gŵr anferthol o dew â'u boliau'n cyffwrdd. Ych a fi!

Etholiad 1997

Roedd hi'n ymgyrch hapus a hwyliog. Hyd yn oed petai'r canghennau lleol i gyd wedi mynd i ffwrdd ar wyliau, mi fyddem wedi cael buddugoliaeth ysgubol. Er i bawb weithio'n egnïol dan arweiniad yr asiant, David Mayer, a'r ysgrifennydd, Mark Whitcutt, yr ymgeisydd Torïaidd a wnaeth y cyfraniad mwyaf i'n hachos.

Rai dyddiau wedi i Peter Clarke gael ei fabwysiadu'n ymgeisydd codais bwynt o drefn yn Nhŷ'r Cyffredin ynghylch erthygl ganddo yn argraffiad Yr Alban o'r *Sunday Times*. Dyma ran o'r hyn a ddywedais: '. . . *Have you read, Madam Speaker, the attack on the Secretary of State for Wales (William Hague) in which he was unfairly described as "deluded" and "simple" for his fine work in bringing 6,000 Korean jobs to Wales and was accused of "pimping for Britain"? Will you now call to the bar of the House and insist on an apology from the Conservative candidate for Newport West?*'

Roedd pethau gwell i ddod gan Mr Clarke. Bu'n ymgeisydd yn rhywle o'r blaen ac yn rhyfeddu ei blaid a'r cyhoedd gyda'i ddatganiadau beiddgar. Yn East Lothian ym 1987 argymhellodd gyhoeddi rhyfel ar Dde Affrica, preifateiddio'r heddlu a'r gwasanaeth tân, gostwng oed gadael ysgol i ddeuddeg, diddymu taliadau diweithdra a nawdd cymdeithasol, dileu'r holl gynghorau lleol, gosod treth ar chwarae golff a dymchwel pob tŷ cyngor nas gwerthwyd. Credai mai

Enoch Powell oedd y Cymro mwyaf erioed. Disgrifiodd ymddygiad Mrs Thatcher gyda'r Cytundeb Eingl-Wyddelig fel *'treacherous and foolish'* gan fygwth y byddai ef ei hun yn sefyll fel ymgeisydd yr Oreniaid yn East Lothian. Er iddo wirfoddoli i wasanaethu yn y Cafalri Americanaidd, ei wrthod a gafodd.

Dim ond un ddadl gyhoeddus a fu yng Nghasnewydd adeg Etholiad 1997. Un o'r siaradwyr oedd Arthur Scargill fel ymgeisydd yn Nwyrain Casnewydd. Roedd cynllun Scargill i ddyblu pensiynau ar unwaith yn swnio'n rhesymol o gymharu â syniadau Clarke. Y dull gorau, yn ôl Clarke, i ddileu tlodi ymhlith yr henoed fyddai cludo'r pensiynwyr i gyd ar long i Eritrea. Aeth wynebau'r gynulleidfa yn welw gan fraw. Dadleuai fod modd i rywun ar y pensiwn gwladol Prydeinig fyw'n dda yn Eritrea, fforddio'r tŷ mwd gorau a bwyta'r bwydydd drutaf.

Wythnos cyn diwrnod y pleidleisio derbyniais alwad ffôn ganddo yn fy ngwahodd allan i ginio gydag ef. Eglurais yn gwrtais na fyddai fy nghefnogwyr gweithgar yn deall petawn yn mynd i giniawa a hwythau wrthi'n curo'n ddyfal ar ddrysau. Dywedodd fod bywyd yn annioddefol yn swyddfa'r Blaid Geidwadol — y lle'n llawn o hen wragedd yn hel atgofion am yr adeg pan oeddent yn canfasio i Stanley Baldwin. Yn *Wales on Sunday* ar 27 Ebrill, bedwar diwrnod cyn y pleidleisio, cwynai Peter Clarke iddo dderbyn galwadau ffôn maleisus. Dyna'r bygythiad diweddaraf mewn cyfres o ddigwyddiadau ers iddo helpu i dalu am faniffesto i Fyfyrwyr Ceidwadol yr Alban yn argymell llacio'r deddfau ynghylch llosgach.

Dyfynnwyd ei eiriau yn *Wales on Sunday*: *'Malicious and unfounded allegations that I am a paedophile have followed me around ever since. The reason I am standing in*

Newport is that I am barred from standing in Scotland where I am from . . .'

Ar y Sul y byddai tîm yr ymgyrch yng Ngorllewin Casnewydd yn cyfarfod i drefnu'r strategaeth am yr wythnos. Wedi inni ddarllen rhifyn 27 Ebrill o'r papur Sul ymadawodd llawer o'n cefnogwyr er mwyn mynd i ganfasio yn Nhrefynwy. Dyblodd mwyafrif Llafur yng Ngorllewin Casnewydd i 14,800 ac enillwyd Trefynwy oddi ar y Tori, Roger Evans. Diolch yn fawr iti, Peter.

Dwyrain Casnewydd

Llamodd fy nghalon gan lawenydd. Rhyw ddeufis cyn Etholiad Cyffredinol 1997 daeth aelod o Gabinet yr Wrthblaid ataf ar y meinciau cefn a sibrwd yn fy nghlust fod Roy Hughes am roi'r gorau iddi. Newyddion braf yn wir!

Doedd Roy a minnau ddim wedi bod ar delerau cyfeillgar ers blynyddoedd ac roeddwn wedi dyheu am weld rhywun arall yn sedd Dwyrain Casnewydd, heb falio pwy. Yna gofynnwyd imi a oedd gen i dipyn o feddwl o Alan Howarth. Atebais fod hynny'n ffaith. Pan groesodd Alan lawr y Tŷ rhoddais groeso iddo ar goedd ac anfon nodyn ato i'w longyfarch. Buom ein dau'n cymryd rhan lawer gwaith mewn dadleuon ar Nawdd Cymdeithasol. Byddai ei areithiau bob amser yn dda iawn, bron yn ddieithriad yn well na rhai ein mainc flaen ni.

Rhoddwyd fi ar fy llw i gadw'r gyfrinach. Wnaeth Roy ddim yngan gair am y mater mewn cyfarfod o'r Grŵp Llafur Cymreig y noson honno. Pethau eraill yn llenwi ei feddwl. Roedd ar fin cychwyn ar daith i'r India i geisio rhagor o wybodaeth werthfawr i helpu pobl Dwyrain Casnewydd yn ystod wythnosau olaf ei wasanaeth fel AS.

Roedd y papurau drannoeth yn darogan bod Alan Howarth yn mynd i gael ei 'osod' yn y sedd. Cefais air â John Prescott. Datgelodd yntau iddo gytuno y gallai Alan Howarth dorri'r rheol a sefyll fel ymgeisydd er na fu'n aelod o'r Blaid Lafur am gyfnod o ddwy flynedd.

Sicrhaodd fi'r un pryd fod yna amod na châi ei 'osod' ar yr etholaeth. Byddai proses o ddethol ymgeisydd.

Gweithiwyd pethau'n gyfrwys trwy gael gwared o ymgeiswyr lleol cryf iawn, yn cynnwys Rosemary Butler, Kevin Brennan a Mike Smith, oddi ar y rhestr fer o bedwar a ddewiswyd gan banel yn Llundain o dan reolaeth rhai o'r Blairiaid. Cafodd Howarth ei ddethol trwy bleidlais enfawr yn erbyn merch o ogledd Lloegr, ymgeisydd a wrthodwyd gan Orllewin Casnewydd, a chynghorydd a heriodd Roy Hughes ddwywaith. Roedd si ar led fod Roy am gael ei wneud yn arglwydd, a dyna a ddigwyddodd ymhen rhai misoedd.

Dewis cyfyng iawn a gafodd yr etholwyr a fu'n deyrngar i Roy Hughes am chwarter canrif. Ynghynt, roedd Roy wedi dweud ei fod am sefyll eto ym 1997. Amddifadwyd Dwyrain Casnewydd o'r drefn ddethol lawn, a fyddai wedi caniatáu dewis rhydd o'r holl ymgeiswyr oedd ar gael. Rhaid cyfaddef bod rhyw gastiau fel hyn yn gwneud rhywun yn sinigaidd ynghylch gwleidyddiaeth.

Cynigiodd Arthur Scargill ei hun fel ymgeisydd y Blaid Lafur Sosialaidd. Roedd yn gas gen i glywed ei addewidion anonest ac amhosib eu cyflawni. Mynychais ei holl gyfarfodydd cyhoeddus. Rhaid oedd imi gael gofyn iddo a dderbyniai rywfaint o'r cyfrifoldeb am gwymp y diwydiant glo pan oedd ef yn llywydd Undeb y Glowyr. Yn fy marn i, roedd yn byw mewn rhyw fyd o freuddwydion heb gysylltiad â gwleidyddiaeth go iawn. Fel Mrs Merton, daeth â'i gynulleidfa gydag ef i'r cyfarfodydd. Er bod rhai ohonyn nhw'n etholwyr lleol aelodau amlwg o grwpiau asgell chwith eithafol oedd y mwyafrif.

Mewn un cyfarfod fe'm galwodd yn gelwyddgi a dweud

nad oedd pob AS Llafur yn ei erbyn ef. Roedd un â'i enw'n dechrau â'r llythyren 'S' wedi bod yn ei helpu'r diwrnod hwnnw. Roedd yn anghwrtais iawn wrth y newyddiadurwyr yn y cyfrif terfynol. Er iddo lwyddo o ychydig bleidleisiau i gadw ei ernes doedd ei ganlyniad ddim yn un i ymffrostio ynddo. Cafodd ei hwtian wrth iddo draddodi ei araith garbwl ar y diwedd.

Cyfeillion

I raddau helaethach nag a dybiwn, y mae'n cyfeillion yn
hanfodol inni allu cadw'n pwyll a'n hasbri yn hyn o fyd.
Ym mhob galwedigaeth y mae yna unigolion effro a
chwilfrydig eu meddwl sy'n llwyddo i'w codi eu hunain
ac eraill y tu hwnt i'r pethau cyffredin ac undonog. Fy
nghyngor cyntaf i ASau newydd yn fy llyfr yw meithrin
cyfeillgarwch gydag ychydig o'u cyd-Aelodau y gallant
lwyr ymddiried ynddyn nhw. Y diwrnod wedi i'r llyfr
ymddangos fe soniwyd yn yr eitem adolygu'r papurau ar
y rhaglen *'Today'* ar Radio Pedwar fod y *Guardian* yn
cynghori Aelodau newydd: *'The waters of the Parliamentary
world are infested with the sharks of competitiveness, malice
and envy. A circle of close friends is the great survival
buoyancy aid.'*

Codwyd hynna, a rhagor, air am air o'm llyfr heb
gydnabod y ffaith. Dylwn fod wedi ychwanegu *'Always
distrust Guardian journalists'*.

Bydd rhai Aelodau yn parhau'n ffrindiau trwy gydol
eu gyrfa Seneddol. Gwelir grwpiau bychain o'r un rhai
yn bwyta, yn yfed ac yn trafod gyda'i gilydd. Bydd ambell
gyfeillgarwch yn deillio o ymlyniad i blaid neilltuol neu
oherwydd agosrwydd daearyddol, ac eraill yn rhannu'r
un diddordebau. Doedd gan Ron Davies ddim cyfeillion
agos ymhlith yr ASau Cymreig tan Senedd 1987. Cyn
hynny, rhai o ogledd Lloegr oedd ei fêts.

Newidiodd aelodaeth yr hen 'Gylch Gwnïo' o ddynion

pwdlyd o fod yn Ray Powell, Roy Hughes, Brynmor Jones a Donald Coleman, i fod yn Ray Powell, Allan Rogers, Denzil Davies, Ted Rowlands a Llew Smith. Yr argraff a gaf yw fod rhywun wedi rhoi sbrogen yn yr olwyn i bob un ohonyn nhw. Erbyn hyn, mae cenfigen wedi suro eu heneidiau ac wedi lliwio eu daliadau yn erbyn datganoli.

Yn y misoedd cyn y dadleuon ar ddatganoli yn y Senedd, anaml y gwelid ASau o bleidiau gwahanol yn cymdeithasu nac yn cydginiawa. Yn fy llyfr, rwyf yn cynghori ASau i beidio â chymryd eu cyfyngu mewn *ghettos* o bobl o'r un feddylfryd yn union â nhw eu hunain. Mae cyrraedd y Senedd yn gyfle i gyfeillachu â channoedd o bobl wybodus a difyr. Mae'r Ystafelloedd Bwyta yn llefydd da i gymysgu ag eraill. Yn y mannau hyn mae gan bob plaid ei thiriogaeth, fel petai, ond y mae yna ryddid gan yr Aelodau o fewn terfynau i eistedd lle y mynnont wrth y byrddau a osodir ar gyfer pedwar, chwech neu wyth o giniawyr.

Wedi cyrraedd San Steffan ym 1987 fe ddechreuodd 'Grŵp yr M4' o ASau newydd gymdeithasu â'i gilydd. Er 1992 y cylch o ffrindiau y byddaf fel arfer yn ciniawa gyda nhw yw Nick Ainger, Rhodri Morgan, Ron Davies a Jon Owen Jones. Er na fyddaf yn yfed alcohol nac yn hoffi mynd i'r bariau mae hi'n braf iawn ar y Teras ar fin nos o haf. Rwyf wedi treulio aml i awr hapus yno yn sipian fy nghwrw dialcohol ar derfyn dydd. Yn rhy flinedig i weithio ond yn gorfod aros am alwad y gloch i bleidleisio am ddeg, bydd yr Aelodau yn ymgasglu yno i roi'r byd yn ei le ac i fwynhau'r golygfeydd ar draws yr afon.

Pan fydd busnes y Tŷ wedi dod i ben, gwelir grwpiau o Aelodau yn gadael Tŷ'r Cyffredin i fynd allan am bryd o fwyd. Rhai o'r hoff fannau yw Kyms a MeKong yn

Victoria, Imperial Tandoori yn Lambeth, a Le Bouchon yn Battersea. O gymharu â safonau Llundain, mae'r prisiau'n rhesymol ac fe allant, fel rheol, gymryd rhyw hanner dwsin o ASau ar fyr rybudd. Rhai eraill sy'n ymuno'n fynych â'n grŵp ni yw John Evans, Peter Hain ac Ann Taylor. Ac er 1997 rydym yn falch hefyd o gael cwmni Jackie Lawrence, Gareth Thomas a Julie Morgan. Rydym i gyd ar ein hennill yn ddirfawr wrth gyfeillachu ag Aelodau eraill. Mae bod mewn cwmni diddan ambell fin nos yn gwneud bywyd unig AS yn haws i'w oddef ac yn gysur i'r sawl sy'n gweld eisiau ei fywyd teuluol o fore Llun tan nos Iau.

Teulu

Un o'r pryderon a'm cadwai ar ddi-hun yn y nos pan oeddwn yn blentyn oedd ofni i Mam farw. Dyna'r peth gwaethaf oll a allai ddigwydd.

Pan ddaeth yr awr doedd y profiad ddim yn debyg i'r hyn y bûm yn arswydo rhagddo gynt. Achos tristwch yn ei blynyddoedd olaf oedd yr ysgariad rhyngddi hi a Bill Rosien. Am gyfnod hir cyn hynny ychydig iawn oedd gan y ddau yn gyffredin. Gwerthwyd y tŷ yn Heol Penarth, lle y bu hi'n byw am fwy na deugain mlynedd, ac fe symudodd i fflat gysurus o eiddo'r cyngor mewn rhan arall o Grangetown. Ei phlant, ei hwyrion a'i gor-wyrion oedd ei bywyd.

Roedd gan Terry a Lilian dri mab, Derek, Terry a Colin, a byddai ein mam yn mwynhau mynd atyn nhw i aros yn Aber-porth. Priododd Mary, fy chwaer, â chyd-weithiwr i mi, Bryan Wedlake, a chawsant ddau fab, Anthony a Martyn. Daliai Mary i fyw yn Grangetown yn agos at ein mam. Ar un adeg bu mab hynaf Mary, Anthony, yn amlwg fel penboethyn ac ef oedd un o'r ddau *militant* yng Nghymru a gafodd eu diarddel o'r Blaid Lafur. Cafodd fy mrawd, Mike, a'i wraig, Maureen, dri o blant — Angela, Michael a Therese. Ac yn eu tro cafodd y rheini naw o blant rhyngddyn nhw, gan wneud Mam yn hen fam-gu. Treuliodd Mike flynyddoedd difyr fel cynghorydd a bu'n gadeirydd y pwyllgor a ofalai am

Gastell Caerdydd. A minnau bellach yn fy chwe degau, byddaf yn genfigennus ohono oherwydd yr hwyl a gaiff gyda'i wyrion.

Ergyd drom i ni i gyd fu colli Terry. Mam yn unig oedd wedi rhagweld ei fod mor wael. Fe gafodd hi drawiad ysgafn oddeutu blwyddyn cyn ei marwolaeth. Er ei bod hi'n dioddef gwayw daliai i fynd o gwmpas ac roedd ei meddwl yn fywiog hyd y diwedd. Aed â hi i Ysbyty Llandochau lle y gwelais hi y diwrnod cyn iddi farw. Roedd Mike a Maureen yno gyda hi ar y noson olaf.

Doedd y profiad ddim fel yr ofnwn ers talwm. Mwy na thebyg am fod y peth gwaethaf posibl wedi digwydd imi eisoes pan fu Rachel farw. Wedi'r holl flynyddoedd o fod yn ganolbwynt ei theulu fe adawodd Mam le gwag ar ei hôl. Bûm yn galaru amdani, ond gan fy mod wedi rhagweld ei marw filoedd o weithiau, roedd y profiad ei hun yn garedicach na'r arswyd a deimlwn gynt.

Yn fuan wedyn collodd Sam ei mam hithau, Elsie. Roeddem wedi tyfu'n deulu clòs, yn debyg o ran ein cefndir dosbarth gweithiol a'n hymlyniad wrth y Blaid Lafur. Roedd Elsie yn wraig ddeallus iawn a bu'n fam a mam-gu ddelfrydol. Dioddefodd chwaer iddi o glefyd Alzheimer am gyfnod cyn marw. Gwelsom rai arwyddion y gallai meddwl Elsie hefyd ddirywio'r un modd ond, trwy drugaredd, ni ddigwyddodd hynny.

Yn niwedd yr wyth degau y symudon ni i'r tŷ pedair llofft heb fod ymhell o Heol Field's Park. Er gwaethaf ei gyflwr gorliwgar oddi mewn gwelodd Sam ei bosibiliadau. Du oedd lliw y nenfwd mewn pedair o'r ystafelloedd, a choch llachar oedd waliau a charpedi'r cyntedd ar y pryd, ond roedd yr ardd yn hafan o le. Wedi'i weddnewid yn llwyr o ran ei liwiau, mae'r tŷ bellach yn gartref cysurus inni fel teulu.

Mae Alex a Natalie wedi dal i gadw mewn cysylltiad agos â'u tad ac yn treulio aml i benwythnos gydag ef a'i deulu newydd. Fe ailbriododd ef â gwraig a chanddi ddau fab eisoes, a chafwyd un mab o'r briodas. Rydym ni'n pedwar, sef Sam, y plant a minnau, wedi cael gwyliau gyda'n gilydd yng Nghyprus, Gwlad Groeg, Twrci, Yr Eidal ac Ynysoedd Canaria. Er bod Natalie yn ddwy ar bymtheg ac Alex yn ugain oed maent yn fodlon dod gyda ni. Y gyfrinach yw gadael i bawb fynd eu ffordd eu hunain yn ystod y dydd a chyfarfod gyda'r nos am bryd o fwyd.

Mae tad Sam, Doug Campstone, yn gyfaill a chefn inni fel teulu. Ef yw cadeirydd cangen Stow Hill, Gorllewin Casnewydd, o'r Blaid Lafur. Yn Wokey sydd ddim ymhell o gartref newydd ei fam yn Frome, y mae fy mab, James, yn byw. Mae ganddo ei fusnes ei hun, yn gwerthu *haberdashery* ac mae hefyd yn ffotograffydd medrus. Gwelir dau o'i luniau yn addurno fy swyddfa yn Nhŷ'r Cyffredin. Nid yw wedi priodi ond mae ganddo gymar a chanddi ddau o blant. Rwy'n dal i obeithio bod yn dadcu ryw ddiwrnod.

Mae Sam yn parhau i weithio fel f'ysgrifenyddes. Bu hyn o gymorth aruthrol imi. Bydd pobl o hyd yn f'atgoffa o'r frawddeg honno yn fy llyfr sy'n dweud mai gwell yw gwneud eich gwraig yn ysgrifenyddes na gwneud eich ysgrifenyddes yn wraig ichi. Gofynnodd rhywun i Sam yn ddiweddar a fyddaf i'n gwrando ar ei chynghorion. Atebodd hithau petawn i wedi gwneud hynny y byddwn i'n Brif Weinidog erbyn hyn. Petawn i *heb* wrando arni ym 1985 fyddwn i byth wedi penderfynu sefyll fel ymgeisydd yng Ngorllewin Casnewydd. Mae hi wedi bod yn ffrind, yn gariad, yn gynghorwr ac yn gydymaith imi. Er i'w ffyddlondeb gael ei roi ar brawf lawer gwaith ni phallodd unwaith. Trwy flynyddoedd anodd a dyrys mae Sam wedi gweithio'n ddiarbed er lles y Blaid Lafur a'r teulu. Mae fy niolch iddi'n ddifesur.

Y Llyfr

Pan fyddaf yn yr etholaeth, fe fydd yr ymchwilydd Vanessa Elliott yn darllen y llythyrau dros y ffôn imi o'm swyddfa yn Nhŷ'r Cyffredin. Un bore, dywedodd Vanessa wrthyf fod yna lythyr oddi wrth y cylchgrawn *The Spectator* ac fe'i darllenodd imi. Mae'r gwobrau a ddyfernir gan y cylchgrawn hwn yn rhai a gymerir o ddifrif gan Seneddwyr. Dewisir yr enillwyr gan banel o newyddiadurwyr lobi blaenllaw dan gadeiryddiaeth Michael White o'r *Guardian*. Roeddwn wrth fy modd pan ddeallais fy mod i dderbyn gwobr *'Backbencher of the Year'*.

Cedwir yr holl enwau'n hollol gyfrinachol tan y diwrnod. Anodd iawn oedd peidio â sôn gair wrth neb. Rai dyddiau wedyn roeddwn yn y Strangers' Bar yn y Tŷ yn sipian fy nghwrw dialcohol wrth aros am Ron Davies pan ddaeth Michael White yn syth ataf. Gofynnodd a gawswn wahoddiad i'r cinio a'm siarsio i fod yn bresennol. Cyn imi yngan gair daeth Ted Rowlands atom ac wedi iddo ddeall ein bod yn sôn am ginio'r *Spectator* yn y Savoy i wobrwyo'r *Parliamentarians of the Year*, meddai, *'Well none of our lot will get one of those. They're all hopeless.'*

Edrychais ar Michael, a ddywedodd fod Robin Cook wedi gwneud araith wych yn y ddadl ar Adroddiad Scott.

Yn y cinio cefais fy ngosod i eistedd rhwng John McGregor, y cyn-Ysgrifennydd Cludiant Torïaidd, a Paul Johnson, y newyddiadurwr asgell dde eithafol. Roedd yr achlysur yn rhywbeth llawer crandiach nag a dybiwn.

Disgwylid i enillwyr y gwobrau wneud araith fer hunan-feirniadol neu ddweud jôc. Dyma gyfle prin o flaen cynulleidfa gaeth i'w cadeiriau imi hybu rhai o'r achosion y bûm yn ymgyrchu drostyn nhw. Propaganda amdani felly, meddwn wrthyf fy hun. Roedd un AS Torïaidd wedi ffieiddio fy mhwt o araith ac mae'n dal i gwyno fy mod wedi brygowthan 'Communist rant' gerbron cwmni mor urddasol. Er nad ef oedd yr unig un i ddweud pethau cas am fy ngeiriau dwyf i ddim yn edifar o gwbl. Dyma a ddywedais: 'In a country where 10,000 young people each year are thrown out of full-time care into full-time neglect, where power by birth rivals power by election; where caution swamps political conviction; where a man was imprisoned for writing a book about a benign medicine; where the Mother of Parliaments is debauched by commercial lobbyists; where safe defensive driving is challenged by vanity bull-barred offensive driving; where tabloid papers enslave tabloid politics . . . in such a land, there is a need for restless, irreverent, awkward backbenchers who refuse to take 'no', 'maybe', or, sometimes, even 'yes' for an answer.' Dyna wasgu rhyw chwech o ymgyrchoedd i mewn i lai na munud.

Golygai'r wobr ragor o waith. Roeddwn eisoes wedi paratoi tuag ugain mil o eiriau ar gyfer llyfr o gynghorion i feincwyr cefn ond yn cael hyd i ryw esgus i beidio â dal ati. Sut bynnag, yn sgîl y wobr mi gefais yr hyder a'r hwb i gwblhau'r llyfr. Braidd yn betrus, mi gysylltais â rhai cyhoeddwyr. Daeth galwad ffôn tua'r Nadolig gan Mick Felton, cwmni Seren, i ddweud eu bod am fentro. Yna, bu'n rhuthr gwyllt i ymestyn y llyfr i 50,000 o eiriau ac i roi gwell trefn ar y cyfan. Yr adeg ddelfrydol i'w gyhoeddi fyddai'r diwrnod y cyrhaeddai'r ASau newydd San Steffan.

Roeddwn yn ymddwyn fel dyn gwallgof — yn gweiddi bob dydd ar y Prif Weinidog, John Major, i alw etholiad ac yn gweddïo yn fy nghalon iddo ddal ymlaen tan y diwrnod olaf posibl, sef 1 Mai, er mwyn imi gael amser i argraffu'r llyfr. Roedd y fersiwn derfynol yn nwylo'r wasg fis cyn yr Etholiad Cyffredinol a'r llyfr ei hun ar werth yn Nhŷ'r Cyffredin ar 8 Mai 1997. Dyna'r diwrnod pryd y dechreuodd y nifer mwyaf o feincwyr cefn yn y ganrif ar eu gyrfa Seneddol. Prynodd y *Daily Telegraph* yr hawl i argraffu tair mil o eiriau o'r llyfr. Ar 6 Mai, pan oedd y rhan fwyaf o'r ASau yn teithio i Lundain ar y trên, cafodd pob un gopi am ddim o'r *Daily Telegraph* yn cynnwys tudalen lawn o ddarnau gorau'r llyfr.

Wedi'r Llyfr

Mae'r llyfr wedi newid fy mywyd. Roedd Tony Banks yn y lansio yn Nhŷ'r Cyffredin ar 8 Mai 1997, ynghyd â llu o'r ASau newydd. Fe'i penodwyd ef yn Weinidog Chwaraeon ddeuddydd ynghynt. Dyna gyfle iddo dynnu'n ôl y geiriau a ysgrifennodd yn y rhagair i *Commons Knowledge*, sef bod y siawns i Tony Blair ofyn iddo ef wneud unrhyw beth heblaw cau ei geg a phleidleisio yn dra annhebygol.

Doeddwn i ddim yn edrych ymlaen o gwbl at y sesiynau llofnodi copïau yng Nghaerdydd a Chasnewydd. Ofnwn y byddai'n rhaid imi eistedd ar fy mhen fy hun, druan bach, o flaen pentwr o'r llyfrau a neb yn dod ar fy nghyfyl. Daeth teulu a chyfeillion i'r adwy yng Nghaerdydd ac aelodau a chefnogwyr y Blaid Lafur yng Nghasnewydd. Dywedodd staff Politicos, y siop yn Llundain sy'n arbenigo mewn llyfrau gwleidyddol, mai *Commons Knowledge* oedd y llyfr a werthodd orau yno ym mis Mai. Cafodd gyhoeddusrwydd aruthrol gan i'r amseru weithio'n berffaith. Mae llawer o ASau newydd wedi sôn wrthyf nad oeddent fawr elwach o'r cyrsiau rhagarweiniol swyddogol a gawsant a'u bod wedi dysgu cryn dipyn mwy oddi wrth y llyfr am beth yn union sy'n digwydd yn y Senedd.

I'r bras arweiniad i fariau Tŷ'r Cyffredin y daeth yr adwaith cryfaf o blaid ac yn erbyn fy sylwadau. Y syniad oedd llunio rhywbeth ffwrdd-â-hi a rhagfarnllyd er mwyn codi hwyl a gwylltio pobl. Cefais groeso mawr wedyn yn y bariau a ganmolwn ond nid yn y lleill. Bygythiodd un o ffyddloniaid Annie's Bar dynnu fy llygaid allan o'm pen am imi feiddio cyfeirio at y lle hwnnw fel *'a hole of comatose drecrepitude, filled with old warriors raking over the ashes of dead fires'*.

Er nad yw'r gwerthiant yn uchel o gymharu â mathau eraill o lyfrau fe brynodd llawer o bobl y cyfryngau gopi ohono. Mae rhai wedi bod yn ddigon haerllug i ddwyn rhannau ohono. Golyga'r ffaith fod y bobl hyn wedi dangos cymaint o ddiddordeb fy mod yn derbyn galwadau i fynegi barn ar amrywiol agweddau ar fywyd Tŷ'r Cyffredin. Wnes i erioed freuddwydio y byddwn i ar y radio yn doethinebu ynghylch *'sex in the Commons'* gydag Edwina Currie, neu'n dweud hanesion bach direidus am nifer o ASau ar eu gorsafoedd radio lleol.

I osgoi ailadrodd straeon hen gyfarwydd am San Steffan, y mae a wnelo'r holl enghreifftiau a ddyfynnir yn y llyfr ag ASau yr wyf yn eu hadnabod neu ag ymgyrchoedd yr wyf yn ymwneud yn bersonol â nhw. O dan y gwamalu a'r cellwair y mae amcan hollol ddifri i'r llyfr. Yn 'y deg gorchymyn' rwy'n ymbil ar y meincwyr cefn i sylweddoli pa mor bwysig yw eu swyddogaeth. Nid pobl sydd wedi methu â chyrraedd y fainc flaen yw Aelodau'r meinciau cefn ond rhai sydd â rôl bendant a phwysig i'w chwarae.

Roeddwn yn barod am adolygiadau cas. Welais i'r un felly'n hollol, dim ond un dirmygus. Hoffais eiriau Edward Pearce wrth iddo ddweud '. . . *(it) effervesces with champagne insolence'*. Cydnabu *Charter 88* fod y bwriad yn un canmoladwy a chefais wahoddiad i annerch eu cynhadledd ar foderneiddio'r Senedd. Mae yna gyfleoedd unigryw i'r meincwyr cefn a ddaeth i mewn ym 1997. Er bod yna rywrai yn mynnu gosod disgyblaeth oddi uchod, dim ond hunanddisgyblaeth sy'n tycio yn y pen draw mewn plaid fodern.

Yn y nifer uchaf erioed o ASau Llafur, 417, y mae yna amryw o grwpiau nad yw'n hawdd eu cadw mewn trefn. Yn eu plith y mae'r rhai sydd dros 55 oed a heb obaith am ddyrchafiad oherwydd rhagfarn oed (oni bai eu bod, fel Glenda Jackson, wedi ennill Oscar), y rhai na fydd yn y Senedd eto oherwydd henaint neu grafu drwodd ym 1997, y rhai sy'n tybio bod maint y garfan bresennol yn lleihau'n arw eu siawns am ddyrchafiad, y rhai sy'n credu bod eu personoliaeth neu eu gallu yn annerbyniol gan yr Arweinydd, a'r rhai sy'n prisio'r achosion a gefnogant yn fwy na ffafriaeth a hunanfawrhad. Gwelwch fod cyfanswm y rhain oll yn un sylweddol iawn.

Mae mwy na chant o Aelodau newydd, dawnus a deallus yn barod i chwarae eu rhan ar y meinciau cefn. Gobeithio y byddant yn manteisio ar y cyfle. Efallai y daw trobwynt yn y Senedd hon ac y gwelir adfywio galwedigaeth anrhydeddus y math o feincwyr cefn sy'n mynnu diwygio pethau.

Buddugoliaeth

Roedd arnaf ofn gwirioneddol y byddai'r ail refferendwm ar ddatganoli yn achosi rhyfel cartref o fewn ein plaid. Strategaeth Llafur oedd cyflwyno'r mater fel Cymru yn erbyn y Torïaid. Aeth rhai o aelodau'r Blaid Lafur ati i danseilio'r cynllun. Mae rhesymau rhai pobl yn anesboniadwy.

Pwy all ddyfalu beth sy'n mynd ymlaen ym meddwl Tim Williams tu ôl i'r wyneb masg-hosan yna? Wnaethoch chi sylwi mai anaml y llwyddodd y pâr o'r Rhondda, Carys a Betty, i gwblhau brawddeg yn rhesymegol? Bu Llew Smith yn procio'r tân mewn ffrae o fewn y Blaid Lafur wedi'i chynnau gan ddoluriau personol ac atgasedd tuag at Ron Davies. Cwympodd gobeithion Allan Rogers o uchelfannau'r fainc flaen o dan Kinnock i ddim oll o dan Blair. Wedi i Alan Williams (Gorllewin Abertawe) droi'n AS Llundeinig, aeth i amau cymhellion holl gynghorwyr Cymru. Roedd Ray Powell yn dal dig am gael ei ddiswyddo o swyddfa'r Chwipiaid ac wedi penderfynu talu'r pwyth yn ôl.

Er ei bod hi'n anodd dilyn y gwrthwynebiadau amwys a ddôi o enau Ted Rowlands a Denzil Davies yn nyddiau olaf yr ymgyrch buont yn ddigon i ladd ysbryd llawer ohonom. Gofynnwyd i aelodau cyffredin Llafur ymgymryd â baich trwm o waith yn dosbarthu taflenni ac yn dwyn perswâd ar bleidleiswyr ansicr. Credai amryw fod eu gwaith caled yn cael ei fychanu am nad oedd rhai

ASau Llafur yn tynnu eu pwysau fel y dylent, a hithau'n unfed awr ar ddeg arnom ni.

Un ddigon tywyll ac unig fu'r ymgyrch i mi'n bersonol, er bod yna ambell fflach o oleuni i'w gweld yn awr ac yn y man. Bu'n haelodau yng Ngorllewin Casnewydd yn deyrngar ond heb ddangos llawer o frwdfrydedd. Yr uchafbwynt yno oedd ymweliad John Prescott â ni pan lwyddodd i godi'n calonnau. Yr isafbwynt oedd yr hysbyseb hanner tudalen a osodais yn yr *Argus* ar gyfer 18 Medi, y diwrnod mawr, ar ran Alan Howarth a minnau. Cymerai ofod gwerth £2,000, ond wedi bargeinio fe'i cawsom am £300. Oddeutu dau gant o eiriau oedd yn yr hysbyseb. Dyna'r cyfan ond fe wnaeth y papur ddau gamgymeriad dychrynllyd. Yn y sgript a roddais i'r *Argus* roedd y geiriau *'the Assembly will cost only 2p for every £10 it spends'*. Yr hyn a argraffwyd oedd *'2p for every 10p it spends'*.

Lle'r oeddwn i wedi ysgrifennu *'John Redwood sent £122 million of Welsh money back to London unspent'*, fe ymddangosodd *'£12 million'*. Blerwch ynteu niwed bwriadol? Pwy a ŵyr? Gwrthodais dalu'r bil. Syrthiodd y golygydd gweithredol ar ei fai a dweud fod arno gywilydd oherwydd yr amryfusedd. Fe ymddangosodd ymddiheuriad yn y papur ond roedd y drwg wedi'i wneud.

Diwrnod y Refferendwm oedd y diwrnod gwaethaf i'r Blaid Lafur yn nhref Casnewydd er Etholiad Cyffredinol 1983. Roedd yna elyniaeth agored ar y strydoedd yng nghadarnleoedd Llafur. Clywais y canlyniad yn stiwdio'r BBC yng nghwmni Jonathan Evans, Dafydd Elis Thomas a'r Democrat Rhyddfrydol, Kirsty Williams. Roedd hi'n rhaglen faith, yn bum awr o hyd a minnau'n ceisio ymwroli i dderbyn y siom. Gyda chanlyniad Caerfyrddin fe gyrhaeddwyd rhyw benllanw gwefreiddiol.

Erbyn imi fynd i Westy'r Parc roedd Ron Davies wrthi'n annerch y dorf lawen. Rhoddwyd bonllefau o groeso hefyd i Dafydd Wigley a Richard Livsey a fu'n brwydro mor ddygn. Dywedais ychydig o eiriau ar goedd, y dylem gymryd sylw o farn rhai o ymgyrchwyr y 'Na' mai Cynulliad â dannedd oedd angen Cymru. 'Beth am gefnogi galwad Wyn Roberts am bwerau i godi trethi?' Canodd Dafydd Iwan 'I'r Gad' ac 'Yma o Hyd'. Roedd yno hen wynebau o ymgyrch '79 a bu rhai o ymgyrchwyr 'Senedd i Gymru' 1951 yn gorymdeithio gyda ni drwy strydoedd Caerdydd. Buom yn bloeddio, yn canu, yn cofleidio, yn chwerthin ac yn wylo.

Roeddwn uwchben fy nigon. Ers canrif a hanner bu gwleidyddion Cymreig yn bradychu eu gwlad. Pan oeddwn i'n fachgen ysgol gofid imi oedd darllen fel y bu i Aelodau Seneddol a arddelai 'Ymreolaeth i Gymru' droi eu cefnau arni yn San Steffan. Roedd Ron Davies a'n cenhedlaeth ni o ASau wedi cadw eu haddewid. Ysgrifennwyd tudalen o'n hanes fel cenedl a fydd yn llonni calon cenedlaethau'r dyfodol.

Baglu 'Mlaen

Mae ysgrifennu'r braslun hwn o'm bywyd wedi bod yn brofiad sobreiddiol ac rwyf wedi dysgu llawer oddi wrtho. Syndod imi oedd sylweddoli bod yr achosion sydd agosaf at fy nghalon yn fy nghanol oed eisoes wedi gafael ynof cyn imi fod yn ddeuddeg oed.

Bûm yn rhyw fodoli'n ddigyfeiriad am flynyddoedd lawer. Wrth edrych yn ôl gwelaf mai trwy hap a damwain y digwyddodd yr holl bethau pwysig yn fy mywyd. Bu cyhoeddi fy llyfr cyntaf a minnau'n 62 mlwydd oed yn dipyn o antur ac yn adnewyddiad ysbryd. Hwn yw'r ail lyfr ac mae un arall ar y gweill. Dwyf i ddim erioed wedi teimlo'n fwy optimistaidd ac iach ac rwy'n mwynhau bywyd i'r eithaf.

Y gwmnïaeth a'r cariad a gaf gan Sam a gweddill y teulu yw fy nhrysor pennaf. Bu fy mywyd yn siwrnai tuag at ryw ddiniweidrwydd prysur — nid brasgamu na cherdded. Dim byd heblaw baglu ymlaen er gwaetha'r gwynegon. Mae ymgyrchu dros wahanol achosion yn y Senedd yn rhywbeth sy'n rhoi boddhad mawr imi. Erbyn hyn mae pethau dibwys a arferai fynd â'm bryd wedi colli eu hapêl. Yr unig ddrwg yw fod pob blwyddyn yn gwibio'n gynt na'r un o'i blaen hi. Enillwyd rhai brwydrau ac mae llawer eto ar ôl. I'r gad!

Ymhen mis ar ôl ysgrifennu'r paragraff uchod aeth ein byd yn chwilfriw. Darganfuwyd fod gan Sam ganser y fron, a hwnnw yn ei lawn dwf. Er gwaethaf hunllef y llawdriniaeth a misoedd o gemotherapi, mae hi'n gryf ac yn hyderus.

Dywedodd wrth y *Western Mail*, 'Edrychaf ymlaen at fynd allan yn ystod y Nadolig mewn gwisg â gwddwg isel a rhoi heibio'r syniad o'r hen Sam druan. Rwy'n ffodus. Cefais fywyd rhagorol. Os oes un siawns mewn deg o ddod trwy hyn, y fi fydd yr un i'w gwneud hi.'

Mae'r frwydr yn parhau.

Mai 1998